Die Flüchtlingsdebatte in Deutschland – Sozialpsychologische Perspektiven

Beiträge zur Angewandten Psychologie

Herausgegeben von Stefan Stürmer / Anette Rohmann

Band 2

PETER LANG

Anette Rohmann / Stefan Stürmer (Hrsg.)

Die Flüchtlingsdebatte in Deutschland – Sozialpsychologische Perspektiven

PETER LANG

Bibliografische Information der Deutschen Nationalbibliothek
Die Deutsche Nationalbibliothek verzeichnet diese Publikation in der Deutschen Nationalbibliografie; detaillierte bibliografische Daten sind im Internet über http://dnb.d-nb.de abrufbar.

ISSN 2199-8795
ISBN 978-3-631-74449-9 (Print)
E-ISBN 978-3-631-74538-0 (E-PDF)
E-ISBN 978-3-631-74539-7 (EPUB)
E-ISBN 978-3-631-74540-3 (MOBI)
DOI 10.3726/b13549

Peter Lang – Berlin · Bern · Bruxelles · New York ·
Oxford · Warszawa · Wien

Diese Publikation wurde begutachtet.

www.peterlang.com

Inhalt

Vorwort

Der vorliegende Band widmet sich der aktuellen Flüchtlingsdebatte und bietet Sozialpsychologinnen und Sozialpsychologen ein Forum, sich aktiv zu Wort melden und somit einen Beitrag zur aktuellen gesellschaftspolitischen Debatte zu leisten. Neben der Frage nach Erklärungen für bestimmte Prozesse werden auch Lösungsansätze für Herausforderungen und Konflikte aufgezeigt und Empfehlungen für die Praxis abgeleitet. Da es ein explizites Ziel der Reihe ist, den Dialog mit der Öffentlichkeit und in der Praxis Tätigen zu befördern, enthält der Band auch Kommentare von Praktikerinnen und Praktikern, die in unterschiedlichen Kontexten im Bereich Flucht und Integration tätig sind.

Die Beiträge gehen der Frage nach, wie ein friedliches Zusammenleben in multikulturellen Gesellschaften möglich ist. In Kapitel 1 beschreibt Ulrich Wagner, weshalb sich einerseits so viele Menschen in Deutschland ehrenamtlich für Geflüchtete engagieren und weshalb andererseits bei einigen die Vorbehalte gegenüber Geflüchteten überwiegen. Dabei werden insbesondere die Rolle von Empathie auf der einen Seite und die Rolle von Bedrohungserleben auf der anderen Seite beleuchtet. Aufbauend auf aktueller sozialpsychologischer Forschung, insbesondere zur Kontakthypothese, macht der Beitrag zahlreiche praktische Vorschläge für eine wirksame Integrationspolitik.

Birte Siem zeigt in Kapitel 2 auf, aus welchen Gründen sich Menschen ehrenamtlich engagieren und wie Forschungserkenntnisse zu ehrenamtlicher Arbeit auf den aktuellen Umgang mit Geflüchteten übertragen werden können. Die Autorin geht dabei sowohl auf den Nutzen der ehrenamtlichen Tätigkeit für die helfenden Personen selbst als auch auf selbstlose Motive ein. Es wird aufgezeigt, wie die Berücksichtigung dieser Motive zu einer erfolgreichen Gestaltung freiwilliger Arbeit beitragen kann.

Julia Becker, Inna Ksenofontov, Angelika Benz und Lisa Borgert thematisieren in Kapitel 3 Einstellungen und Verhaltensweisen gegenüber Geflüchteten. Aufbauend auf drei Studien zeigen sie, welche Faktoren fremdenfeindliches Verhalten gegenüber Geflüchteten erhöhen (wie z. B. der Bau eines Flüchtlingsheims) und welche Faktoren diese negative Wirkung abfedern (wie z. B. positiver Kontakt zu Geflüchteten). Dabei gehen sie auch auf den Unterschied zwischen abhängigkeitsorientierter und autonomieorientierter Hilfe ein.

Roland Imhoff und Pia Lamberty beschreiben in Kapitel 4, wie Menschen sich für die fehlende Solidarität anderer schuldig fühlen können und welche Auswirkungen dies hat. Sie berichten, wie diese Schuldgefühle Hilfsbereitschaft erhöhen aber auch verringern können, je nachdem wie die jeweilige Person mit ihren Emotionen umgeht. Aufbauend auf einer aktuellen Studie zu dem Thema wird vor allem die Rolle der Medien beleuchtet.

Mandi Larsen, Regina Arant, Britta Grossert und Klaus Boehnke berichten in Kapitel 5 über eine umfangreiche Befragung der Bremer Bevölkerung. In dieser Befragung wurde die Rolle von Werten und gesellschaftlicher Teilhabe für eine Willkommenskultur untersucht. Die Ergebnisse legen nahe, dass gesellschaftliche Teilhabe nicht generell die Einstellung gegenüber Geflüchteten verbessert. Die Wirkung gesellschaftlicher Teilhabe scheint von individuellen Werten abhängig zu sein.

In Kapitel 6 beschreiben Larissa Naegler und Thomas Kessler die Rolle von Respekt für eine gelungene Integration. Sie geben einen Überblick über sozialpsychologische Forschung, die zeigt wie wichtig gegenseitiger Respekt für ein friedliches Zusammenleben und das Vermeiden sozialer Konflikte ist. Darauf aufbauend werden konkrete Beispiele beschrieben, wie sich gegenseitiger Respekt zwischen Menschen mit und ohne Fluchterfahrung realisieren lässt.

Sarah Martiny und Laura Froehlich beschreiben in Kapitel 7 welche Herausforderungen auf Geflüchtete im deutschen Bildungssystem zukommen. Sie beschreiben insbesondere, wie leicht es passieren kann, dass einer gesamten Gruppe von Migrantinnen und Migranten negative Eigenschaften zugeschrieben werden (sogenannte Stereotype) und wie diese Stereotype, die schulischen Leistungen von Migrantinnen und Migranten beeinträchtigen können. Darauf aufbauend werden Ansatzpunkte aufgezeigt, die diesen Mechanismus abfedern und damit die Integration Geflüchteter wesentlich erleichtern können.

In Kapitel 8 thematisieren Wala' Maaitah, Nicole Harth und Thomas Kessler Auswirkungen sozialer Diskriminierung. Sie berichten über Forschungsergebnisse, die darauf hinweisen, dass Diskriminierung zu feindlichen Einstellungen gegenüber der diskriminierenden Gruppe führt. Diesen Zusammenhang legen auch Interviews mit fünf syrischen Geflüchteten in Deutschland nahe.

Nilüfer Aydin, Janet Kleber, Veronika Oelkrug, Marcel Leuschner und Daniel Wutti beschreiben in Kapitel 9 eine konkrete Maßnahme zur Integration Geflüchteter – den studien- und berufsbegleitenden Universitätslehrgang „Inklusionsbegleiter*in". Gemeinsam erwerben Geflüchtete und Mitglieder der Aufnahmegesellschaft in diesem Lehrgang interkulturelle Kompetenzen und Wissen sowohl zu psychologischen Traumata als auch zu rechtlichen Aspekten der Einwanderung. Die Autorinnen und Autoren beschreiben, wie dieser Lehrgang gegenseitige Ängste der Teilnehmenden abbauen kann und wie diese das erworbene Wissen weitergeben können.

Fünf Praxiskommentare aus unterschiedlichen Kontexten geben abschließend Einblicke in ihre alltäglichen Erfahrungen, Herausforderungen und formulieren ihre Erwartungen an „die Psychologie" zur Entwicklung von Lösungen von Herausforderungen. Johannes Maaser berichtet von einem Gewaltpräventionsprojekt der Stadtverwaltung Marburg, in dem der Umgang mit Geflüchteten eine wichtige Rolle spielt. Stefanie Gaumert berichtet als Leiterin einer Erstaufnahmeeinrichtung von Herausforderungen, die innerhalb einer solchen Einrichtung entstehen. Barbara Brunner beschreibt als Koordinatorin von Integrationspaten Herausforderungen im Kontext ehrenamtlicher Arbeit. Christian Issmer und Katharina Sonntag arbeiten als Schulpsycholog*innen und geben einen Einblick in die Integration Geflüchteter im Kontext Schule. Thomas Bryant beschreibt als Integrationsbeauftragter in Marzahn-Hellersdorf Herausforderungen beim Umgang mit Vorbehalten der Aufnahmegesellschaft.

Die Beiträge dieses Bandes bieten Ansatzpunkte, die in der praktischen Arbeit und für die Konzeption von Interventionen zur Konfliktvermeidung genutzt werden können. Hierbei sollte auch eine systematische Evaluation der umgesetzten Maßnahmen erfolgen. Wir hoffen, mit dem Band einen Dialog zwischen Wissenschaft und Praxis anzustoßen und somit auch evidenzbasiertes Vorgehen zu fördern.

Wir danken allen Autorinnen und Autoren der vorliegenden Beiträge sowie den Kolleginnen und Kollegen, die im Peer-Review Verfahren als Gutachterinnen und Gutachter für diesen Band tätig waren.

Anette Rohmann, Stefan Stürmer und Helen Landmann

Ulrich Wagner

Akzeptanz und Ablehnung von Geflüchteten in Politik und Psyche

Zusammenfassung: *Die gegenwärtige Flucht nach Europa lässt sich durch ordnungspolitische Maßnahmen nicht abstellen. Nach Merkels „Wir schaffen das" sind jetzt konkrete Schritte der Integration in Angriff zu nehmen. Der Beitrag diskutiert sozialpsychologische Mechanismen der Unterstützung und der Ausgrenzung von Geflüchteten. Und er stellt die Frage, was aus psychologischer Sicht geschieht, wenn sich die Diskussion um Einwanderung mit der um Kriminalität verbindet. Der Beitrag beschreibt Maßnahmen, die helfen können, Ablehnung, Diskriminierung und Gewalt zu lindern. Er macht Vorschläge für erste Schritte zu einer wirksamen Integrationspolitik und welche Voraussetzungen dazu erfüllt sein müssen.*

Seit Sommer 2015 ist die Zahl der Geflüchteten, die nach Europa und nach Deutschland gekommen sind, deutlich angestiegen. Insgesamt sind im Jahr 2015 mehr als 1 Million Geflüchtete in Deutschland angekommen, an einzelnen Tagen haben bis zu 10.000 Menschen die Grenze überschritten. Diese große Zahl von Menschen wurde von administrativer Seite über lange Zeit nicht bewältigt. Dass die Menschen dennoch einigermaßen angemessen weitergeleitet, untergebracht und versorgt wurden, ist wesentlich der Vielzahl hoch engagierter ehrenamtlicher Helferinnen und Helfer zu verdanken. Gleichzeitig mit der eindrucksvollen Unterstützung für Geflüchtete gab und gibt es aber auch Ressentiments. Durchgängig verzeichnete die polizeiliche Kriminalitätsstatik in den letzten Jahren fremdenfeindlich motivierte Straftaten; im Verlauf des Jahres 2015 sind die Zahlen dramatisch angestiegen (https://www.tagesschau.de/inland/rechtsextremismus-gewalt-101.html).

Dieser Beitrag befasst sich zunächst mit der Frage, was Einheimische in Europa und in Deutschland dazu veranlasst, sich so engagiert für Neuankömmlinge einzusetzen. Der zweite Teil dieses Beitrags versucht zu erklären, warum Einheimische sich feindselig und gar gewalttätig gegen einwandernde Geflüchtete verhalten. Darauf aufbauend will ich im dritten Teil diskutieren, was man aus der Sicht dieser sozialpsychologischen Erklärungen gegen Vorurteile und Gewaltbereitschaft gegen Einwanderer tun kann. Im vierten Teil will ich auf einige sozialpsychologische Überlegungen verweisen, die helfen können, eine gemeinsame Zukunft für ein Einwanderungsland wie Deutschland zu konzipieren. Und schließlich geht es im fünften und letzten Teil dieses Beitrags um sozialpsychologische Empfehlungen in Bezug auf die Frage, wie es gelingen kann, die Ängstlichen, Skeptischen und Ablehnenden in der einheimischen Bevölkerung dazu zu bringen, den Weg in eine Einwanderungsgesellschaft mitzugehen – wenn dies denn politisch gewollt ist.

Wo möglich, werde ich im Folgenden empirische Befunde aufgreifen, die sich mit der Einwanderung von Geflüchteten befassen. Die Zahl solcher Untersuchungen ist jedoch noch sehr gering. Ich werde mich daher in meiner Argumentation auch auf allgemeine Theorien zu Intergruppenprozessen beziehen und auf Daten zurückgreifen, die sich mit Einwanderung im Allgemeinen befassen, um diese auf die aktuelle Einwanderung von Geflüchteten zu übertragen.

1. Freiwillige Unterstützung für Geflüchtete

Wenn Geflüchtete in Deutschland ankommen und um Asyl bitten, tun sie das an der Grenze, bei der Polizei oder anderen Behörden. Mit der Meldung werden sie zunächst Erstaufnahmeeinrichtungen zugewiesen. Die Erstaufnahmeeinrichtungen sind oft sehr große Einrichtungen mit mehreren tausend Plätzen. Im Sommer und Herbst 2015 handelte es sich oft um eilig eingerichtete Zeltstädte mit einer Zeltbelegung mit mehreren hundert Menschen und nahezu ohne Privatsphäre. Für die Erstaufnahmeeinrichtungen ist eine Aufenthaltsdauer von sechs Wochen vorgesehen, faktisch gibt es aber Aufenthaltszeiten von sechs Monaten und länger. In den Erstaufnahmeeinrichtungen sollen die Geflüchteten ärztlich untersucht werden und einen Antrag auf Asyl stellen können. Danach werden sie bis zu einer Entscheidung über ihren Asylantrag in der Regel kleineren Einheiten in den Gemeinden zugewiesen. Fällt die Entscheidung positiv aus, können Geflüchtete sich auf dem Wohnungsmarkt eine Unterkunft suchen. Allerdings sind nicht alle Entscheidungen eindeutig. So kann es beispielsweise zur Ablehnung des Asylantrags kommen, eine Abschiebung in das Herkunftsland findet aber nicht statt, weil dort gekämpft wird oder weil Geflüchtete nicht über Ausweispapiere verfügen. Dann kommt es für die Betroffenen zu sehr unsicheren Aufenthaltssituationen.

Schon die Anreise zu den Erstaufnahmeeinrichtungen war vor allem zu Beginn der starken Zunahme an Geflüchteten nicht geregelt. Die Menschen, die nach Deutschland kamen, brauchten eine Erstversorgung mit Essen und Getränken, manchmal kam es auch zu Notübernachtungen an dazu eigentlich nicht vorgesehenen Orten wie Bahnhöfen. Dass die Geflüchteten diese Situation einigermaßen überstehen konnten, ist wesentlicher Verdienst von freiwilligen Helferinnen und Helfern. In den Erstaufnahmeeinrichtungen werden Geflüchtete mit Kleidung versorgt, die von freiwilligen Helferinnen und Helfern sortiert und ausgegeben wird. Auch die Essensausgabe in den Erstaufnahmeeinrichtungen, Sprach- und Integrationskurse, Sportangebote und Angebote für Kinder, Begleitungen zu Behörden usw. werden ganz überwiegend durch ehrenamtliche Helferinnen und Helfer getragen. In einer für die Bundesrepublik repräsentativen Befragung im Herbst 2015 gaben 10.9 % der Befragten an, dass sie sich zum Befragungszeitpunkt im o. a. Sinn für Geflüchtete engagieren (Ahrens, 2015).

Wer sind die Ehrenamtlichen? Eine nicht-repräsentative Befragung von Karakyali und Kleist (2015) im Herbst 2014, also vor dem Anwachsen der Flüchtlingszahlen, macht deutlich, dass unter den Ehrenamtlichen in der Hilfe für Geflüchtete mehr Frauen als Männer und mehr Personen mit höherem Bildungsabschluss aus befriedigenden bis guten finanziellen Verhältnissen zu finden sind. Personen mit Migrationshintergrund sind unter den ehrenamtlichen Helferinnen und Helfern etwas häufiger vertreten als in der Gesamtbevölkerung.

Warum helfen die Menschen? Es gehört vermutlich zur menschlichen Grundausstattung, *spontan* und ohne viel zu überlegen, einzugreifen, wenn wir – wie im Herbst 2015 – Menschen in Not sehen (vgl. auch Piliavin, Rodin, & Piliavin, 1969). Hilfeleistung ist darüber hinaus besonders dann wahrscheinlich, wenn wir mit den Opfern *empathisch mitempfinden*, d. h. wenn wir uns in ihre Situation hineinversetzen und ihre Gefühlslage miterleben können, wie dies beispielsweise bei Personen mit eigener Migrationserfahrung der Fall ist. Bilder von den Familien, die erschöpft aber glücklich auf den Bahnhöfen ankommen, wecken Mitgefühl. Unklar ist, ob Hilfeleistung immer *selbstlos* erfolgt (vgl. auch Batson, 1995): Manchmal sind wir stolz auf unsere Großzügigkeit und Einsatzbereitschaft oder auch darauf, welches Ansehen Deutschland aufgrund der Welle von Hilfsbereitschaft genießt (vgl. auch van Leeuwen & Täuber, 2010). Oder wir helfen, weil uns das Leiden der Opfer bedrückt und wir mit der Linderung der Leiden der Geflüchteten auch unsere eigene Stimmung aufbessern wollen. Hilfeleistung geht zuweilen mit der Erwartung von *Reziprozität* einher (Whatley, Webster, Smith, & Rhodes, 1999). Es gibt Beispiele dafür, wie freiwillige HelferInnen enttäuscht darauf reagieren, dass die von ihnen unterstützen Geflüchteten Termine verstreichen lassen und sich nicht so dankbar zeigen, wie die HelferInnen das eigentlich erwartet hätten. Auch in solchen Fällen sind die Motive für Hilfeverhalten offensichtlich nicht völlig selbstlos. Und schließlich ist Hilfeverhalten *normgeleitet*. In der genannten Befragung von Ahrens (2015) sagen 56 % der Befragten auf die Frage danach, welche positiven Entwicklungen sie mit der Aufnahme von Flüchtlingen in Deutschland verbinden, „darin zeigt sich das Christliche in unserer Gesellschaft“. Die Befragten verweisen damit auf eine Norm, die Hilfeleistung für Bedürftige – wie Menschen auf der Flucht – vorschreibt. Sie vertreten offensichtlich eine universelle menschenrechtliche Perspektive, wonach ethische Regeln – wie die der Hilfeleistung für Menschen in Not – unabhängig von der Herkunft der

Betroffenen Gültigkeit besitzen. Dass eine solche universelle Regel insbesondere bei der Unterstützung von Verfolgten eine Rolle spielt, konnten Oliner und Oliner (1988) zeigen, indem sie dokumentierten, dass Menschen, die im „Dritten Reich" Juden gerettet haben, sich unter anderem auf eine solche Norm bezogen.

Die Unterstützung von Geflüchteten durch freiwillige einheimische Helferinnen und Helfer ist oft keine Interaktion auf Augenhöhe – das Ausmaß an Selbstbestimmungsmöglichkeiten ist sehr unterschiedlich verteilt (vgl. auch die Unterscheidung zwischen autonomieorientierter und abhängigkeitsorientierter Hilfe in dem Beitrag von Becker et al. in diesem Band). Kotzur und Schäfer (Manuskript in Vorbereitung) können in einer kleinen Befragung feststellen, dass HelferInnen Geflüchteten eine geringere Kompetenz zusprechen als anderen Migrantengruppen. Die Zuschreibung einer geringeren Kompetenz geht mit der Entwicklung von Stereotypen einher: Wenn sie mit hoher Sympathie und Warmherzigkeit gepaart wird, kommt es zu *benevolentem Verhalten*, eine Form der Überbehütung und Überversorgung. Die Gefahr besteht, dass dies, sicher ungewollt, dazu beiträgt, Geflüchtete in eine Position der Unselbständigkeit und eine Karriere der Abhängigkeit zu drängen (Cuddy, Fiske, & Glick, 2008).

Bislang offen ist die Frage, wieweit das weitreichende und anhaltende Engagement in der einheimischen Bevölkerung zu politischer Mobilisierung der HelferInnen beiträgt, vielleicht gemeinsam mit Geflüchteten. Helferinnen und Helfer beziehen oft Position in Bezug auf Geflüchtete und Flucht, sie befassen sich mit Fluchtgründen, dem Elend auf den Fluchtwegen sowie der deutschen und europäischen Einwanderungspolitik. Sie erleben Ärger und Frustrationen. Die Selbstorganisation und Vernetzung in den Hilfswerken ermöglicht eine kritische Diskussion. Damit sind die Voraussetzungen für Mobilisierung und kollektivem Protest gegeben (vgl. Stürmer & Simon, 2004). Die Zukunft wird zeigen, ob daraus ein Beitrag zu einer Bewegung gegen globale Ungleichheitsverhältnisse hervorgeht.

Ohne die Unterstützung von ehrenamtlichen Helferinnen und Helfern würde die Aufnahme von Geflüchteten noch chaotischer und unwürdiger verlaufen. Eine experimentelle Studie von Renner, Laireiter und Maier (2012) macht deutlich, dass die Unterstützung durch Ehrenamtliche Geflüchteten tatsächlich hilft, insbesondere den traumatisierten. Trotz der Hilfe der Ehrenamtlichen gab und gibt es Schwierigkeiten hinsichtlich der Koordination von Hilfe und was die Zeiten und die Umsetzung des Einsatzes angeht. Freiwillige HelferInnen gehen darüber hinaus zuweilen mit anderen Vorstellungen an ihre Aufgabe als die mit der Organisation der Gesamtabläufe beauftragten Professionellen. Das führt zu Konflikten. Vor allem aber ist es – zumindest mit dem ersten Anwachsen der Zahl an Geflüchteten – oft nicht gelungen, den enthusiastisch Hilfsbereiten Einsatzmöglichkeiten zu geben. Menschen haben sich bereit erklärt zu helfen, sie werden angeblich auf Wartelisten gesetzt und dann nicht mehr angesprochen. Das führt zu Enttäuschungen, die dazu beitragen, dass Menschen ihr Engagement zurücknehmen oder aufgeben. Hier ist dringend eine Verbesserung der Abläufe geboten.

2. Kategorisierung, Vorurteile, Diskriminierung, Gewalt

Wenn Menschen sich ablehnend Einwanderern und Einwanderinnen gegenüber äußern, Geflüchtete diskriminieren oder gar gewalttätig gegen sie vorgehen, richtet sich diese Ablehnung in der Regel nicht gegen einzelne Personen, sondern gegen eine Gruppe. Psychologische Voraussetzung für eine solche Form Gruppenbezogener Menschenfeindlichkeit (Heitmeyer, 2002) ist, dass wir in der Lage sind, Gruppen zu unterscheiden. Es gehört zu den menschlichen Grundfertigkeiten, kontinuierliche Stimulus-Serien, wie physikalische Objekte oder auch Ansammlungen von Menschen, als zu unterschiedlichen Kategorien bzw. Gruppen zugehörig wahrzunehmen. Voraussetzung dafür ist, dass diese Stimulus-Serien klassifiziert werden. So werden Ansammlungen von Menschen zu Männern und Frauen, Alten und Jungen und Deutschen und Ausländern, wenn wir sie als solche benennen. Tajfel und Wilkes (1963) und andere haben gezeigt, dass wir, erstens, sehr schnell dazu bereit und in der Lage sind, solche Klassifikationen vorzunehmen und dass, zweitens, die Klassifikationen mit Wahrnehmungsverzerrungen einhergehen: Die Unterschiede zwischen den Gruppen werden überbetont, Unterschiede innerhalb der Gruppen minimiert. Diese Kategorisierungseffekte helfen im Alltag, die Welt zu vereinfachen und übersichtlich zu machen. Aber, die Überbetonung von Kategorienunterschieden und die Homogenisierung innerhalb von Kategorien haben auch negative Konsequenzen: Die Geflüchteten erscheinen uns sehr anders als die Einheimischen und untereinander sehr ähnlich.

Bei der Einteilung von Menschen in Gruppen sind wir häufig selbst Mitglieder einer der Kategorien: es gibt nicht nur Dortmund- und Schalke-Fans, manche von uns gehören selbst dazu. Zusätzlich zur beschriebenen Überbetonung von Intergruppendifferenzierung und Intragruppenhomogenisierung kommt dann noch ein weiteres psychologisches Phänomen zum Tragen: Wir versuchen die Gruppe oder Kategorie, der wir uns zugehörig fühlen, positiv von der fremden Gruppe abzugrenzen – oft mit der Konsequenz, dass wir fremde Gruppen abwerten oder diskriminieren (Tajfel, Billig, Bundy, & Flament, 1971). Tajfel (1978) erklärt diesen systematischen Fehler zugunsten der eigenen Gruppe, den *ingroup bias*, mit der Theorie Sozialer Identität: Gruppenmitgliedschaften sind identitätsstiftend – wer und was wir sind, ergibt sich zumindest in Teilen aus unseren Gruppenmitgliedschaften. Außerdem nimmt er an, dass wir bestrebt sind, vor uns selbst und anderen gegenüber positiv dazustehen. Daraus ergibt sich: Wir werten fremde Gruppen, die Geflüchteten ab, um die eigene Gruppe und damit uns selbst aufzuwerten.

Die fast vierzigjährige Forschung im Rahmen der *Theorie Sozialer Identität* (vgl. auch die Differenzierungen durch die Self-Categorization Theory, Turner, Hogg, Oakes, Reicher, & Wetherell, 1987) hat eine Reihe von wichtigen psychologischen Intergruppenphänomenen aufgezeigt.

Erstens, schon die bloße, oft zufällige oder willkürliche *Benennung von Menschen* als Mitglieder unterschiedlicher Kategorien kann zu gegenseitiger Abwertung führen.

Zweitens, dieser Prozess tritt umso stärker auf, je stärker Menschen sich mit einer Kategorie, z. B. der der Deutschen, *identifizieren* (Wagner, Becker, Christ, Pettigrew, & Schmidt, 2012).

Drittens, die Differenzierung zwischen Eigen- und Fremdgruppe wird verschärft, wenn die fremde Gruppe *negative Emotionen*, insbesondere Bedrohungsgefühle, auslöst. Stephan und Renfro (2002) unterscheiden drei Formen von Bedrohungen: Fremde Gruppen können materielle Werte der eigenen Gruppe bedrohen, wenn sie um dieselben *materiellen Ressourcen* wetteifern (Sherif & Sherif, 1969). Bedrohungsgefühle können sich auf die eigene *Kultur* und die eigenen *Werte* beziehen. Und die fremde Gruppe kann *Angst in direkten Begegnungen* auslösen. Jüngste Umfragen unter der einheimischen Bevölkerung zu Geflüchteten in Deutschland spiegeln diese Komponenten von Bedrohung wider: Die Befragten fürchten um Wohlstand, Wohnraum und Arbeitsplätze, sie haben Ängste vor einer Dominanz des Islam und vor Überfremdung der eigenen Kultur. Und schließlich gibt es starke Ängste vor Kriminalität und um die innere Sicherheit. Die Umfragen zeigen darüber hinaus, dass die Deutschen sich auch vor sich selbst fürchten, nämlich dass rechte Parteien an Zulauf gewinnen (Forschungsgruppe Wahlen e. V. am 15.01.2016). Negative Emotionen wie Angst können Folge von Kategorisierung sein (s. o.). Darüber hinaus begünstigen Lernprozesse, genauer Klassisches Konditionieren, die Verbindung fremder Gruppen mit negativen Emotionen. Die Übergriffe am Kölner Hauptbahnhof durch junge Männer mit Migrationshintergrund zur Jahreswende 2015/16 oder Terrorattacken islamistischer Gruppen, wie in Paris und Brüssel, führen dazu, dass wir Geflüchtete als angstauslösend erleben. Es gibt Grund zu der Annahme, dass wir negative Erfahrungen besonders schnell erlernen (Barlow et al., 2012). Die einmalige Exposition mit den Berichten aus Köln kann schon zur nachhaltigen Verknüpfung der Kategorie Flüchtling mit negativen Emotionen, wie Angst, führen (vgl. auch die Phänomene der *illusory und spurious correlations*, Meiser & Hewstone, 2010).

Wiederholungen solcher oder ähnlicher Ereignisse verstärken die Angst und verfestigen sie. Die Assoziation von Geflüchteten mit Bedrohungsgefühlen hat nicht nur für Geflüchtete negative Konsequenzen, indem Einheimische ihnen aus dem Weg gehen, sie ausgrenzen, und damit Möglichkeiten für positive Erfahrungen vermindern. Angst vor Fremden beeinträchtigt auch die Verängstigten selbst, indem sie sich zurückziehen, Kontakten mit Fremden aus dem Weg gehen, den eigenen Lebensraum einschränken oder mit Selbstverteidigungswaffen oder Bürgerwehren der vermeintlichen Gefahr zu begegnen versuchen.

Viertens, wir generalisieren schnell von einzelnen Gruppenmitgliedern und einzelnen Verhaltensweisen auf die gesamte Gruppe. Bei den Tätern in Köln handelte es sich um eine sehr spezielle Subgruppe von jungen Männern mit besonders prekärem Aufenthaltsstatus. Dasselbe gilt für islamistische Attentäter in Europa. Wir neigen dennoch dazu, auf Geflüchtete insgesamt zu generalisieren. Solche Generalisierungen finden vor allem dann statt, wenn Gruppenmitglieder sich stereotypenkonform verhalten, also unseren Erwartungen von Gefährlichkeit entsprechen. Stereotypenabweichendes Verhalten wird dagegen eher als Zufall oder Ausnahme wahrgenommen (Brewer, Dull, & Lui, 1981). Wie gehen Rassisten damit um, dass Geflüchtete einem NPD-Politiker nach einem Autounfall erste Hilfe geleistet haben? Sie zweifeln das an, wie der Hilfeempfänger selbst (am 22.03.2016 in der Hessenschau).

Fünftens, Kategorisierung führt nicht nur zur Entwicklung von negativen Stereotypen, Kategorisierung hat auch Konsequenzen für das Verhalten. Mitglieder fremder Gruppen erfahren Benachteiligung. Hilfeleistung wird ihnen eher verweigert. Zu vermuten ist, dass sich für diejenigen in der einheimischen Bevölkerung, die Geflüchteten ablehnend bis feindlich gegenüberstehen, der Geltungsanspruch einer Hilfeleistungsnorm vornehmlich auf die eigene „deutsche" Gruppe bezieht und an deren nationaler oder ethnischer Grenze endet (Stürmer & Snyder, 2010). Damit verlieren die so Ausgeschlossenen den Anspruch auf Hilfeleistung und auf die universellen Menschenrechte. Ein extremes Beispiel dafür ist die Forderung der AfD-Vorsitzenden Petry nach dem Einsatz von Schusswaffen durch die deutsche Polizei, wenn Geflüchtete illegal die deutsche Grenze überqueren (Mannheimer Morgen, 30.01.2016). Fremdenfeinde begründen ihre Haltung oft damit, dass Einwanderer die abendländischen Werte nicht hinreichend vertreten. Mit dem Gleichnis des Barmherzigen Samariters aus dem Lukas-Evangelium, Neues Testament (Lk 10, 25–37), das sicher Bestandteil der abendländischen Werte ist, sind sie offensichtlich selbst wenig vertraut. Kategorisierung begünstigt über Diskriminierung hinaus Gewaltanwendung gegen Mitglieder fremder Gruppen (Meier & Hinsz, 2004). Gefühle von Bedrohung und Angst führen in der Regel zu Rückzug und zum Vermeiden von Kontakt mit denjenigen, die die Angst auslösen. Diskriminierung durch Ausschluss kann in Gewalt umschlagen, wenn Angst zu Hass wird. Hass geht mit Attacke einher (Wagner & Christ, 2007). Und, Angst zieht Gewalt nach sich, wenn die Verängstigten sich stark fühlen, weil sie keine negativen Konsequenzen von Gewalt für sich erwarten und viele andere hinter sich vermuten (Haslam & Reicher, 2012; Zimbardo, 1969).

Sechstens, die beschriebenen Prozesse sind in historische und soziale Prozesse eingebunden und werden von diesen inhaltlich gefüllt und aktiviert. Wenn wir negative Stereotype und Vorurteile gegenüber fremden Gruppen entwickeln, geschieht dies nicht in sozialer Isolation. Wir greifen auf Feindbilder über „die Fremden" zurück, die im kulturellen Repertoire zur Verfügung stehen, wie die Bilder vom „Schwarzen Mann", von „Zigeunern", von Juden, von Türken. Und, wir sind in der Lage, stellvertretend zu lernen. Die wenigsten von uns sind jemals in eine direkte Konkurrenzsituation um einen Arbeitsplatz oder eine Wohnung mit einer geflüchteten Person gekommen. Wir müssen nicht selbst an Silvester in Köln anwesend gewesen sein, um Geflüchtete mit Angst in Zusammenhang zu bringen. Es ist hinreichend, wenn wir im Bekanntenkreis davon hören, in den Medien davon lesen oder die Bilder sehen. Damit kommt sozialen Austauschprozessen im Zusammenhang mit dem Umgang mit Flucht und Geflüchteten eine besondere Rolle zu. Bekanntenkreise, Politik und Medien definieren in weiten Teilen unsere Weltsicht und unsere Erklärungen dazu. Diese Einflüsse werden dadurch gestärkt, dass wir Unterstützung für unsere Meinungen suchen (Festinger, 1954). Wir suchen solche Informationen und Informationsquellen, von denen wir annehmen, dass sie unsere Position unterstützen. Wir wollen nicht wissen, *ob* wir Recht haben, sondern *dass* wir Recht haben. In besonderem Maße kommen solche Selbstbestätigungsprozesse in den sogenannten sozialen Medien zum Tragen, wenn Menschen dort bevorzugt solche Kommunikationsräume aufsuchen, von denen sie annehmen, dass sie den eigenen Überzeugungen nahestehen. Es entstehen Echoräume, aus denen nichts als eine Verstärkung der eigenen Meinung zurückkommt. Der Besuch anderer Kommunikationsräume wird bestenfalls noch zu wüsten Beschimpfungen genutzt.

3. Was unterlassen, was tun?

Gegenwärtig (2016) sind weltweit etwa 60 Millionen Menschen auf der Flucht vor Hunger und Krieg. Die Lebenssituationen sind zum Teil unerträglich. Unzweifelhaft gilt es, die Fluchtursachen zu mindern, ein langfristiger Prozess mit z. T. unangenehmen offenen Fragen, wie dem Einsatz von Kampftruppen zur Eindämmung von Kampfhandlungen.

Schließung von Grenzen ist für Viele moralisch unakzeptabel. Berechtigten Widerspruch gibt es auch dann, wenn Geflüchtete mit zweifelhaften Mitteln daran gehindert werden, die Europäische Gemeinschaft überhaupt erst zu erreichen. Die Schließung von Grenzen ändert nichts, sie belässt Geflüchtete in Not. Wenn uns dann noch Menschen auf der Flucht medial vorgeführt werden, wie sie im Matsch vor den Zäunen vegetieren, lässt das weitere Abwertungsprozesse erwarten: Um unseren Glauben an eine im Prinzip gerechte Welt aufrechterhalten zu können, werden die Geflüchteten für ihr Schicksal selbst verantwortlich gemacht (Lerner & Goldberg, 1999), eine gesteigerte Form des Rassismus. Schließung von Grenzen ist darüber hinaus bei Einhaltung minimaler ethischer Regeln, wie Vermeidung eines Schießbefehls, praktisch nicht umsetzbar.

Menschen werden also weiter nach Europa fliehen. Mit der Weigerung der Mehrzahl der EU-Mitgliedsstaaten, Geflüchtete auf die 28 Länder der Europäischen Union mit ihren insgesamt 508 Millionen Menschen zu verteilen, hat eine solche Politik der Identifikation mit der Wertegemeinschaft Europa schweren Schaden zugefügt.

Aus den im vorangehenden Kapitel diskutierten Ursachen für die Ablehnung Geflüchteter ergibt sich:

Erstens, wir sollten auf Kategorisierungen in Einheimische und Geflüchtete verzichten, wo eine solche Kategorisierung nicht erforderlich ist. Und, Vorsicht mit den Begriffen: Ich schreibe hier über „Geflüchtete" statt über „Flüchtlinge", weil der Begriff „Geflüchtete" auf eine vergangene Handlung verweist und die Flucht in geringerem Maße zu einer Essenz der so beschriebenen Menschen wird.

Zweitens, überzogene Identifikationen mit nationalen Zugehörigkeiten führen zum Ausschluss derjenigen, die nicht dazu gehören. Nationalismus ist gefährlich.

Drittens, Konflikte um materielle Ressourcen und Werte sind zu vermeiden. Manche der jetzt mit Geflüchteten in Zusammenhang gesetzten Probleme existierten schon vorher, das Anwachsen der Zahl an Geflüchteten hat sie nur sichtbar gemacht, wie die Folgen des Stellenabbaus bei Polizei und den Gerichten und der Zusammenbruch des Sozialen Wohnungsbaus. Zur Konfliktvermeidung gehört auch die Sicherstellung einer hinreichenden Versorgung der Geflüchteten, ohne dass dazu in übermäßiger Form Ressourcen der Einheimischen, wie Turnhallen, Wohnraum, Kindergartenplätze etc., in Anspruch genommen werden müssen. Wer dann dennoch eine solche Debatte um Ressourcenkonflikte anstiftet, instrumentalisiert Einwanderung für die Durchsetzung eigener politischer Interessen. Wichtig ist auch, darauf hinzuweisen, dass die neue Einwanderung von Geflüchteten auch Vorteile bringt, wie die Möglichkeit zum Erhalt von lokaler Infrastruktur in Form von Kindergärten, Schulen, medizinischer Versorgung und Geschäften im ländlichen Raum. Die vornehmlich jungen Geflüchteten können die demographische Zusammensetzung der Bevölkerung der Bundesrepublik Deutschland verbessern und helfen, die Nachfrage nach Arbeitskräften zu entspannen. Voraussetzung dafür ist allerdings eine weitsichtige Integrationspolitik (s. u.). Da die Gefahr besteht, dass Geflüchtete als Folge von Lernprozessen in übermäßigem Ausmaß mit Gefühlen der Bedrohung und Angst in Zusammenhang gebracht werden, muss das in der öffentlichen Debatte über Einwanderung und Geflüchtete Berücksichtigung finden. Das kann Probleme aufwerfen. Einerseits geht die Idee einer demokratischen Gesellschaft davon aus, dass möglichst alle Informationen offen ausgesprochen und frei zur Verfügung stehen, um Bürgerinnen und Bürgern bei Wahlen eine rationale Entscheidung zu ermöglichen (Popper, 1945). Andererseits werden rationale Informationsverarbeitungs- und Entscheidungsprozesse durch automatische Konditionierungsprozesse unterminiert, die Geflüchtete in verzerrender Weise mit negativen Eigenschaften in Zusammenhang setzen. Daraus folgt: Vermeidung von ungerechtfertigten Spekulationen über deviantes Verhalten von Geflüchteten. Und, Sicherstellung von Sicherheit durch die Polizei.

Viertens, die Gefahr, dass von einzelnen Tätern auf die gesamte Gruppe generalisiert wird, impliziert, bei Äußerungen und Berichten über Geflüchtete eine ausgewogene Entscheidung zu treffen zwischen notwendiger Informationsvermittlung und Vermeidung von Konditionierungen. Der Pressekodex des Deutschen Presserates argumentiert daher sehr richtig, wenn er fordert, dass in Mediendarstellungen „die Zugehörigkeit der Verdächtigen oder Täter zu religiösen, ethnischen oder anderen Minderheiten nur dann erwähnt“ werden soll, „wenn für das Verständnis des berichteten Vorgangs ein begründbarer Sachbezug besteht.“ (http://www.presserat.de/presserat/). Die Pressestellen der Polizei orientieren sich an diesem Code, für politische Statements ist er als Orientierung ebenfalls empfehlenswert.

Fünftens, die Norm zur Hilfeleistung darf nicht an Gruppenzugehörigkeiten gekoppelt werden. Es muss zum gesellschaftlichen Konsens gehören, dass Gewalt generell und gegen Geflüchtete im Besonderen unakzeptabel ist, Gewaltanwendung ist mit Nachdruck gesetzlich zu verfolgen.

Sechstens, politische, behördliche und mediale MeinungsführerInnen tragen eine besondere Verantwortung, sie müssen die Konsequenzen ihrer Worte und Taten besonders beachten.

4. Akkulturationsstrategien

Die deutsche Politik hat mit ihrer Widersprüchlichkeit in der Einwanderungspolitik der extremen Rechten UnterstützerInnen und WählerInnen zugeführt. Menschen sind verunsichert über die Art und Weise, wie die Einwanderung nach Deutschland gestaltet wird, und erwarten glaubwürdige und humanitäre Strategien. Eine Diskussion um die Einschränkung des Familiennachzugs für etwa 100 unbegleitete jugendliche Geflüchtete oder die ständig wiederholte Forderung nach Grenzschließung erfüllen diesen Wunsch nach Antworten und Reduzierung von Unsicherheit nicht. Einfache Antworten kommen stattdessen von der extremen Rechten, die letztlich die Geflüchteten selbst für die Situation verantwortlich macht – und damit, wie die Wahlen im Frühjahr 2016 zeigen, Erfolg hat. Es gilt, eine überzeugende Strategie für die Aufnahme von Geflüchteten zu entwickeln.

Assimilation bedeutet, dass EinwanderInnen Normen und Werte der Aufnahmegesellschaft übernehmen. Integration meint die gemeinsame Entwicklung gemeinsamer neuer Normen und Werte (Berry, 1997). In Bezug auf die Akzeptanz von Gesetzen wird von EinwanderInnen – abgesehen von Modifikationen in Einwanderungsgesetzen – Assimilation erwartet. Bestehende Gesetze über Gewalt, das Verhältnis der Geschlechter, und das Verhältnis von Religion und Staat stehen nicht zur Disposition und werden von EinwanderInnen gewöhnlich auch nicht in Frage gestellt. Abstimmungsbedarf besteht in Bezug auf Normen und Werte außerhalb des Rahmens gesetzlicher Vorgaben. Wenn schon für Nicht-Rheinländer der Karneval und seine zuweilen unklaren Verhaltensnormen nicht nachvollziehbar sind, wie viel schwieriger ist dies für Menschen mit noch größerem kulturellen Abstand? Dafür müssen EinwanderInnen Lernmöglichkeiten geboten werden. Dazu gehören lebensnahe Erfahrungsmöglichkeiten, eingebunden in Praktika, Schul- und Berufsausbildung mit direkten Begegnungen. Das setzt ganzheitliche Programme mit Sprachförderung, Schul- und Berufsausbildung und interkulturellem Training voraus. Solche integrativen Programme würden auch EinwanderInnen die Möglichkeit bieten, mit ihren Gewohnheiten, Normen und Werten Angebote für die deutsche Gesellschaft zu machen und diese zu bereichern. Dazu könnten Höflichkeitsformen und Alternativen zu den üblicherweise alkoholgetränkten deutschen Festen gehören oder auch kulinarische Bereicherungen.

Was bislang fehlt sind Informationen darüber, was Geflüchtete, außer Sicherheit, von ihrem Leben in Deutschland selbst erwarten. Wollen sie bleiben, auch wenn in den Herkunftsländern einigermaßen menschenwürdige Verhältnisse sichergestellt wären (vgl. dazu Perabo, Haid, & Giebler, 2015)? Was sind die langfristigen Zukunftsperspektiven von Geflüchteten in Deutschland? Welche Kenntnisse haben EinwanderInnen von beruflichen Möglichkeiten und wie wollen sie diese für sich umsetzen? Welche Hoffnungen und Erwartungen haben sie für die Zukunft ihrer Kinder?

5. Einbeziehung der Ängstlichen, Unwilligen, Pegidisten

Die Entwicklung in Deutschland und Europa wird wesentlich von politischen Diskursen und deren Ergebnissen abhängen. Unterstellt, mehrheitlich politisch gewollt sei ein gleichberechtigtes Zusammenleben von Einwanderern und Einheimischen, und für integrierte Maßnahmen für Spracherwerb, Schulbildung, Berufsausbildung sowie bezahlbaren Wohnraum würde hinreichend und koordiniert investiert, bliebe doch die Frage, wie mit den Ängstlichen und Ablehnenden – vornehmlich auf einheimischer Seite – umgehen, sie mitnehmen? In Bezug auf die rechtsextremen Rädelsführer, etwa bei Pegida, sind bei Gesetzesübertretungen klare Sanktionen notwendig. Dabei geht es gar nicht so sehr um eine Verschärfung der Schwere der Sanktionen als vielmehr um die Unmittelbarkeit staatlichen Handelns. Bei den MitläuferInnen würde Ausgrenzung, wie zuweilen politisch gefordert, die Gräben nur weiter vertiefen.

Für die Zweifelnden, die Verängstigten sind zwei psychologische Strategien zur Reduktion von Vorurteilen erprobt. Erstens, politische Kampagnen. Diese sollen helfen, verzerrte Wahrnehmungen in Bezug auf EinwanderInnen und Einwanderung zu korrigieren. In einer Meta-Analyse unter Einbezug von 154 Studien können Lemmer und Wagner (Manuskript in Vorbereitung) zeigen, dass solche Informationskampagnen tatsächlich geeignet sind, Vorurteile zu reduzieren. Besonders effektiv sind Maßnahmen, die auf Empathie der RezipientInnen abzielen und Mitleid erregen. Allerdings muss man beim Einsatz von Informationskampagnen auch mit Widerstand rechnen (Kauff, Asbrock, Thörner, & Wagner, 2013), wie etwa bei Pegida und AfD. Hilfreich ist eine Argumentation, die die Menschen und ihre Ängste ernst nimmt, die Ängste aber durch glaubwürdige Gegenargumente in Frage stellt.

Die zweite Erfolg versprechende Strategie zur Reduktion von Vorurteilen ist Kontakt (Allport, 1954; Pettigrew, 1998). Nach der Kontakttheorie führt die Begegnung von Menschen aus unterschiedlichen Gruppen zur Reduktion von Vorurteilen, wenn der Kontakt es möglich macht, einander auf Augenhöhe zu begegnen, gemeinsame Ziele zu verfolgen und wenn Kontakt sozial und politisch erwünscht ist. Nach den Ergebnissen einer Gesis-Befragung (Presse- und Informationsamt der Bundesregierung, 2016) berichten diejenigen, die mit Geflüchteten in Kontakt gekommen sind, in der Mehrzahl über eher positive Erfahrungen, nur eine Minderheit von 12 % gibt negative Erfahrungen an. Kotzur und Wagner (Manuskript in Vorbereitung) ermitteln in einer Befragung unter einheimischen AnwohnerInnen von Erstaufnahmeeinrichtungen in dem Maß weniger Vorurteile gegen Geflüchtete, in dem sie über Kontakt mit Geflüchteten berichten. Kontakt, vor allem wenn er unter den oben beschriebenen Bedingungen stattfindet, führt zu Reduktion von Angst, zu erhöhter Empathie mit den Mitgliedern der fremden Gruppe und zu einer Verbesserung von Kenntnissen über die andere Gruppe (Pettigrew & Tropp, 2008). Kontakt erlaubt auch einen differenzierten Blick auf die eigene Gruppe und ihre Gewohnheiten. Lemmer und Wagner (2015) zeigen in einer Meta-Analyse, dass gezielte Kontaktinterventionen tatsächlich in diesem Sinne helfen. Die Kontakttheorie hat Implikationen für die Gestaltung von Einwanderungsprozessen. Dies betrifft z. B. die Aufnahme- und Ansiedlungspolitik. Die aktuellen großen Erstaufnahmeeinrichtungen verhindern Kontakte zwischen neu angekommenen Geflüchteten und der einheimischen Bevölkerung, notwendig sind stattdessen kleinere Einrichtungen. Eine zweite Implikation aus der Kontakttheorie ist, dass Gettos zu vermeiden sind. Eine dritte, damit zusammenhängende Konsequenz aus der Kontakttheorie betrifft die gegenwärtig praktizierte Zuweisung von Geflüchteten auf die Bundesländer. Diese erfolgt nach dem Königsteiner Schlüssel, der sich aus der wirtschaftlichen Prosperität und der Einwohnerzahl eines Bundeslandes errechnet. Praktisch ergibt sich daraus, dass Geflüchtete bevorzugt in den westlichen Bundesländern untergebracht werden und nicht in den östlichen Bundesländern. Im Osten Deutschlands ist die Ablehnung von Ausländern u. a. deshalb höher als im Westen, weil es dort nur wenige Personen mit Migrationshintergrund gibt und die Menschen damit kaum Möglichkeiten haben, interkulturelle Kompetenz zu entwickeln (Florack, Rohmann, Palcu, & Mazziotta, 2014; Wagner, van Dick, Pettigrew, & Christ, 2003). Das ist zu ändern.

Ein zentraler Einsatzbereich für Kontaktinterventionen ist die Schule. Einheimische Kinder und Kinder mit Migrationshintergrund müssen so früh wie möglich gemeinsam und in positivem Kontakt miteinander lernen. Darüber hinaus lässt sich der Unterricht gezielt nach Maßgabe der Kontakttheorie gestalten, wie beispielsweise in Form von kooperativem Gruppenunterricht. Dazu werden die Schülerinnen und Schüler einer Klasse zu ethnisch heterogenen Kleingruppen zusammengebracht. In den Kleingruppen müssen sie kooperativ gemeinsame Aufgaben lösen, die so gestaltet sind, dass eine Lösung nur möglich ist, wenn alle zusammenarbeiten (vgl. Avci-Werning, 2004; Lanphen, 2011). Die Kontaktforschung hat gezeigt, dass Kontakt auch dann hilft, Vorurteile zu reduzieren, wenn man sich nur vorstellt, mit einem Mitglied der fremden Gruppe eine angenehme Begegnung zu haben (Miles & Crisp, 2014). Und, Kontakt wirkt auch dann, wenn man erfährt, dass andere Mitglieder der eigenen Gruppe Kontakt mit der fremden Gruppe pflegen (Christ, Hewstone, Tausch, Wagner, Voci, Hughes, & Cairns, 2010). Der Einsatz solcher Maßnahmen in spielerischer Form über Imaginationstechniken und Geschichten im Schulunterricht liegt auf der Hand.

Weitere Erfolg versprechende Einsatzbereiche für die Kontakttheorie sind der Sport und andere Formen der Einbindung in die Gemeinden, wie durch Vereine oder die Freiwillige Feuerwehr. Mit solchen Maßnahmen wird auch deutlich, dass die Einwanderung von Geflüchteten mit Vorteilen für alle einhergeht, wie der Möglichkeit zum Erwerb und zur Pflege interkultureller Kompetenz.

Vielleicht sollten wir alle, politische BürgerInnen und WissenschaftlerInnen, unsere Fragestellung ausweiten: Flucht vor Krieg, Armut und Umweltzerstörung wird es auch in Zukunft geben. Statt verzagt und ängstlich zu reagieren, sollten die politische Debatte und die wissenschaftliche Forschung viel stärker die Vorteile in den Blick nehmen, die mit dieser kaum änderbaren Tatsache einhergehen.

6. Literatur

Allport, G. W. (1954). *The nature of prejudice*. Reading: Addison-Wesley.

Ahrens, P. A. (2015). *Skepsis oder Zuversicht? Erwartungen der Bevölkerung zur Aufnahme von Flüchtlingen in Deutschland.* Sozialwissenschaftliches Institut der Evangelischen Kirche in Deutschland. Abrufbar unter http://www.ekd.de/fluechtlingsstudie-2016.pdf

Avci-Werning, M. (2004). *Prävention ethnischer Konflikte in der Schule*. Münster: Waxmann.

Barlow, F. K., Paolini, S., Pedersen, A., Hornsey, M. J., Radke, H. R. M., Harwood, J., Rubin, M., & Sibley, C. G. (2012). The contact caveat: Negative contact predicts increased prejudice more than positive contact predicts reduced prejudice. *Personality and Social Psychology Bulletin, 38,* 1–15.

Berry, J. W. (1997). Immigration, acculturation and adaptation. *Applied Psychology: An International Review, 46*, 5–34.

Batson, D. (1995). Prosocial motivation: Why do we help others? In A Tesser (Ed.), *Advances in Psychology* (pp. 333–391). New York: McGraw-Hill.

Brewer, M. B., Dull, V., & Lui, L. (1981). Perceptions of the elderly: Stereotypes as prototypes. *Journal of Personality and Social Psychology, 41,* 656–670.

Christ, O., Hewstone, M., Tausch, N., Wagner, U., Voci, A., Hughes, J., & Cairns, E. (2010). Direct contact as a moderator of extended contact effects: Cross-sectional and longitudinal impact on outgroup attitudes, behavioural intentions and attitude certainty. *Personality and Social Psychology Bulletin, 36,* 1662–1674.

Cuddy, A. J. C., Fiske, S. T., & Glick, P. (2008). Warmth and competence as universal dimension of social perception: The stereotype content model and the BIAS Map. *Advances in Experimental Social Psychology, 40,* 61–150.

Festinger, L. (1954). A theory of social comparison processes. *Human Relations*, 7, 117–140.

Florack, A., Rohmann, A., Palcu, J., & Mazziotta, A. (2014). How initial cross-group friendships prepare for intercultural communication: The importance of anxiety reduction and self-confidence in communication. *International Journal of Intercultural Relations, 43*, 278–288.

Pettigrew, T. F. (1998). Intergroup contact theory. *Annual Review of Psychology, 49*(1), 65–85.

Presse- und Informationsamt der Bundesregierung (2016). *Meinungen zur aktuellen Flüchtlingssituation in Europa und Deutschland* (September 2015). GESIS Datenarchiv, Köln. ZA6614 Datenfile Version 1.0.0. Abrufbar unter https://dbk.gesis.org

Haslam, S.A., & Reicher, S.D. (2012). Contesting the 'nature' of conformity: What Milgram and Zimbardo's studies really show. *PLoS Biology, 10(11)*.

Heitmeyer, W. (2002). Gruppenbezogene Menschenfeindlichkeit. Die theoretische Konzeption und erste empirische Ergebnisse. In W. Heitmeyer (Hrsg.), *Deutsche Zustände,* Folge 1 (S. 15–34). Frankfurt am Main: Suhrkamp.

Karakyali, S., & Kleist, O. (2015). *EFA-Studie: Struktur und Motive der ehrenamtlichen Flüchtlingsarbeit (EFA) in Deutschland* (1. Forschungsbericht. Ergebnisse einer explorativen Umfrage vom November/Dezember 2014). Berlin: Berliner Institut für empirische Integrations- und Migrationsforschung. Abrufbar unter http://www.fluechtlingshilfe-htk.de/uploads/infos/49.pdf

Kauff, M., Asbrock, F., Thörner, S., & Wagner, U. (2013). Side effects of multiculturalism – The interaction effect of multicultural ideology and authoritarianism on prejudice and diversity beliefs. *Personality and Social Psychology Bulletin. 39*, 305–320.

Kotzur. P., & Schäfer, S. (2017). Refugees welcome? Volunteering helpers and neighbours of an initial reception center in Germany. *Manuscript in preparation.*

Kotzur, P. F., & Wagner, U. (2017). "Love thy neighbour as thyself?" Contact, emotional reactions, and prejudice towards asylum seekers in the neighbourhood of initial reception centres: A longitudinal study. *Manuscript in preparation.*

Lanphen, J. (2011). Kooperatives Lernen und Integrationsförderung. Münster: Waxmann.

Lemmer, G., & Wagner, U. (2015). Can we reduce prejudice outside the lab? A meta-analysis of direct and indirect contact interventions. *European Journal of Social Psychology, 45*, 152–168.

Lemmer, G., & Wagner, U. (2017). The benefits of walking in the shoes of an outgroup: A meta-analysis of information interventions to reduce ethnic prejudice. *Manuscript in preparation.*

Lerner, M., & Goldberg, J.H. (1999). *When do decent people blame victims? The differing effects of the explicit/rational and implicit/experiential cognitive systems.* New York: Guilford Press.

Meier, B. P., & Hinsz, V.B. (2004). A comparison of human aggression committed by groups and individuals: An interindividual-intergroup discontinuity. *Journal of Experimental Social Psychology, 40*, 551–559.

Meiser, T., & Hewstone, M. (2010). Contingency learning and stereotype formation: Illusory and spurious correlations revisited. *European Review of Social Psychology, 21*, 285–331.

Miles, E., & Crisp, R.J. (2014). A meta-analytic test of the imagined contact hypothesis. *Group Processes and Intergroup Relation, 17*, 3–26.

Oliner, S. P., & Oliner, P. M. (1988). *The altruistic personality. Rescuers of Jews in Nazi Europe*. New York: Free Press.

Perabo, E., Haid, H., & Giebler, H. (2015). Befragung syrischer Flüchtlinge in Deutschland – Hintergründe. *Adopt a Revolution*. Abrufbar unter https://www.adoptrevolution.org/wp-content/uploads/2015/10/pressemappe-adopt-a-revolution-fluchtumfrage.pdf

Pettigrew, T. F., & Tropp, L. R. (2008). How does intergroup contact reduce prejudice? Meta-analytic tests of three mediators. *European Journal of Social Psychology*, 38, 922–934.

Piliavin, I. M., Rodin, J., & Piliavin, J. A. (1969). Good samaritanism: An underground phenomenon. *Journal of Personality and Social Psychology, 13*, 289–299.

Popper, K. (1945). *The open society and its enemies*. London: Routledge.

Renner, W., Laireiter, A. R., & Maier, M. J. (2012). Social support as a moderator of acculturative stress among refugees and asylum seekers. *Social Behavior and Personality, 40*, 129–146.

Sherif, M., & Sherif, C. W. (1969). *Social psychology*. New York: Harper & Row.

Stephan, W. G., & Renfro, C. L. (2002). The role of threat in intergroup relations. In D. M. Mackie & E. R. Smith (Eds.), *From prejudice to intergroup relations* (pp. 191–207). New York: Psychology Press.

Stürmer, S., & Simon, B. (2004). Collective action: Towards a dual-pathway model. In W. Stroebe & M. Hewstone (Eds.), *European Review of Social Psychology* (Vol. 15, pp. 59–99). Hove, UK: Psychology Press.

Stürmer, S., & Snyder, M. (2010). Helping "us" versus "them. Towards a group level theory of helping and altruism within and across group boundaries. In S. Stürmer & M. Snyder (Eds.) *The psychology of prosocial behavior* (pp. 33–58). Chichester: Whiley-Blackwell.

Tajfel, H. (1978). *Differentiation between social groups*. London: Academic Press.

Tajfel, H., Billig, M. G., Bundy, R. P., & Flament, C. (1971). Social categorization and intergroup behavior. *European Journal of Social Psychology, 1*, 149–178.

Tajfel, H., & Wilkes, A. L. (1963). Classification and quantitative judgement. *British Journal of Psychology, 54*, 101–114.

Turner, J. C., Hogg, M. A., Oakes, P. J., Reicher, S. D., & Wetherell, M. S. (1987). *Rediscovering the social group.* Oxford, UK: Blackwell.

van Leeuwen, E., & Täuber, S. (2010). The strategic side of out-group helping. In S. Stürmer & M. Snyder (Eds.) *The psychology of prosocial behavior* (pp. 81–99). Chichester: Whiley-Blackwell.

Wagner, U., Becker, J. C., Christ, O., Pettigrew, T. F., & Schmidt, P. (2012). A longitudinal test of the relation between German nationalism, patriotism and outgroup derogation. *European Sociological Review, 28*, 319–332.

Wagner, U., & Christ, O. (2007). Intergroup aggression and emotions: A framework and first data. In M. Gollwitzer & G. Steffgen (Eds.), *Emotions and aggressive behavior* (pp. 133–148). Göttingen: Hogrefe & Huber.

Wagner, U., van Dick, R., Pettigrew, T. F., & Christ, O. (2003). Ethnic prejudice in East- and West-Germany: The explanatory power of intergroup contact. *Group Processes and Intergroup Relations, 6*, 23–37.

Whatley, M. A., Webster, J. M., Smith, R. H., & Rhodes, A. (1999). The effect of a favor on public and private compliance: How internalized is the norm of reciprocity? *Basic and Applied Social Psychology, 21*, 251–259.

Zimbardo, P. G. (1969). The human choice: Individuation, reason, and order versus deindividuation, impulse, and chaos. *Nebraska Symposium on Motivation, 17*, 237–307.

Birte Siem

Freiwilliges Engagement im Kontext von Flucht und Migration

Zusammenfassung: *In diesem Beitrag werden basierend auf einflussreichen sozialpsychologischen Ansätzen zu freiwilligem Engagement und Helfen verschiedene Gründe für freiwilliges Engagement im Kontext von Flucht und Migration dargestellt. Dabei wird unterschieden zwischen Ansätzen, bei denen Kosten-Nutzen-Abwägungen für die Motivation sich zu engagieren eine zentrale Rolle spielen, und Ansätzen, die annehmen, dass dem Engagement auch selbstlose Motive zugrunde liegen können. Anknüpfend an die verschiedenen motivationalen Prozesse werden potentielle Hindernisse und unintendierte Nebeneffekte freiwilliger Tätigkeit im Kontext von Flucht und Migration aufgezeigt, die die Aufrechterhaltung des Engagements über einen längeren Zeitraum gefährden können, und eine Reihe sozialpsychologisch fundierter Interventionsansätze skizziert, die an genau diesen Problemstellen ansetzen. Dabei wird deutlich, dass nicht nur Analysen auf der Mikroebene individuellen Verhaltens und Erlebens notwendig sind, um Motive und Hindernisse freiwilligen Engagements zu verstehen, sondern ebenso Analysen auf der Mesoebene, die die Zugehörigkeiten der Akteure zu unterschiedlichen kulturellen Gruppen berücksichtigen. Diese beiden Ebenen finden sich auch in den dargestellten Interventionsansätzen wieder.*

Weltweit sind zurzeit über 60 Millionen Menschen auf der Flucht (United Nations Refugee Agency, 2016). Allein in Deutschland haben im Jahr 2015 über eine Million Menschen aus Syrien, Afghanistan, dem Irak, Albanien, Somalia und anderen Ländern Asyl gesucht (Bundesministerium des Inneren, 2016). Damit stehen Deutschland und andere Aufnahmegesellschaften vor vielen Herausforderungen: Neben der Bereitstellung von Unterkünften und einer ausreichenden Gesundheitsversorgung muss geflüchteten Kindern und Jugendlichen ein Bildungszugang ermöglicht werden und den Geflüchteten der Erwerb der Sprache des Aufnahmelandes und eine Integration in den Arbeitsmarkt erleichtert werden. Diese Aufgaben werden zu einem großen Teil von staatlicher Seite getragen. Zusätzlich erfahren die Geflüchteten aber auch eine bemerkenswerte Hilfsbereitschaft von einer großen Anzahl BürgerInnen. Im Jahr 2015 haben nach eigenen Angaben beinahe die Hälfte der BundesbürgerInnen in Deutschland Geflüchtete unterstützt. Neben Geld- und Sachspenden beinhaltete diese Unterstützung auch freiwilliges Engagement: Über 4 Millionen haben ihre Zeit für die Unterstützung von Geflüchteten zur Verfügung gestellt (Deutscher Spendenrat e. V. & Gesellschaft für Konsumforschung, 2016). Sie haben Geflüchtete bei ihrer Ankunft willkommen geheißen und mit dem Nötigsten versorgt, bei der Einrichtung von Flüchtlingsunterkünften geholfen, Geflüchtete bei Behördengängen begleitet, kostenlose Sprachkurse angeboten oder Geflüchtete bei sich zuhause aufgenommen. Innerhalb kurzer Zeit entstand so eine bundesweite Bewegung der freiwilligen Flüchtlingsarbeit, die einen essentiellen Beitrag zur Willkommenskultur in Deutschland geleistet hat. Oft war das freiwillige Engagement zudem unabdingbar für die Versorgung der Geflüchteten: Man denke nur an die Situation auf dem Münchner Hauptbahnhof im September 2015, als dort täglich Tausende Geflüchtete ankamen. Ohne den Einsatz mehrerer Tausend Freiwilliger hätte diese Herausforderung nicht gemeistert werden können.

Ziel des vorliegenden Beitrags ist es, eine sozialpsychologische Perspektive auf freiwilliges Engagement im Kontext von Flucht und Migration aufzuzeigen. Dabei werden drei Schwerpunkte gesetzt. Zunächst wird anhand prominenter sozialpsychologischer Ansätze zu den motivationalen Grundlagen freiwilligen Engagements die Frage erörtert, aus welchen Gründen Personen sich für Geflüchtete engagieren. Ein zweiter Teil soll für mögliche Probleme, Hindernisse und unintendierte Effekte sensibilisieren, die neben vielen positiven Effekten ebenfalls mit freiwilligem Engagement für Geflüchtete und MigrantInnen einhergehen können. In einem letzten Teil werden verschiedene Interventionsansätze dargestellt, die dazu beitragen können, dass sich Menschen längerfristig für Geflüchtete und MigrantInnen engagieren, und das mit positiven Konsequenzen sowohl für die EmpfängerInnen als auch für die HelferInnen selbst.

1. Begriffsklärungen und Analyseebenen

Im Einklang mit der einflussreichen Definition von Wilson (2000) wird freiwilliges Engagement verstanden als „jede Aktivität, bei der man freiwillig einen Teil der eigenen Zeit dafür aufwendet, einer anderen Person, Gruppe oder Organisation etwas Gutes zu tun“ [eigene Übersetzung] (S. 215). Freiwilliges Engagement ist demnach eine Form des unentgeltlichen Helfens, die allerdings verbindlicher und überdauernder ist als ein einmaliger spontaner Hilfeakt (z. B. die schnelle Hilfeleistung nach einem Unfall) und gleichzeitig stärker eingegrenzt ist als die Hilfe, die man FreundInnen oder Familienmitgliedern zukommen lässt (Wilson, 2000). Die Definition schließt sowohl freiwilliges Engagement im Rahmen von formalisierten Organisationen und Strukturen ein (z. B. Wohlfahrtsverbände, kirchliche Vereinigungen; oft auch als Ehrenamt bezeichnet, z. B. Snyder & Omoto, 2008) als auch das Engagement einzelner Personen oder im Rahmen selbstorganisierter Gruppen. Damit wird die Definition der Vielfalt der Unterstützungsaktivitäten im Kontext von Flucht und Migration gerecht: Durch eine Non-Profit-Organisation formell angebotene, regelmäßige Beratung von Geflüchteten fällt ebenso darunter wie die informelle Begleitung einer in der Nachbarschaft lebenden Migrantin zu einem Behördentermin oder die selbstorganisierte Verteilung von Kleidung an Geflüchtete (siehe auch Wehner, Güntert, Neufeind, & Mieg, 2015).

Wann und warum sich Personen freiwillig engagieren, lässt sich auf unterschiedlichen Ebenen analysieren (z. B. Pettigrew, 1996). Ein auf der Makroebene (d. h. der Ebene politischer, staatlicher und ökonomischer Institutionen) angesiedelter Grund für zunehmendes freiwilliges Engagement war beispielsweise die Beobachtung, dass staatliche Strukturen in Deutschland bei der Versorgung der Geflüchteten an ihre Grenzen kamen. Als Folge begannen viele BürgerInnen, sich selbstorganisiert zu formieren, um Geflüchteten die Ankunft und das Einleben in Deutschland zu erleichtern (Karakayali & Kleist, 2015). Sozialpsychologische Forschung zu freiwilligem Engagement konzentriert sich allerdings vornehmlich auf die Mesoebene (d. h. die Ebene der sozialen Interaktionen innerhalb und zwischen Gruppen) sowie die Mikroebene (d. h. die Ebene individuellen Erlebens und Verhaltens). So liegt ein traditioneller Schwerpunkt auf der (Mikroebenen-) Analyse individueller Prozesse und beschäftigt sich u. a. mit der Frage, welcher Nutzen dem Engagement bei der Befriedigung bestimmter individueller Motive oder Bedürfnisse zukommt (für einen Überblick siehe z. B. Stukas, Snyder, & Clary, 2015). Diese Perspektive wird zunehmend durch die (Mesoebenen-)Analyse von Gruppenprozessen erweitert, bei der die Frage im Vordergrund steht, wie freiwilliges Engagement und Helfen durch die Zugehörigkeit der AkteurInnen zu sozialen Gruppen beeinflusst werden (für einen Überblick siehe z. B. Stürmer & Snyder, 2010). In der Freiwilligenarbeit für Geflüchtete engagieren sich überwiegend Mitglieder der Aufnahmegesellschaft, die selbst keinen Flucht- oder Migrationshintergrund haben (z. B. Karakayali & Kleist, 2015). Freiwillige und Geflüchtete gehören somit oftmals unterschiedlichen ethnischen und kulturellen Gruppen an, und diese Gruppenzugehörigkeiten bestimmen in vielen Situationen ihr Erleben und Verhalten (Turner, Hogg, Oakes, Reicher, & Wetherell, 1987). Der vorliegende Beitrag beschäftigt sich u. a. mit der Frage, wie sich eine Unterteilung in Eigengruppe (der man selbst angehört, z. B. „wir Deutsche“) und Fremdgruppe (z. B. „die Geflüchteten“) auf freiwilliges Engagement auswirken kann.

2. Warum engagieren Menschen sich freiwillig?

Im Folgenden werden zwei einflussreiche Forschungsstränge skizziert, die sich mit Faktoren beschäftigen, die die Aufnahme und Aufrechterhaltung freiwilligen Engagements beeinflussen. Während beim funktionalen Ansatz (z. B. Clary et al., 1998; Omoto & Snyder, 1995) Kosten-Nutzen-Abwägungen für die Motivation sich zu engagieren eine zentrale Rolle spielen, basiert die Forschung zu Empathie

(z. B. Stürmer, Snyder & Omoto, 2005) auf der Annahme, dass dem Engagement freiwilliger HelferInnen auch selbstlose Motive zugrunde liegen können. In Bezug auf beide Ansätze wird verdeutlicht, dass die beschriebenen Prozesse nicht nur auf individueller (Mikro-)Ebene wirken, sondern auch durch Faktoren auf der gruppalen (Meso-)Ebene, also durch die Gruppenzugehörigkeiten der Freiwilligen und der Geflüchteten, beeinflusst werden.

2.1. Der funktionale Ansatz freiwilligen Engagements

Individuelle Funktionen freiwilligen Engagements

Ein einflussreicher Ansatz, der sich mit den Fragen befasst, warum a) Menschen sich dazu entscheiden, sich freiwillig zu engagieren und b) dieses Engagement über einen längeren Zeitraum aufrecht erhalten, ist der funktionale Ansatz von Clary, Omoto, Snyder und Kollegen (z. B. Clary et al., 1998; Omoto & Snyder, 1995). Dieser Ansatz weist dem (erwarteten) individuellen Nutzen freiwilligen Engagements einen zentralen Stellenwert zu und nimmt an, dass Menschen sich deshalb freiwillig engagieren, weil das Engagement folgende wichtige Funktionen erfüllen kann (z. B. Clary et al., 1998; siehe auch Tabelle 1): 1) Ausdruck humanitärer und prosozialer Werte (Wertefunktion), 2) Erwerb von Wissen und Erfahrungen über den Tätigkeitsbereich, sich selbst oder andere (Erfahrungsfunktion), 3) Verbesserung der eigenen Karriereoptionen (Karrierefunktion), 4) Steigerung des Selbstwerts und des Gefühls wichtig zu sein (Selbstwertfunktion), 5) Ablenkung von eigenen Problemen und Reduzierung negativer Gefühle (Schutzfunktion) und 6) Einbindung in eine Gruppe und Erfüllung der Erwartungen des sozialen Umfelds (soziale Anpassungsfunktion). Diese Funktionen wurden in ähnlicher Form in unterschiedlichen sozial-karitativen Kontexten in verschiedenen Ländern (u. a. Deutschland) beobachtet (z. B. Finkelstein, 2009; Oostlander, Güntert, van Schie, & Wehner, 2014).

Tabelle 1 Funktionen freiwilligen Engagements nach Clary et al. (1998)

Funktion	Beschreibung
Wertefunktion	Das freiwillige Engagement ermöglicht es, humanitäre und prosoziale Werte auszudrücken, z. B. indem man einer hilfsbedürftigen Person hilft.
Erfahrungsfunktion	Das freiwillige Engagement ermöglicht es, Wissen und praktische Erfahrungen über den Tätigkeitsbereich, sich selbst oder andere zu erwerben, z. B. indem man sich in neue Gebiete einarbeitet.

Funktion	Beschreibung
Karrierefunktion	Das freiwillige Engagement ermöglicht es, eigene Karriereoptionen zu verbessern, z. B. indem man Kontakte knüpft, die für die berufliche Karriere hilfreich sein können.
Selbstwertfunktion	Das freiwillige Engagement ermöglicht es, den eigenen Selbstwert und das Gefühl wichtig zu sein zu steigern, z. B. indem man das Gefühl bekommt, gebraucht zu werden.
Schutzfunktion	Das freiwillige Engagement ermöglicht es, sich von eigenen Problemen abzulenken und eigene negative Gefühle zu reduzieren, z. B. indem man sich während des Engagements weniger einsam fühlt.
Soziale Anpassungsfunktion	Das freiwillige Engagement ermöglicht es, sich in eine Gruppe eingebunden zu fühlen und die Erwartungen des sozialen Umfelds zu erfüllen, z. B. indem man mit Freunden etwas gemeinsam tut oder neue Freundschaften knüpft.

Studien zeigen, dass die Wertefunktion von Freiwilligen bei der Entscheidung, ob man sich engagiert oder nicht, oftmals als wichtigste Funktion erachtet wird (z. B. Finkelstein, 2008; Oostlander et al., 2014; Stukas, Daly, & Cowling, 2005), während der Karrierefunktion meist eine untergeordnete Bedeutung zukommt. Auch wenn bisher keine Studie vorliegt, die basierend auf dem funktionalen Ansatz Freiwillige im Kontext von Flucht und Migration zu ihrer Motivstruktur befragt hat, legen Daten nahe, dass auch hier die Möglichkeit humanitäre Werte auszudrücken ein treibender Faktor für die Aufnahme von Freiwilligenarbeit ist, während die Möglichkeit eigene Karriereoptionen zu verbessern weniger wichtig scheint (Jones & Williamson, 2014; Karakayali & Kleist, 2015). Dabei scheinen es insbesondere zwei Kategorien von Werten zu sein, die Menschen dazu bewegen, sich freiwillig zu engagieren: Benevolenz-Werte (d. h. Güte gegenüber Menschen, die man kennt) und Universalismus-Werte (d. h. Güte gegenüber allen Menschen, Gleichberechtigung und Gerechtigkeit für alle) (Schwartz, 2010): So konnte eine Studie mit TeilnehmerInnen aus verschiedenen Ländern zeigen, dass beide Werte positiv mit formellem und informellem Engagement assoziiert waren (Plagnol & Huppert, 2009).

Auch für die Dauer des Engagements scheinen „altruistische“ Motive (v. a. Wertefunktion) wichtiger zu sein als „egoistische“ Motive (z. B. Karrierefunktion, Schutzfunktion) (z. B. Penner & Finkelstein, 1998; Rubin & Thorelli, 1984), vermutlich da das Bedürfnis, im Einklang mit humanitären Werten zu handeln, im

Laufe der Tätigkeit nicht abnimmt, während egoistische Motive schneller erfüllt werden (Stukas et al., 2015). Es finden sich jedoch auch gegenteilige Befunde in einer Studie mit Freiwilligen in der AIDS-Hilfe, die nahelegen, dass es gerade die egoistischen und nicht die altruistischen Motive sind, die die Dauer des Engagements vorhersagen (Omoto & Snyder, 1995). Eine Erklärung könnte darin liegen, dass insbesondere bei emotional belastender Freiwilligenarbeit eine fehlende Befriedigung selbstbezogener Motive es schwierig macht, das Engagement über einen längeren Zeitraum aufrecht zu erhalten. Auch die Freiwilligenarbeit mit Geflüchteten kann sehr belastend sein, so dass den egoistischen Motiven hier möglicherweise ebenfalls eine stärkere Bedeutung für die Dauer des Engagements zukommt.

Zentral für die Aufrechterhaltung bzw. Dauer des Engagements ist dem funktionalen Ansatz nach allerdings weniger die Ausprägung der einzelnen Motive per se, sondern ob und inwieweit die individuellen Motive, die ursprünglich zur Aufnahme der ehrenamtlichen Tätigkeit führten, tatsächlich durch die Erfahrungen im Rahmen des Engagements befriedigt werden. Diese Annahme wird durch zahlreiche empirische Studien in unterschiedlichen Kontexten unterstützt, die zeigen, dass die Erfüllung der individuellen Motive ein kritischer Faktor für die Vorhersage der Zufriedenheit mit und die Dauer der Freiwilligenarbeit sind (z. B. Clary et al., 1998; Omoto & Snyder, 1995; Stukas, Worth, Clary, & Snyder, 2009).

Eine weitere Funktion, die nicht explizit Bestandteil des funktionalen Ansatzes (Clary et al., 1998) ist, aber durchaus hier eingeordnet werden kann, ist die Ausbildung einer Rollenidentität durch das freiwillige Engagement (Piliavin & Callero, 1991). Diese entwickelt sich v. a. dann im Zuge des Engagements, wenn die Freiwilligen dabei Zufriedenheit erleben, das Gefühl haben, ihr Engagement entspricht den Erwartungen ihres direkten sozialen Umfelds und sie gut in die Freiwilligenorganisation oder -initiative integriert sind (z. B. Marta & Pozzi, 2008). Bei der Ausbildung einer Rollenidentität wird die Freiwilligenrolle zu einem zentralen Bestandteil des Selbstkonzepts, bereichert also das Selbst um einen zusätzlichen Aspekt (z. B. „Mein freiwilliges Engagement für Geflüchtete ist ein wichtiger Aspekt meiner Person geworden."). Forschungsarbeiten zeigen, dass die Rollenidentität ein zentraler Prädiktor für das Ausmaß und die Dauer des Engagements ist (z. B. Grube & Piliavin, 2000).

Kollektive Funktionen freiwilligen Engagements

Auch wenn der Schwerpunkt des funktionalen Ansatzes auf der Erfüllung individueller Funktionen durch Freiwilligenarbeit liegt, lässt sich seine Logik auch auf die gruppale Ebene übertragen. Neuere Forschungsansätze unterstützen die Annahme, dass es auch spezifische kollektive Nutzenfaktoren – also Faktoren, die der Eigengruppe einen Vorteil bringen – gibt, die Personen zu freiwilligem Engagement motivieren können. Ein Forschungsstrang (z. B. Halabi, Dovidio, & Nadler, 2008; Nadler & Halabi, 2006) setzt an der Annahme an, dass die Unterstützung von Mitgliedern einer (statusniedrigen) Fremdgruppe auch dazu genutzt werden kann, die statushöhere Position der Eigengruppe abzusichern. Ein spezifisches kollektives Motiv freiwilliger HelferInnen im Kontext von Flucht und Migration könnte also darin bestehen, durch das freiwillige Engagement die Überlegenheit und den höheren Status der Mitglieder der Aufnahmegesellschaft im Vergleich zu den Geflüchteten zu demonstrieren. Entscheidend ist dabei die Form des Engagements: Anstatt den Geflüchteten durch eine autonomieorientierte Form der Unterstützung langfristig eine selbstständige Lösung ihrer Probleme zu ermöglichen (z. B. durch Unterstützung beim Erlernen der Sprache der Aufnahmegesellschaft), wird den Geflüchteten eine abhängigkeitsorientierte Form der Unterstützung gewährt, die ihre Abhängigkeit von der Aufnahmegesellschaft und ihren unterlegenen Status nur weiter zementiert (z. B. für Geflüchtete bei Behördengängen zu dolmetschen, ohne ihnen selbst die neue Sprache näher zu bringen). Zweifelsohne ist die nach diesem Ansatz als abhängigkeitsorientierte Hilfe bezeichnete Unterstützung von Geflüchteten oftmals notwendig, insbesondere in der ersten Zeit ihres Aufenthaltes in einem neuen Land. Längerfristig betrachtet kann diese Hilfeform allerdings einer Angleichung der unterschiedlichen gesellschaftlichen Positionen von Mitgliedern der Aufnahmegesellschaft und Geflüchteten im Wege stehen.

Eine weitere kollektive Funktion freiwilligen Engagements kann darin bestehen, die Eigengruppe durch den Akt der Hilfeleistung vor Dritten in einem positiven Licht erscheinen zu lassen (z. B. van Leeuwen, 2007) oder einem negativen Stereotyp über die Eigengruppe entgegenzuwirken (z. B. Hopkins et al., 2007). So können sich beispielsweise Personen aus Städten und Regionen, die als eher ausländerfeindlich gesehen werden, für die Aufnahme und die Belange von Geflüchteten einsetzen, um gezielt ihrem fremdenfeindlichen Image entgegenzuwirken (z. B. Titel eines The New York Times-Artikels: „As Germany takes in refugees, it also rehabilitates its image", Bennold, 2015). Dieses Motiv findet sich auch in anekdotischen Aussagen zu den Beweggründen für das Engagement für Geflüchtete. Gerade freiwillige HelferInnen aus deutschen Regionen, in denen rechtspopulistische Organisationen einen starken Einfluss haben, nennen immer wieder als Grund, dass sie dem ausländerfeindlichen Image ihrer Heimatregion etwas entgegensetzen möchten (z. B. Gineiger, 2015).

Diese kollektiven Funktionen freiwilligen Engagements sollten v. a. dann zum Helfen motivieren, wenn eine hohe kollektive Identifikation mit der Eigengruppe

(z. B. „Wir Deutschen") vorliegt, sich Personen also in erster Linie auf der Basis ihrer Zugehörigkeit zur Eigengruppe definieren (Tajfel & Turner, 1986; Turner et al., 1987), da die Eigengruppe letztlich von diesem Verhalten profitiert. Damit haben diese Formen der Unterstützung einen stark instrumentellen Charakter – das ultimative Ziel ist nicht die Verbesserung des Wohlergehens der Fremdgruppe, sondern die Verbesserung des Wohlergehens der Eigengruppe. Zudem gibt es Belege, dass eine hohe kollektive Identifikation mit der Eigengruppe sogar hinderlich für Engagement über Gruppengrenzen hinweg sein kann: In einer im Kontext der Deutschen AIDS-Hilfe durchgeführten Studie von Simon und KollegInnen zeigte sich, dass bei heterosexuellen freiwilligen Helfern (für die die Hauptempfänger der Unterstützung – homosexuelle Männer – aufgrund ihrer sexuellen Orientierung Fremdgruppenmitglieder waren) die kollektive Identifikation mit der Gruppe der Heterosexuellen mit einer geringeren Bereitschaft zum Engagement einherging. Eine stärkere individuelle Identifikation auf der Basis individueller Eigenschaften (d. h. eine psychologische Distanzierung von der Eigengruppe der Heterosexuellen) war hingegen ein positiver Prädiktor freiwilligen Engagements (Simon, Stürmer, & Steffens, 2000). Eine hohe kollektive Identifikation scheint also v. a. dann freiwilliges Engagement zu befördern, wenn daraus ein klarer Nutzen für die Eigengruppe resultiert (z. B. Statuserhalt, Image-Aufwertung); fehlt dieser kollektive Nutzen, kann sie eher hinderliche Effekte haben. Es gibt allerdings auch Befunde, die darauf hindeuten, dass sich eine hohe kollektive Identifikation mit der Eigengruppe auch bei fehlender Instrumentalität positiv auf die Bereitschaft, Fremdgruppenmitgliedern zu helfen auswirken kann, beispielsweise dann, wenn Hilfsbereitschaft gegenüber Fremdgruppenmitgliedern ein zentraler Aspekt der Eigengruppenidentität ist (z. B. Reicher, Cassidy, Wolpert, Hopkins ,& Levine, 2006) Zusammengenommen zeigen die Befunde, wie komplex die Rolle der kollektiven Identifikation beim freiwilligen Engagement ist.

2.2. Empathiebasiertes freiwilliges Engagement

Die bisher dargestellten Ansätze zu den motivationalen Prozessen, die freiwilligem Engagement zugrunde liegen können, haben einen klaren Fokus auf Kosten-Nutzen-Abwägungen – es wird sich engagiert, weil dadurch wichtige individuelle oder kollektive Motive befriedigt werden können. Im Folgenden wird ein empathiebasierter Ansatz vorgestellt, der annimmt, dass freiwilliges Engagement unter bestimmten Umständen auch selbstlos erfolgen kann, also primär darauf abzielt, das Wohlergehen des Gegenübers zu schützen oder wiederherzustellen, während ein möglicher eigener Nutzen des Verhaltens irrelevant ist (z. B. Batson, 2011). Empathie wird definiert als eine auf eine andere Person gerichtete emotionale Reaktion, die Empfindungen wie Mitgefühl, Mitleid, Anteilnahme und Sorge beinhaltet und aus der Beobachtung der Hilfsbedürftigkeit der anderen Person resultiert (z. B. Batson, 2011; Davis, 1994). Empathie ist einer der zentralen Prädiktoren für die Vorhersage prosozialen Verhaltens, wenn nicht sogar wahrhaft altruistischen Verhaltens (für einen Überblick siehe Batson, 2011). Empathie ist auch eine der zentralen emotionalen Reaktionen auf die Lebensbedingungen und Schicksale vieler Geflüchteten. Man denke nur an den Fall des ertrunkenen syrischen Jungens Alan Kurdi. Das Bild des leblosen Körpers an einem Strand nahe der türkischen Stadt Bodrum erregte Anfang September 2015 große mediale Aufmerksamkeit und löste weltweit tiefes Mitgefühl aus. Einen Hinweis darauf, dass diese empathischen Gefühle auch in diesem Fall prosoziales Verhalten motivierten, geben Berichte zu Spendenverhalten und freiwilligem Engagement kurz nach der Veröffentlichung des Bildes: Verschiedene Hilfsorganisationen berichteten von eine Welle von Hilfsangeboten, die von Geld- und Sachspenden bis hin zur Bereitschaft, Geflüchtete in den eigenen vier Wänden aufzunehmen, reichte (z. B. Elgot, 2015).

Die Rolle von Empathie für freiwilliges Engagement

In Untersuchungen zur Rolle von Empathie für freiwilliges Engagement liegt der Fokus v. a. auf dispositioneller Empathie, also einer überdauernden Persönlichkeitseigenschaft, die die generelle Bereitschaft, auf die Not und das Leiden anderer mit Mitgefühl und Anteilnahme zu reagieren, erhöht (z. B. Davis, 1994). Die Befunde sind allerdings gemischt (siehe Stukas et al., 2015; Gutierrez & Mattis, 2014, für einen Überblick): Während einige Studien einen positiven Zusammenhang zwischen (dispositioneller) Empathie und freiwilligem Engagement berichten, finden andere Studien keinen Zusammenhang. Ein möglicher Grund für diese Uneinheitlichkeit der Befunde könnte darin liegen, dass Empathie v. a. dann einen positiven Effekt auf freiwilliges Engagement hat, wenn dieses einen direkten Kontakt mit den hilfsbedürftigen Zielpersonen erfordert (Stukas et al., 2015).

Gruppenperspektive auf Empathie und freiwilliges Engagement

Weiterhin legen eine Reihe neuerer Arbeiten nahe, dass die Gruppenzugehörigkeiten der Freiwilligen und der hilfsbedürftigen Personen – ein Faktor, der in den oben genannten Studien nicht explizit berücksichtigt wurde – ausschlaggebend dafür sind, welchen Effekt Empathie auf freiwilliges Engagement hat. Die Grundannahme dieses Ansatzes besagt, dass potentielle HelferInnen sich eher von ihren empathischen Gefühlen zu prosozialem Verhalten leiten lassen, wenn das hilfsbedürftige Gegenüber ein Eigengruppenmitglied ist und damit in Hinblick auf zentrale Werte, Einstellungen und Lebensweisen als ähnlich zur eigenen Person wahrgenommen wird, als wenn er oder sie ein Fremdgruppenmitglied und damit unähnlich zum Selbst ist (für einen Überblick, siehe Stürmer & Snyder, 2010; Stürmer & Siem, 2017). Gehört die hilfsbedürftige Person einer fremden Gruppe an, löst die wahrgenommene Unähnlichkeit eine Reihe negativer Prozesse aus (z. B. negative Interaktionserwartungen aufgrund von negativen Stereotypen und Vorurteilen oder Unsicherheitsgefühle, z. B. Stephan & Stephan, 1985), die den positiven Effekt von Mitgefühl und Anteilnahme auf prosoziales Verhalten hemmen können.

Eine Reihe von Studien im Kontext interkulturellen freiwilligen Engagements stützen diese Perspektive. So konnte in einer Studie mit deutsch- und muslimischstämmigen Männern als Untersuchungspersonen, die in einer (fiktiven) Chatsituation mit einer Person konfrontiert wurden, die dringend eine Wohnung benötigte, gezeigt werden, dass Personen v. a. dann auf der Basis ihrer empathischen Gefühle zu Engagement bereit waren, wenn die andere Person der eigenen kulturellen Gruppe angehörte. Wenn die andere Person einen fremden kulturellen Hintergrund aufwies, waren empathische Gefühle für die Unterstützungsbereitschaft irrelevant (Stürmer, Snyder, Kropp, & Siem, 2006). In einer weiteren Reihe von Studien im Rahmen eines universitären Peer-Programms zur Unterstützung internationaler Studierender konnten diese Befunde bestätigt und erweitert werden (Siem & Stürmer, 2012a): Deutsche Studierende ließen sich eher von ihren empathischen Gefühlen zur Unterstützung internationaler Studierender leiten, wenn die internationalen Studierenden aus Ländern stammten, die Deutschland kulturell eher ähnlich sind (z. B. Italien), als wenn diese aus kulturell eher unähnlichen Ländern stammten (z. B. Syrien).

Die Studien zeigen weiterhin, dass wenn der Hilfeempfänger oder die Hilfeempfängerin aus einem kulturell unähnlichen Land stammte, das Ausmaß, in dem das freiwillige Engagement selbstbezogene individuelle Motive oder Funktionen (siehe funktionaler Ansatz, z. B. Clary et al., 1998) befriedigte, das tatsächlich gezeigte freiwillige Engagement vorhersagte; bei einem Empfänger oder einer Empfängerin aus einem kulturell ähnlichen Land war dieser Faktor irrelevant (Siem & Stürmer, 2012a). Zudem scheint der positiven Bewertung der individuellen Eigenschaften der hilfeempfangenden Person ein stärkeres Gewicht zuzukommen, wenn er oder sie einem kulturell unähnlichen Land entstammt, als wenn er oder sie aus einem kulturell ähnlichen Land kommt (Siem & Stürmer, 2012a). Eine mögliche Erklärung für diesen Befund ist, dass positive individuelle Eigenschaften des Gegenübers – v. a. dann, wenn sie hohe Vertrauenswürdigkeit signalisieren – negative Interaktionserwartungen reduzieren, die oftmals mit dem Kontakt mit Personen mit einen unähnlichen kulturellen Hintergrund einhergehen (Siem, Lotz-Schmitt, & Stürmer, 2014; siehe auch Lotz-Schmitt, Siem, & Stürmer, 2015).

Zusammenfassend legen diese Befunde nahe, dass Angehörigen aus einer als unähnlich zur eigenen Kultur wahrgenommenen Gruppe nicht weniger geholfen wird als Angehörigen der eigenen kulturellen Gruppe oder einer als ähnlich zur eigenen Kultur wahrgenommenen kulturellen Gruppe. Vielmehr sind es unterschiedliche motivationale Prozesse, die zum freiwilligen Engagement bewegen: Während empathiebasiertes Helfen denen vorbehalten ist, die der kulturellen Eigengruppe oder einer kulturell ähnlichen Fremdgruppe angehören, wird einem hilfsbedürftigen Mitglied einer als unähnlich wahrgenommenen kulturellen Fremdgruppe eher auf der Basis von Kosten-Nutzen-Kalkulationsprozessen geholfen. Viele der nach Deutschland geflüchteten Menschen stammen aus Ländern und Regionen, die Deutschland in kultureller Hinsicht eher unähnlich sind (z. B. Syrien, Albanien, Somalia). Auch wenn es eine Vielzahl von Faktoren gibt, die in diesem Kontext Empathie auslösen und empathiebasiertes Helfen fördern (z. B. die wahrgenommene Hilfsbedürftigkeit der Geflüchteten), legt die dargestellte Forschung nahe, dass die wahrgenommene kulturelle Unähnlichkeit den Einfluss von Empathie auf Helfen zumindest abschwächen kann und der eigene Nutzen des Engagements stärker in den Vordergrund rückt.

3. Probleme, Hindernisse und unintendierte Effekte freiwilligen Engagements

Freiwilliges Engagement im Kontext von Flucht und Migration hat zweifelsohne eine Vielzahl positiver Effekte, allen voran der unverzichtbare Nutzen des Engagements für die Geflüchteten. Auch die Freiwilligen profitieren in vielfältiger Weise: Das Engagement erfüllt wichtige individuelle und kollektive Motive, und kann darüber hinaus positiv zur eigenen Gesundheit beitragen (für einen Überblick siehe Piliavin, 2010). Doch nicht selten finden sich auch negative, unintendierte Effekte. Diese sollen im folgenden Abschnitt dargestellt werden. Der Schwerpunkt liegt dabei auf der Darstellung möglicher Probleme und Hindernisse, die während längerfristigem Engagement auftreten und zu einem frühzeitigen Abbruch führen können, und die in direktem Zusammenhang mit den beschriebenen Motiven stehen.

3.1. Nichterfüllung zentraler Funktionen und Erwartungen

Ein wesentlicher Grund für zunehmende Unzufriedenheit mit dem Engagement und letzten Endes für einen frühzeitigen Abbruch der Tätigkeit ist die fehlende Passung zwischen den individuellen Funktionen, deren Erfüllung man sich von dem freiwilligen Engagement verspricht (siehe funktionaler Ansatz; z. B. Clary et al., 1998), und den Möglichkeiten, die die Tätigkeit dafür tatsächlich bietet. Erwartet man beispielweise, durch das Engagement für Geflüchtete primär Neues über andere Länder und Kulturen zu lernen und praktische Erfahrungen im Umgang mit Menschen aus anderen Kulturen zu sammeln (Erfahrungsfunktion) und erfüllt die Tätigkeit diese Erwartung nicht, da man vorwiegend im administrativen Bereich einer ehrenamtlichen Organisation eingesetzt wird, so sollte diese fehlende Passung die Zufriedenheit mit dem Engagement verringern und die Wahrscheinlichkeit eines Abbruches erhöhen. Diese Annahmen werden durch zahlreiche empirische Studien in verschiedenen – überwiegend sozial-karitativen Kontexten – unterstützt (z. B. Clary et al., 1998; Stukas et al., 2005). Neuere Studien legen nahe, dass eine Passung von Motiven und dem Motivbefriedigungspotential der Tätigkeit v. a. dann für die Aufrechterhaltung des Engagements wichtig ist, wenn es in einem wenig strukturierten Rahmen erfolgt (Stukas et al., 2009). Genau dies ist beim freiwilligen Engagement für Geflüchtete und MigrantInnen oft der Fall: Aufgrund der Dringlichkeit der Hilfe engagieren sich viele Freiwillige in ad hoc selbstorganisierten und informellen Initiativen. Gerade hier könnte also die Passung von Motiven und Tätigkeit von besonders großer Bedeutung sein.

Neben den im Rahmen des funktionalen Ansatzes identifizierten Motiven gibt es eine Reihe weiterer Erwartungen, deren Nichterfüllung zu einem vorzeitigen Abbruch des Engagements führen kann. So scheinen freiwillige HelferInnen oftmals unrealistisch hohe Erwartungen in Bezug auf die Effekte ihres Einsatzes auf die HilfeempfängerInnen zu haben (Omoto, Gunn, & Crain, 1998). Werden diese nicht erfüllt – weil beispielsweise die Unterstützung einer geflüchteten Familie bei Behördengängen deren Selbständigkeit nicht in erwarteter Weise fördert – kann sich auch hier die fehlende Passung negativ auf die Zufriedenheit mit dem und die Dauer des Engagements auswirken. Auch gibt es Hinweise, dass unerfüllte Erwartungen von HelferInnen in Bezug auf die Qualität der Beziehung zu den EmpfängerInnen und in Bezug auf deren Hilfsbedürftigkeit zu einem vorzeitigen Abbruch des Engagements führen können (Spencer, 2007): Wünschen sich die Freiwilligen eine engere und persönlichere Beziehungen zu den EmpfängerInnen als tatsächlich besteht, oder haben sie deren Hilfsbedürftigkeit überschätzt und würden gern mehr geben als aktuell erwünscht ist, kann auch dies Unzufriedenheit und einen Abbruch des Engagements befördern.

Auch in Bezug auf kollektive Funktionen ist es gut vorstellbar, dass die Erfahrung, dass das freiwillige Engagement diese nicht erfüllt, zu einem frühen Abbruch führen kann: Wenn sich das Image einer als fremdenfeindlich bekannten Region durch das Engagement für Geflüchtete nicht verbessert, kann sich das nachteilig auf die Aufrechterhaltung der Freiwilligenarbeit auswirken. Es gibt allerdings bisher keine Studien, die diese oder ähnliche Annahmen belegen.

3.2. Negative Reaktionen auf kollektiv funktionales Helfen

Eine kollektive Funktion freiwilligen Engagements kann darin bestehen, den höheren Status der EG zu demonstrieren oder zu zementieren, indem Mitgliedern der statusniedrigeren Gruppe abhängigkeitsorientierte Hilfe angeboten wird (z. B. Halabi et al., 2008). Insbesondere dann, wenn die statusniedrigere Gruppe gesellschaftliche Gleichberechtigung anstrebt, wird diese Form der Hilfe allerdings nicht unbedingt positiv aufgenommen. Sie wiederspricht diesem Ziel und auch dem Selbstbild der Gruppenmitglieder als gleichwertige und fähige Akteure (Nadler & Halabi, 2006). Als Konsequenz wird die Hilfe oftmals abgelehnt oder nur widerwillig angenommen. Außerdem kann derartige Hilfe dazu führen, dass sich die Einstellung der Mitglieder der statusniedrigeren Gruppe gegenüber den Mitgliedern der statushohen Gruppe verschlechtert (Nadler & Halabi, 2006). Analoge Prozesse sind auch auf der individuellen Ebene zu beobachten (ungeachtet der Gruppenzugehörigkeiten der Akteure). So konnte in einer Reihe von Studien gezeigt werden, dass das Empfangen von (abhängigkeitsorientierter) Hilfe den Selbstwert der hilfeempfangenden Person bedrohen kann (z. B. Nadler & Fischer, 1986).

Auch die Unterstützung, die Geflüchtete durch Freiwillige erfahren, fällt z. T. unter die Rubrik abhängigkeitsorientierte Hilfe (z. B. für Geflüchtete bei Behördengängen dolmetschen, ohne ihnen selbst die neue Sprache näher zu bringen). Auch wenn abhängigkeitsorientierte Hilfe in einigen Situationen sicherlich sinnvoll und notwendig ist (z. B. wenn schnelle Hilfe gefragt ist), muss sie nicht unbedingt zu einer Verbesserung der Beziehungen zwischen Geflüchteten und Freiwilligen beitragen (v. a. dann, wenn sie über einen längeren Zeitraum geleistet wird). Die EmpfängerInnen lehnen die Hilfe möglicherweise ab oder reagieren mit weniger Dankbarkeit als erwartet – etwas, was von der hilfeanbietenden Person oft als Affront erlebt wird (z. B. Rosen, Mickler, & Collins, 1987).

Eine weitere kollektive Funktion kann darin bestehen, die Eigengruppe durch das freiwillige Engagement in einem positiven Licht erscheinen zu lassen (z. B. van Leeuwen, 2007) oder einem negativen Stereotyp entgegenzuwirken (z. B. Hopkins et al., 2007). Wird dem Gegenüber bewusst, dass die angebotene oder empfangene Unterstützung rein strategischer Natur ist, kann dies ebenfalls zu einer negativen Einstellung gegenüber der helfenden Person (oder ihrer Gruppe) führen, da Hilfe, die aus eigennützigen, strategischen Gründen angeboten wird, negativer bewertet wird als Hilfe, die in erster Linie eine Verbesserung des Wohlergehens der anderen Person zum Ziel hat (z. B. Ellen, Webb, & Mohr, 2006)

3.3. Selbstlosigkeit empathiebasierten Engagements

Bereits die Definition von Empathie als eine auf eine andere Person gerichtete emotionale Reaktion (z. B. Batson, 2011) verdeutlicht, dass das Empfinden von Empathie für eine hilfsbedürftige Person mit einem Wechsel des Fokus einhergeht: Empfindet man Empathie, ist die Aufmerksamkeit auf den Belangen und dem Wohlergehen des Gegenübers, während eigene Belange in den Hintergrund treten (z. B. Eisenberg, 2010; Siem, 2018). Im Einklang damit steht der Befund, dass empathisch motivierte Personen sogar dann helfen, wenn das Helfen für sie selbst mit erheblichen (psychologischen) Kosten verbunden ist (z. B. Batson, Duncan, Ackerman, Buckley, & Birch, 1981). Damit ist insbesondere bei längerfristigem Engagement die Gefahr verbunden, dass eigenen Belastungen, die mit der unterstützenden Tätigkeit verbunden sind, keine Beachtung geschenkt wird.

Bei der Unterstützung von Geflüchteten und MigrantInnen sind Freiwillige einer Vielzahl spezifischer Belastungen ausgesetzt. Abgesehen von dem oftmals hohen Zeitaufwand für das Engagement haben sie Kontakt zu Menschen, die oftmals extreme Verluste, traumatische Ereignisse und Ungerechtigkeiten erfahren haben. Eine Reihe von Untersuchungen legt nahe, dass die Konfrontation mit solchen Erfahrungen für die Helfenden selbst zahlreiche negative Konsequenzen haben kann, die oftmals unter dem Begriff „Mitgefühlserschöpfung" (compassion fatigue) zusammengefasst werden (Figley, 1995) und Facetten wie Burnout (Erschöpfungsgefühle, Gefühl reduzierter Leistungsfähigkeit), sekundären traumatischen Stress (durch den unmittelbaren Kontakt mit einer traumatisierten Person) und eine verminderte Befriedigung durch das Helfen umfassen. Hinzu kommt, dass Menschen, die sich für Geflüchtete und MigrantInnen engagieren, teilweise selbst zum Ziel von fremdenfeindlichen Anfeindungen werden. Insbesondere bei hochempathischen Freiwilligen besteht die Gefahr, dass diese Belastungen nicht rechtzeitig erkannt (und aufgefangen) werden, und so die Fortführung des Engagements gefährden.

4. Wie lässt sich freiwilliges Engagement fördern?

Im Folgenden werden verschiedene sozialpsychologisch fundierte Interventionsansätze dargestellt, die den beschriebenen Problemen, Hindernissen und unintendierten Effekten entgegenwirken können. Zusammengenommen können sie dazu beitragen, dass sich Menschen über einen längeren Zeitraum hinweg für Geflüchtete und MigrantInnen engagieren, und das mit positiven Konsequenzen für beide Seiten.

4.1. Passung zwischen Funktionen und Engagement

Forschung zum funktionalen Ansatz zeigt, dass Personen sich v. a. dann dauerhaft freiwillig engagieren, wenn die individuellen Motive, die Personen zur Aufnahme des Engagements bewegt haben, im Laufe der Tätigkeit auch tatsächlich befriedigt werden (z. B. Clary et al., 1998; Stukas et al., 2009). Organisationen freiwilligen Engagements sollten deshalb in ihrer Außendarstellung gezielt aufzeigen, welche der individuellen Motive im Rahmen des Engagements befriedigt werden können und darüber hinaus auch die Strukturen schaffen (sofern diese nicht bereits bestehen), die für die Motivbefriedigung notwendig sind. Eine Organisation kann z. B. gezielt die Befriedigung der Erfahrungsfunktion, die den Erwerbs von Wissen und das Sammeln von Erfahrungen beinhaltet, fördern, indem sie regelmäßige Informationsveranstaltungen anbietet, auf denen Wissen über andere Länder und Kulturen vermittelt wird. So steigt die Wahrscheinlichkeit, Personen für die Freiwilligenarbeit zu gewinnen und dauerhaft zu halten, für die diese individuelle Funktion wichtig ist. Um Informationen über die dominierenden individuellen Motive potentieller Freiwilliger zu erhalten bietet es sich an, in einem ersten Schritt mittels spezieller Fragebögen (z. B. dem Volunteer Functions Inventory, Clary et al., 1998; deutsche Adaptation von Oostlander et al., 2014) oder Interviews die Zielgruppe hinsichtlich ihrer Motive zu befragen.

Ein weiterer Ansatz zur Förderung der Passung zwischen Motiven und Tätigkeit besteht darin, Personen innerhalb der Freiwilligeninitiative oder -organisation entsprechend ihren individuellen Motiven zu „platzieren". Eine Person, deren Hauptmotiv zur Aufnahme freiwilligen Engagements bei einer Organisation zur Unterstützung von Geflüchteten im Erwerb von Wissen und dem Sammeln von Erfahrungen besteht, könnte z. B. edukative Aufgaben wie die Vermittlung von Wissen über verschiedene Länder und Kulturen an die Bevölkerung übernehmen. Die Passung sollte auch nach der Aufnahme der Tätigkeit weiterhin im Auge behalten werden. So bietet es sich z. B. an, im Rahmen von regelmäßigen individuellen Supervisionsgesprächen mit den Freiwilligen den Aspekt der Passung zu thematisieren und bei einer sich andeutenden Verringerung der Passung rechtzeitig zu intervenieren (z. B. durch eine andere Platzierung innerhalb der Organisation oder eine Re-Definition der Tätigkeit), um einem vorzeitigen Abbruch des freiwilligen Engagements vorzubeugen.

4.2. Frustrationsimpfung

Nicht nur die Erfüllung der individuellen Motive ist entscheidend für die Aufrechterhaltung des freiwilligen Engagements. Wie oben dargestellt gibt es eine Reihe weiterer Erwartungen, deren Nichterfüllung zu einem vorzeitigen Abbruch führen kann. Verbessert das Engagement z. B. das Leben einer geflüchteten Familie nicht in dem Maße, wie es sich die helfende Person erhofft hat, ist die Beziehung nicht so eng wie gewünscht oder nicht so viel Unterstützung nötig, wie man gern geben würde, kann dies die Weiterführung des Engagements gefährden (z. B. Omoto et al., 1998; Spencer, 2007). Die Erwartungen an die positiven Effekte des Engagements scheinen zudem oft unrealistisch hoch zu sein, während mögliche negative Effekte weniger antizipiert werden (z. B. Omoto et al., 1998). Gerade diese unerwarteten negativen Effekte scheinen es aber zu sein, die zu einem vorzeitigen Abbruch der Freiwilligenarbeit führen können (Snyder, Omoto, & Crain, 1999). Wie oben bereits ausgeführt sind Personen, die sich für Geflüchtete engagieren, durch den Kontakt mit oftmals traumatisierten Menschen besonderen Belastungen ausgesetzt. Zudem kann es zu unerwarteten Rückschlägen kommen, die Tätigkeit mehr Zeit und Energie als erwartet erfordern oder das soziale Umfeld mit Ablehnung auf das Engagement reagieren.

Eine Maßnahme, mit der Freiwillige gezielt auf diese potentiellen Kosten oder Barrieren vorbereitet werden können, ist eine aus der Stressforschung entlehnte Methode, die „Frustrationsimpfung". Sie basiert auf der Erkenntnis, dass Menschen, die sich vor Eintreten eines negativen Ereignisses gedanklich darauf einstellen können, dieses als weniger unangenehm erleben, als wenn sie von ihm überrascht werden. Maßnahmen, die darauf abzielen, dass bereits im Vorhinein individuelle Strategien im Umgang mit möglichen Kosten und Barrieren entwickelt werden, sollten deshalb ein wesentlicher Bestandteil in vorbereitenden Trainings von Freiwilligen sein. Die Wichtigkeit einer solchen Vorbereitung wird auch durch anekdotische Aussagen freiwilliger HelferInnen gestützt. Eine Freiwillige, die sich für zwei geflüchtete Familien aus dem Irak engagiert, bringt es auf den Punkt:

> „Es ist seltsam, weshalb, wenn ich Bilanz ziehe nach diesen zwei Jahren, die Enttäuschungen unsere schönen Picknickausflüge in den Zoo oder an den Starnberger See überlagern. Vielleicht ist es nur eine Momentaufnahme. Vielleicht hat mich die Ernüchterung einfach mehr überrascht als die Befriedigung. Ich muss erst lernen, dass sie zum Helfen dazu gehört." (Eckardt, 2015)

4.3. Sensibilisierung für mögliche negative Effekte des Empfangens von Hilfe

Wie oben beschrieben, reagieren Menschen auf Hilfsangebote oder das Empfangen von Hilfe nicht nur positiv. Gerade abhängigkeitsorientierte Hilfe widerspricht oftmals dem Selbstbild der empfangenden Person als gleichwertiger und fähiger Akteur und kann ihren Selbstwert bedrohen (z. B. Nadler & Fischer,

1986; Nadler & Halabi, 2006). Ein wichtiger Ansatzpunkt zur Förderung einer positiven Beziehung zwischen Freiwilligen und Hilfeempfangenden (und damit auch einer Aufrechterhaltung des Engagements), besteht daher darin, Freiwillige für mögliche negative Empfindungen, die mit dem Empfangen von (abhängigkeitsorientierter) Hilfe einhergehen, zu sensibilisieren und damit auch das Verständnis für negative Reaktionen auf ein Unterstützungsangebot zu erhöhen. Zudem sollten freiwillige HelferInnen – wenn möglich – autonomieorientierte Hilfe anbieten, die kommuniziert, dass man das Gegenüber als fähige und gleichberechtigte Person betrachtet (z. B. Unterstützung beim Erlernen der Sprache der Aufnahmegesellschaft oder bei der Integration in den Arbeitsmarkt). Auch wenn diese Form der Hilfe in Situationen, in denen schnelle Unterstützung erforderlich ist, oft nur schwer umzusetzen ist, sollte es doch das (längerfristige) Ziel sein, die EmpfängerInnen dabei zu unterstützen sich selbst zu helfen.

Ein weiterer Ansatzpunkt, um den möglichen negativen Effekten des Empfangens von Hilfe vorzubeugen, besteht darin, den HilfeempfängerInnen die Möglichkeit zu geben, sich zu revanchieren. So konnte z. B. eine Studie zeigen, dass sich Personen, die Hilfe erhalten hatten, kompetenter fühlten, wenn sie im Anschluss daran auch jemandem helfen konnten, insbesondere, wenn die selbst erhaltene Hilfe abhängigkeitsorientiert war (Alvarez & van Leeuwen, 2014). Es gibt bereits eine Reihe von Initiativen, in denen Geflüchtete und MigrantInnen sich für Mitglieder der Aufnahmegesellschaft engagieren. So existieren z. B. verschiedene Plattformen, über die syrische Geflüchtete Mitgliedern der Aufnahmegesellschaft Arabisch beibringen (Larson, 2016). Auch spontan geleistete Hilfe ist in vielen Orten, in denen Geflüchtete aufgenommen wurden, zu beobachten (z. B. haben viele Geflüchtete bei der Beseitigung von Unwetterschäden in Bayern und Baden-Württemberg im Juni 2016 geholfen). Solche Aktivitäten gilt es zukünftig noch gezielter zu unterstützen.

4.4. Die Wahrnehmung von Ähnlichkeiten fördern

Viele der nach Deutschland geflüchteten Menschen stammen aus Ländern, die Deutschland in kultureller Hinsicht eher unähnlich sind. Wie weiter oben dargestellt wurde, können wahrgenommene Unähnlichkeiten jedoch die Wirkung eines zentralen Motivators für Helfen – Empathie – abschwächen (für einen Überblick siehe Stürmer & Snyder, 2010; Stürmer & Siem, 2017). Dies kann v. a. deshalb problematisch sein, weil empathiebasierte Unterstützung im Gegensatz zu primär auf eigennützigen Motiven basierender Unterstützung stärker an den tatsächlichen Bedürfnissen – und damit am Wohlergehen – der hilfsbedürftigen Person orientiert ist (z. B. Siem & Stürmer, 2012b). Einen weiteren Pfeiler zur Förderung freiwilligen Engagements sollten also Interventionsmaßnahmen darstellen, die darauf abzielen, die Grenzen zwischen der kulturellen Eigengruppe und der kulturellen Fremdgruppe in den Hintergrund treten zu lassen, so dass weniger die Unähnlichkeiten zwischen den Gruppen sondern vielmehr die Ähnlichkeiten im Vordergrund stehen. Dies kann z. B. über den Ansatz der Rekategorisierung erfolgen. Ziel dieses Ansatzes ist es, dass die ursprüngliche Eigengruppe (z. B. „Wir Deutschen") und die ursprüngliche Fremdgruppe (z. B. „Die Geflüchteten") nicht länger als unterschiedliche soziale Kategorien, sondern als zu einer gemeinsamen, inklusiveren sozialen Kategorie gehörig (z. B. „Wir Kölner", „Wir Menschen") wahrgenommen werden (z. B. Dovidio et al., 1997). Rekategorisierung kann z. B. im Rahmen eines unter bestimmten Bedingungen stattfindenden Kontakts zwischen Eigen- und Fremdgruppenmitgliedern erfolgen (Allport, 1954; Pettigrew, 1998). Neben Faktoren wie einem vergleichbaren Status der involvierten Gruppen sollte bei diesem Kontakt v. a. ein gemeinsames Ziel vorhanden sein, das von den beteiligten Gruppen nur in Kooperation erreicht werden kann. In diesem Sinne könnte eine Freiwilligeninitiative im Rahmen eines bestimmten Projekts z. B. ein gemeinsames Ziel formulieren, das nur durch Zusammenarbeit zwischen Geflüchteten und Mitgliedern der Aufnahmegesellschaft erreicht werden kann. Die Wahrnehmung eines kollektiven, nur gemeinschaftlich erreichbaren Ziels kann zusätzlich durch Maßnahmen unterstützt werden, die die Existenz der „neuen" Eigengruppe betonen, wie beispielsweise ein gemeinsam kreiertes, die Gemeinschaft repräsentierendes Symbol, regelmäßige Treffen oder das gemeinsame Zelebrieren erzielter Fortschritte.

Ein weiterer Ansatzpunkt zur Förderung empathiebasierter Unterstützung von Geflüchteten und MigrantInnen liegt im Ausbau der Unterstützung durch „peers": Geflüchtete und MigrantInnen, die im Rahmen freiwilligen Engagements andere Geflüchtete und MigrantInnen unterstützen. Mittlerweile „rekrutieren" eine Reihe von Freiwilligenorganisationen gezielt Geflüchtete und Asylsuchende als „Mittler zwischen den Kulturen" (z. B. von Bullion, 2015). Die Eigengruppenbeziehung zwischen HelferIn und EmpfängerIn und die damit verbundene wahrgenommene Ähnlichkeit sollte sich hier förderlich auf empathiebasiertes Helfen auswirken. Bei allen Maßnahmen zur Förderung empathiebasierten Helfens sollte allerdings die mögliche „Kehrseite" nicht außer Acht gelassen werden: Wie oben beschrieben kann das Empfinden von Empathie mit der Vernachlässigung eigener Bedürfnisse und Belange einhergehen, da die Aufmerksamkeit v. a. auf dem hilfsbedürftigen Gegenüber ist. Diesen Tendenzen sollte durch geeignete Maßnahmen (z. B. Supervisionsangebote) entgegengesteuert werden.

5. Schlussbemerkung

In diesem Beitrag wurden basierend auf prominenten sozialpsychologischen Ansätzen zu freiwilligem Engagement und Helfen verschiedene Gründe für freiwilliges Engagement im Kontext von Flucht und Migration dargestellt. Daran anknüpfend wurden potentielle Hindernisse und unintendierte Nebeneffekte aufgezeigt, die die Aufrechterhaltung des Engagements über einen längeren Zeitraum gefährden können, und eine Reihe sozialpsychologisch fundierter Interventionsansätze skizziert, die an genau diesen Problemstellen ansetzen. Dabei wurde deutlich, dass nicht nur Analysen auf der Mikroebene individuellen Verhaltens und Erlebens notwendig sind, um Motive und Hindernisse freiwilligen Engagements zu verstehen, sondern ebenso Analysen auf der Mesoebene, die die Zugehörigkeiten der Akteure zu unterschiedlichen kulturellen Gruppen berücksichtigen. Die dargestellten Interventionsansätze können also nicht nur dazu beitragen, dass Individuen, die sich im Kontext von Flucht und Migration freiwillig engagieren, zufriedener mit ihrer Tätigkeit sind, sondern auch ein besseres Miteinander zwischen verschiedenen kulturellen Gruppen fördern.

6. Literatur

Allport, G. W. (1954). *The nature of prejudice.* Reading: Addison-Wesley.

Alvarez, K., & van Leeuwen, E. (2014). Paying it forward: how helping others can reduce the psychological threat of receiving help. *Journal of Applied Social Psychology, 45*, 1–9.

Batson, C. D. (2011). *Altruism in humans.* New York: Oxford University Press.

Batson, C. D., Duncan, B. D., Ackerman, P., Buckley, T., & Birch, K. (1981). Is empathic emotion a source of altruistic motivation? *Journal of Personality and Social Psychology, 40*, 290–302.

Bennold, K. (2015, 22. September). As Germany takes in refugees, it also rehabilitates its image. *The New York Times.* Abrufbar unter http://www.nytimes.com/2015/09/23/world/europe/as-germany-takes-in-refugees-it-also-rehabilitates-its-image.html?_r=0

Bundesministerium des Inneren. (2016). *2015: Mehr Asylanträge in Deutschland als jemals zuvor.* Abrufbar unter http://www.bmi.bund.de/SharedDocs/Pressemitteilungen/DE/2016/01/asylantraege-dezember-2015.html

Clary, E. G., Snyder, M., Ridge, R. D., Copeland, J., Stukas, A. A., Haugen, J., & Miene, P. (1998). Understanding and assessing the motivations of volunteers: A functional approach. *Journal of Personality and Social Psychology, 74*, 1516–1530.

Davis, M. H. (1994). *Empathy: A social psychological approach.* Boulder, CO: Westview Press.

Deutscher Spendenrat e. V. & Gesellschaft für Konsumforschung. (2016). *Bilanz des Helfens 2016.* Abrufbar unter 06.06.2017 unter http://www.spendenrat.de/wp-content/uploads/2016/02/Bilanz_des_Helfens_2016.pdf

Dovidio, J. F., Gaertner, S. L., Validzic, A., Matoka, K., Johnson, B., & Frazier, S. (1997). Extending the benefits of recategorization: Evaluations, self-disclosure, and helping. *Journal of Experimental Social Psychology, 33*, 401–420.

Eckardt, A.-K. (2015, 13. Dezember). Wie es wirklich ist, Flüchtlingen zu helfen. *Süddeutsche Zeitung.* Abrufbar unter http://www.sueddeutsche.de/politik/fluechtlinge-wie-es-wirklich-ist-fluechtlingen-zu-helfen-1.2774459

Eisenberg, N. (2010). Empathy-related responding: Links with self-regulation, moral judgment, and moral behavior. In M. Mikulincer & P. R. Shaver (Eds.), *Prosocial motives, emotions, and behavior: The better angels of our nature* (pp. 129–148). Washington, DC: American Psychological Association.

Elgot, J. (2015, 3. September). Charity behind migrant-rescue boats sees 15-fold rise in donations in 24 hours. *The Guardian.* Abrufbar unter https://www.theguardian.com/world/2015/sep/03/charity-behind-migrant-rescue-boats-sees-15-fold-rise-in-donations-in-24-hours

Ellen, P., Webb, D. J., & Mohr, L .A. (2006). Building corporate associations: Consumer attributions for corporate socially responsible programs. *Journal of the Academy of Marketing Science, 34*, 147–157.

Figley, C. R. (1995). Compassion fatigue as secondary traumatic stress disorder: An overview. In C. R. Figley (Ed.), *Compassion fatigue: Coping with secondary traumatic stress disorder in those who treat the traumatized* (pp. 1–20). New York: Brunner/Mazel.

Finkelstein, M. A. (2008). Volunteer satisfaction and volunteer action: A functional approach. *Social Behavior and Personality, 36*, 9–18.

Finkelstein, M. A. (2009). Intrinsic vs. extrinsic motivational orientations and the volunteer process. *Personality and Individual Differences, 46*, 653 – 658.

Gineiger, U. (2015). Eine Bewegung der Toleranz in Dresden. *Deutschlandfunk.* Abrufbar unter http://www.deutschlandfunk.de/mein-nachbar-ein-fluechtling-eine-bewegung-der-toleranz-in.1775.de.html?dram:article_id=330073

Grube, J. A., & Piliavin, J. A. (2000). Role identity, organizational experiences, and volunteer performance. *Personality and Social Psychology Bulletin, 26*, 1108–1120.

Gutierrez, I. A., & Mattis, J. S. (2014). Factors predicting volunteer engagement among urban-residing African American women. *Journal of Black Studies, 45*, 599–619.

Halabi, S., Dovidio, J. F., & Nadler, A. (2008). When and how do high status group members offer help: Effects of social dominance orientation and status threat. *Political Psychology, 29*, 841–858.

Hopkins, N., Reicher, S., Harrison, K., Cassidy, C., Bull, R., & Levine, M. (2007). Helping to improve the group stereotype: on the strategic dimension of prosocial behavior. *Personality and Social Psychology Bulletin, 33*, 776–788.

Jones, C., & Williamson, A. E. (2014). Volunteers working to support migrants in Glasgow: a qualitative study. *International Journal of Migration, Health & Social Care, 10*, 193–206.

Karakayali, S., & Kleist, J. O. (2015). *EFA-Studie: Strukturen und Motive der ehrenamtlichen Flüchtlingsarbeit (EFA) in Deutschland.* Berlin: Berliner Institute für empirische Integrations- und Migrationsforschung, Humboldt-Universität zu Berlin.

Larson, S. (2016, 29. März). Want to learn Arabic? These Syrian refugees will teach you via Skype. *The Daily Dot.* Abrufbar unter http://www.dailydot.com/debug/arabic-learning-refugees-natakallam/

Lotz-Schmitt, K., Siem, B., & Stürmer, S. (2015). Empathy as a motivator of dyadic helping across group boundaries – The dis-inhibiting effect of the recipient's perceived benevolence. *Group Processes and Intergroup Relations, 20*(2), 233–259.

Marta, E., & Pozzi, M. (2008). Young people and volunteerism: A model of sustained volunteerism during the transition to adulthood. *Journal of Adult Development, 15*, 35–46.

Nadler, A., & Fisher, J. D. (1986). The role of threat to self-esteem and perceived control in recipient reactions to aid: Theory development and empirical validation. In L. Berkowitz (Ed.), *Advances in experimental social psychology*, Vol. 19 (pp. 81–123). New York: Academic Press.

Nadler, A., & Halabi, S. (2006). Intergroup helping as status relations: Effects of status stability, identification, and type of help on receptivity to high-status group's help. *Journal of Personality and Social Psychology, 91*, 97–110.

Omoto, A. M., Gunn, D. O., & Crain, A. L. (1998). Helping in hard times: Relationship closeness and the AIDS volunteer experience. In V. J. Derlega & A. P. Barbee (Eds.), *HIV & social interaction* (pp. 106–128). Thousand Oaks, CA: SAGE.

Omoto, A. M., & Snyder, M. (1995). Sustained helping without obligation: Motivation, longevity of service, and perceived attitude change among AIDS volunteers. *Journal of Personality and Social Psychology, 68*, 671–686.

Oostlander, J., Güntert, S. T, van Schie, S., & Wehner, T. (2014). Volunteer Functions Inventory (VFI): Konstruktvalidität und psychometrische Eigenschaften der deutschen Adaptation. *Diagnostica, 60*, 73–85.

Penner, L. A., & Finkelstein, M. A. (1998). Dispositional and structural determinants of volunteerism. *Journal of Personality and Social Psychology, 74*, 525–537.

Pettigrew, T. F. (1996). *How to think like a social scientist.* New York: Harper Collins Publishers.

Pettigrew, T. F. (1998). Intergroup contact theory. *Annual Review of Psychology, 49*, 65–85.

Piliavin, J. A. (2010). Volunteering across the lifespan: Doing well by doing good. In S. Stürmer & M. Snyder (Eds.), *The psychology of prosocial behavior: Group processes, intergroup relations, and helping* (pp. 157–172). Oxford, UK: Wiley-Blackwell.

Piliavin, J. A., & Callero, P. L. (1991). *Giving blood: The development of an altruistic identity*. Baltimore, MD: Johns Hopkins University Press.

Plagnol, A. C., & Huppert, F. A. (2009). Happy to help? Exploring the factors associated with variations in rates of volunteering across Europe. *Social Indicators Research, 97*, 157–176.

Reicher, S., Cassidy, C., Wolpert, I., Hopkins, N., & Levine, M. (2006). Saving Bulgaria's Jews: An analysis of social identity and the mobilisation of social solidarity. *European Journal of Social Psychology, 36*, 49–72.

Rosen, S., Mickler, S. E., & Collins, J. E. II (1987). Reactions of would-be helpers whose offer of help is spurned. *Journal of Personality and Social Psychology, 53*, 288–297.

Rubin, A., & Thorelli, I. M. (1984). Egoistic motives and longevity of participation by social service volunteers. *Journal of Applied Behavioral Science, 20*, 223–235.

Schwartz, S. H. (2010). Basic values: How they motivate and inhibit prosocial behavior. In M. Mikulincer & P. R. Shaver (Eds.), *Prosocial motives, emotions, and behavior: The better angels of our nature* (pp. 221–241). Washington, DC: American Psychological Association.

Siem, B. (2018). Empathy's potential to reduce the perceived personal costs for helping and how it is affected by similarity perceptions. *Manuscript submitted for publication.*

Siem, B., Lotz-Schmitt, K., & Stürmer, S. (2014). To help or not to help an outgroup member: The role of the target's individual attributes in resolving potential helpers' motivational conflict. *European Journal of Social Psychology, 44*, 297–312.

Siem, B., & Stürmer, S. (2012a). Cross-cultural volunteerism: Examining the effects of intercultural (dis)similarities on volunteers' motivations to support international students. *Basic and Applied Social Psychology, 34*, 544–557.

Siem, B., & Stürmer, S. (2012b). Meeting recipients' needs in dyadic cross-group helping: When the nature of the helper's motivation matters. *Group Processes and Intergroup Relations, 15*, 762–775.

Simon, B., Stürmer, S., & Steffens, K. (2000). Helping individuals or group members? The role of individual and collective identification in AIDS volunteerism. *Personality and Social Psychology Bulletin, 26*, 497–506.

Snyder, M., & Omoto, A. M. (2008). Volunteerism: Social issues perspectives and social policy implications. *Social Issues and Policy Review, 2*, 1–36.

Snyder, M., Omoto, A. M., & Crain, A. L. (1999). Punished for their good deeds: Stigmatization of AIDS volunteers. *American Behavioral Scientist, 72*, 1175–1192.

Spencer, R. (2007). "It's not what I expected": A qualitative study of youth mentoring relationship failures. *Journal of Adolescent Research, 22*, 331–354.

Stephan, W. G., & Stephan, C. W. (1985). Intergroup anxiety. *Journal of Social Issues, 41*, 157–175.

Stürmer, S., & Siem, B. (2017). A group-level theory of helping and altruism within and across group-boundaries. In E. van Leeuwen & H. Zagefka (Eds.), *Intergroup helping* (pp. 103–127). Heidelberg: Springer.

Stürmer, S., & Snyder, M. (2010). Helping "us" versus "them": Towards a group-level theory of helping and altruism within and across group boundaries. In S. Stürmer & M. Snyder (Eds.), *The psychology of prosocial behavior: Group processes, intergroup relations, and helping* (pp. 33–58). Oxford, UK: Wiley-Blackwell.

Stürmer, S., Snyder, M., Kropp, A., & Siem, B. (2006). Empathy-motivated helping: The moderating role of group membership. *Personality and Social Psychology Bulletin, 32*, 943–956.

Stürmer, S., Snyder, M., & Omoto, A. M. (2005). Prosocial emotions and helping: The moderating role of group membership. *Journal of Personality and Social Psychology, 88*, 532–546.

Stukas, A. A., Daly, M., & Cowling, M. J. (2005). Volunteerism and social capital: a functional approach. *Australian Journal on Volunteering, 10*, 34–44.

Stukas, A. A., Snyder, M., & Clary, E. G. (2015). Volunteerism and community involvement: Antecedents, experiences, and consequences for the person and the situation. In D. A. Schroeder & W. G. Graziano (Eds.), *The Oxford handbook of prosocial behavior* (pp. 459–493). New York: Oxford University Press.

Stukas, A. A., Worth, K. A., Clary, E. G., & Snyder, M. (2009). The matching of motivations to affordances in the volunteer environment: An index for assessing the impact of multiple matches on volunteer Outcomes. *Nonprofit & Voluntary Sector Quarterly, 38*, 5–28.

Tajfel, H., & Turner, J. C. (1986). The social identity theory of intergroup behavior. In S. Worchel & W. G. Austin (Eds.), Psychology of intergroup relations (pp. 7–24). Chicago: Nelson-Hall.

Turner, J. C., Hogg, M. A., Oakes, P., Reicher, S. D., & Wetherell, M. S. (1987). *Rediscovering the social group: A self-categorization theory*. New York: Basil Blackwell.

United Nations Refugee Agency. (2016). *Figures at a glance*. Verfügbar unter http://www.unhcr.org/figures-at-a-glance.html

van Leeuwen, E. (2007). Restoring identity through outgroup helping: Beliefs about international aid in response to the December 2004 tsunami. *European Journal of Social Psychology, 37*, 661–671.

von Bullion, C. (2015, November 24). Flüchtlinge helfen Flüchtlingen als Bufdis. *Süddeutsche Zeitung*. Verfügbar unter http://www.sueddeutsche.de/politik/bundesfreiwilligendienst-fluechtlinge-helfen-fluechtlingen-als-bufdis-1.2752647

Wehner, T., Güntert, S. T., Neufeind, M., & Mieg, H. A. (2015). Frei-gemeinnützige Tätigkeit: Freiwilligenarbeit als Forschungs- und Gestaltungsfeld der Arbeits- und Organisationspsychologie. In T. Wehner & S. T. Güntert (Eds.), *Psychologie der Freiwilligenarbeit: Motivation, Gestaltung und Organisation* (pp. 3–22). Berlin: Springer.

Wilson, J. (2000). Volunteering. *Annual Review of Sociology, 26*, 215–240.

Julia C. Becker, Inna Ksenofontov, Angelika Love und Lisa Borgert

Einstellungen und Verhaltensweisen gegenüber Geflüchteten

Zusammenfassung: *Dieses Kapitel thematisiert antisoziales und prosoziales Verhalten gegenüber Geflüchteten und wir möchten hierbei drei Fragen beantworten. Erstens untersuchen wir, mit welchen Einstellungen und Verhaltensweisen Deutsche reagieren, wenn Geflüchtete in ihre Nachbarschaft ziehen (Studie 1). Zweitens untersuchen wir, ob individuelle Hilfeformen (Spenden für Geflüchtete) im Vergleich zu kollektiven Hilfeformen (solidarische Demonstrationen) mit unterschiedlichen psychologischen Variablen einhergehen (Studie 2). Drittens fragen wir, ob Hilfeverhalten immer positiv sein muss oder ob es auch Formen von Hilfe gibt, die eher kontraproduktiv sind (Studie 3). Ergebnisse von Studie 1 (N = 108 Deutsche) zeigen, dass sich Deutsche in einem Stadtteil mit einer Unterkunft für Geflüchtete bedrohter fühlen und eher bereit sind, an kollektiven antisozialen Handlungen gegen Geflüchtete teilzunehmen im Vergleich zu Deutschen in einem Stadtteil ohne Unterkunft für Geflüchtete. Wir finden allerdings, dass positiver Kontakt mit Geflüchteten den Effekt von wahrgenommener Bedrohung auf die antisozialen Verhaltensweisen abfedert. In Studie 2 (N = 191 Deutsche) finden wir, dass individuelle und kollektive prosoziale Handlungen durch ein geringes Bedrohungserleben und eine starke Ungerechtigkeitswahrnehmung vorhergesagt werden. Allerdings wird die Bereitschaft zu spenden zusätzlich durch Mitleid vorhergesagt, während kollektive prosoziale Handlungen durch eine linkspolitische Orientierung vorhergesagt werden. In Studie 3 (N = 131 Deutsche) zeigen wir, dass sich Hilfeverhalten in „autonomieorientierte" und „abhängigkeitsorientierte" Hilfe trennen lässt. Obwohl beide Arten von Hilfe stark miteinander zusammenhängen, geht die Bereitschaft abhängigkeitsorientierte Hilfe zu leisten positiv mit paternalistischen (bevormundenden) Einstellungen einher, während die Bereitschaft für autonomieorientierte Hilfe negativ mit paternalistischen Einstellungen zusammenhängt. Die praktischen Implikationen der empirischen Ergebnisse werden diskutiert.*

Die sogenannte ‚Flüchtlingskrise' bewegt derzeit große Teile der deutschen Gesellschaft – politisch wie zivilgesellschaftlich. Die Reaktionen der Deutschen auf den Zuzug von Geflüchteten sind sehr heterogen und reichen von unterstützenden Hilfemaßnahmen bis hin zu Brandanschlägen auf Unterkünfte für Geflüchtete. Im Sommer 2015 hielt der Begriff „Willkommenskultur" Einzug in den medialen Diskurs. Hinter dieser „Willkommenskultur" verbergen sich zahlreiche ehrenamtliche Aktionen, die darauf abzielen, Geflüchteten den Start in Deutschland zu vereinfachen. Beispielsweise halfen Menschen ehrenamtlich bei Behördengängen, durch Sprachunterricht oder die Einrichtung von Begegnungsräumen (z. B. Karakayali & Kleist, 2015). Es gab zudem viele solidarische Aktionen wie Abschiebestopps und Demonstrationen für mehr Rechte für Geflüchtete (z. B. Spiegel Online, 2015). Auch weniger sichtbare Wege, Geflüchtete zu unterstützen, wurden zunehmend stark genutzt. Im Jahr 2015 spendeten Deutsche so viel Geld wie nie zuvor – ein Trend, der u. a. dem starken Anstieg der Zufluchtssuchenden beigemessen wird (Mnich, 2015). Auch die Bereitschaft Sachspenden zu tätigen ist groß und überschreitet teilweise sogar die Kapazitäten der Sammelstellen (Pirkl, 2015).

Gleichzeitig registrierte das Bundeskriminalamt zwischen Januar 2015 und Januar 2016 einen erheblichen Anstieg gewaltsamer Übergriffe auf Geflüchtete und gegen Unterkünfte für Geflüchtete; so hat sich beispielsweise die Zahl der monatlichen Brandanschläge auf die Unterkünfte zwischen Januar und Oktober 2015 verzehnfacht (Blickle et al., 2015). Auch Proteste gegen die Aufnahme von Geflüchteten erfahren nach wie vor Zuspruch. Eine Umfrage für den ARD-DeutschlandTREND im November 2015 zeigte zum Beispiel, dass 17 % der Befragten großes bis sehr großes Verständnis für PEGIDA-Demonstrationen zeigten (Infratest Dimap, 2015), die regelmäßig Tausende mobilisieren, u. a. um gegen die Aufnahme von Geflüchteten zu protestieren.

Ziel dieses Kapitels ist es, die unterschiedlich ausgeprägte Aufnahmebereitschaft Deutscher gegenüber Geflüchteten psychologisch zu ergründen und Wege zur Reduktion antisozialer Handlungen und Stärkung progressiver Hilfsaktionen aufzuzeigen. Dazu untersuchen wir drei verbreitete Formen der Reaktionen gegenüber Geflüchteten (kollektive antisoziale Handlungen, kollektive prosoziale Handlungen und individuelle Spendenbereitschaft) in Bezug auf kontextuelle und psychologische Variablen. Erstens fragen wir, mit welchen Verhaltensabsichten Deutsche reagieren, wenn Geflüchtete in ihre Nachbarschaft ziehen. Wie können negative, antisoziale Verhaltensweisen in der Nachbarschaft verhindert werden? Zweitens wollen wir herausfinden, welche Einstellungen und Emotionen mit der Entscheidung zu spenden, oder an gemeinschaftlichen Hilfsaktionen teilzunehmen, zusammenhängen. Drittens stellen wir die provokante Frage, ob es im Kontext von Hilfeverhalten gegenüber Geflüchteten auch eine Art von Hilfe gibt, die als problematisch angesehen werden kann und möglicherweise kontraproduktiv ist.

1. Einstellungen und Verhaltensweisen gegenüber Geflüchteten

Wie bereits beschrieben, lassen sich in Deutschland verschiedene Verhaltensweisen gegenüber Geflüchteten beobachten, darunter kollektive antisoziale Handlungen, kollektive prosoziale Handlungen und die individuelle Bereitschaft zu spenden. „Kollektive Handlungen" zielen per Definition darauf ab, den Status der *eigenen* Gruppe zu erhalten bzw. zu erhöhen (Wright, 2001). Bezogen auf unser Beispiel für kollektive antisoziale Handlungen: Deutsche engagieren sich gemeinschaftlich gegen Geflüchtete, um eine vermeintliche Bedrohung abzuwehren und den Status ihrer eigenen nationalen Gruppe aufrecht zu erhalten. Prosoziale kollektive Aktionen zählen nicht unter die klassischen Formen von kollektiven Handlungen, da sie nicht für die eigene Gruppe ausgeführt werden. Sie können hingegen als „solidarische Handlungen" definiert werden. Solidarische Handlungen zielen darauf ab, sich für bessere Lebensbedingungen einer anderen Gruppe einzusetzen (z. B. wenn sich Weiße gegen Rassismus einsetzen, wenn sich Männer für Feminismus einsetzen). Deswegen fällt auch die individuelle Spendenbereitschaft unter die solidarischen Handlungen.

Im Folgenden liegt der Schwerpunkt auf kollektiven antisozialen Handlungen; in den darauffolgenden Abschnitten werden die solidarischen Handlungen näher analysiert.

1.1. Vorhersage antisozialer Handlungen in Stadtteilen mit und ohne Unterkunft für Geflüchtete

Die „Integrated Threat Theory" (Stephan & Stephan, 2000) sagt vorher, dass Menschen besonders dann mit Vorurteilen gegenüber einer Gruppe reagieren, wenn sie sich von ihr bedroht fühlen. Stephan und Stephan (2000) unterscheiden zwischen „realistischer Bedrohung" (z. B. die Angst, Ressourcen zu verlieren) und „symbolischer Bedrohung" (z. B. die Angst vor anderen Werten oder Bräuchen). Realistische Bedrohung bezieht sich im Kontext von Geflüchteten auf Ängste, dass das Sozialsystem ausgenutzt werden könnte oder dass geflüchtete Kinder die Schulqualität mindern könnten. Symbolische Bedrohung bezieht sich im Kontext von Geflüchteten auf Ängste, dass die Überzeugungen von Geflüchteten bezüglich Leistung, moralischer und religiöser Werte nicht mit denen der Deutschen übereinstimmen könnten. Nehmen Menschen solche Bedrohungen wahr, kommt es stärker zu Vorurteilen gegenüber der als bedrohlich wahrgenommenen Gruppe und Vorurteile sind wiederum die Grundlage für antisoziale Verhaltensweisen (z. B. Schmid, Hewstone, Küpper, Zick, & Tausch, 2014).

Da es in Deutschland an vielen Orten Widerstand gegen Unterkünfte für Geflüchtete gibt, haben wir untersucht, ob eine solche Unterkunft Bedrohungserleben auslöst und antisoziale Verhaltenstendenzen hervorruft (Studie 1, Decker & Becker, 2016). Für den Fall, dass sich dies zeigen sollte, haben wir außerdem erforscht, wie antisoziale Verhaltensweisen in der Nachbarschaft möglicherweise reduziert werden können. Dazu haben wir in einer mittelgroßen Stadt in Deutschland Einstellungen und Verhaltensabsichten von Menschen in zwei Stadtteilen miteinander verglichen: In dem einen Stadtteil gab es eine Unterkunft für Geflüchtete

(N = 54) und in dem anderen Stadtteil gab es keine Unterkunft (N = 54). Unsere Variablen wurden mit einem Fragebogen auf 7-stufigen Skalen gemessen (1 = stimme überhaupt nicht zu, 7 = stimme voll und ganz zu). Bedrohungserleben haben wir über „lokale realistische" Bedrohung erfasst, z. B. „Flüchtlinge führen dazu, dass mein Ortsteil an Ansehen verliert". Ein Beispiel für kollektive antisoziale Handlungstendenzen war „Ich würde an einer Demonstration gegen die Aufnahme von mehr Flüchtlingen in Deutschland teilnehmen." Beispiele für kollektive prosoziale Handlungstendenzen waren „Ich würde an einer Demonstration für mehr Rechte von Flüchtlingen teilnehmen" und für individuelle Spendenbereitschaft „Ich würde Schulsachen oder Spielzeug für Flüchtlinge spenden". Des Weiteren haben wir erfasst, ob die Personen positive bzw. negative Kontakterlebnisse mit Geflüchteten gemacht haben, mit Fragen wie „Die meisten meiner Kontakterfahrungen mit Flüchtlingen sind eindeutig positiv" (positiver Kontakt) und „Ich habe überwiegend unangenehme Erfahrungen mit Flüchtlingen gemacht" (negativer Kontakt). Abbildung 1 zeigt, dass im Stadtteil mit einer Unterkunft für Geflüchtete realistische Bedrohung, negative Kontakterfahrungen sowie kollektive antisoziale Handlungstendenzen höher und kollektive prosoziale Handlungstendenzen signifikant geringer ausfielen als in dem Stadtteil ohne Unterkunft für Geflüchtete. Es gab keinen Unterschied in der Spendenbereitschaft zwischen den beiden Stadtteilen.

Abbildung 1. Mittelwertunterschiede in positivem Kontakt, negativem Kontakt, lokaler Bedrohung, antisozialen und prosozialen Aktionstendenzen und Spenden zwischen Personen in einem Stadtteil mit Unterkunft für Geflüchtete vs. in einem Stadtteil ohne Unterkunft für Geflüchtete

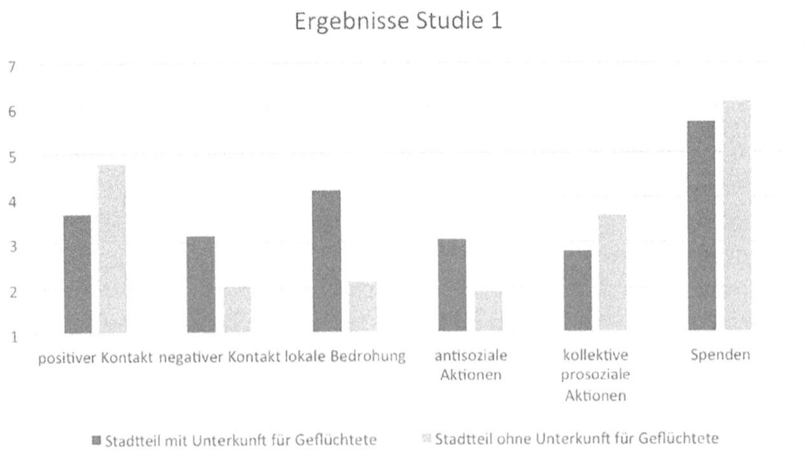

In einem zweiten Schritt haben wir statistische Analysen durchgeführt, um zu testen, welche Variablen kollektive antisoziale Handlungstendenzen vorhersagen. Wir finden, dass realistisches Bedrohungserleben und negativer Kontakt die intendierte Teilnahme an kollektiven antisozialen Handlungen vorhersagen. Die Ergebnisse zeigen also, dass in einem Stadtteil mit einer Unterkunft für Geflüchtete das Bedrohungserleben und die negativen Kontakterlebnisse stärker sind, was wiederum mit einer erhöhten Bereitschaft einhergeht, sich an kollektiven antisozialen Handlungen zu beteiligen.

Was kann dagegen getan werden? Wir haben weitere Analysen durchgeführt und getestet, ob positive Kontakterlebnisse mit Geflüchteten eine „Pufferfunktion“ haben. Konkret haben wir untersucht, ob der Zusammenhang zwischen Bedrohungswahrnehmung und kollektiven antisozialen Handlungstendenzen nicht vorhanden ist für Menschen mit positiven Kontakterlebnissen. Ergebnisse unserer statistischen Analysen bestätigen diese Annahme: Nur für die Menschen mit wenigen oder gar keinen positiven Kontakterlebnissen geht ein höheres Bedrohungserleben mit einer stärkeren Tendenz einher, an kollektiven antisozialen Handlungen teilnehmen zu wollen; für Personen mit vielen positiven Kontakterlebnissen zeigt sich dieser Zusammenhang zwischen Bedrohungserleben und kollektiven antisozialen Handlungstendenzen nicht. Somit hat positiver Kontakt eine wichtige Pufferfunktion: Menschen, die der Meinung sind, dass Geflüchtete ihrem Stadtteil schaden könnten, zeigen nicht mehr antisoziale Verhaltenstendenzen, wenn sie positive Kontakterlebnisse mit Geflüchteten berichten.

1.2. Solidarität: Kollektive prosoziale Handlungen vs. individuelle Spendenbereitschaft

Wie eingangs beschrieben, war in der zweiten Jahreshälfte 2015 eine enorme Hilfsbereitschaft für Geflüchtete seitens Deutscher[1] zu beobachten (Karakayali & Kleist, 2015). Was unterscheidet jedoch die Teilnahme an einer Abschiebestopp-Aktion von einer Sachspende? Zunächst einmal die Anzahl der Personen, die diese Unterstützungsformen erfordern: Während Spenden individuell und flexibel geleistet werden können, bedarf der Erfolg eines Abschiebestopps eine koordinierte Gruppe. Zweitens variiert das zeitliche Engagement: Während das Spenden eine relativ kurzzeitige und eingrenzbare Aktion darstellt, ist das Sortieren von

1 Obwohl ein großer Teil der Geflüchtetenhilfe von aktuell angekommenen oder länger in Deutschland lebenden Migrant_innen mit und ohne deutsche Staatsbürgerschaft geleistet wird, adressieren wir in diesem Kapitel explizit Deutsche ohne Fluchterfahrung als Angehörige der Mehrheitsgesellschaft.

Kleiderspenden oder die Planung einer Kundgebung für mehr Mitspracherecht von Geflüchteten von längerer Dauer. Weiterhin können Kleider-, Essens- und Geldspenden als materielle Unterstützung klassifiziert werden, während bei kollektiven prosozialen Handlungen der ideelle Aspekt im Vordergrund steht (die Überzeugung, dass eine Abschiebung menschenunwürdig ist, verleitet zur Teilnahme am Abschiebestopp). Uns interessierte die Frage, ob unterschiedliche Einstellungen die Wahl kollektiv oder individuell prosozial zu handeln, beeinflussen.

1.3. Vorhersage von kollektiven prosozialen Handlungstendenzen vs. Spendenbereitschaft

Für die Vorhersage der kollektiven prosozialen Handlungstendenzen vs. der individuellen Spendenbereitschaft (Studie 2, N = 191 Personen mit deutscher Staatsbürgerschaft; Becker, Benz, & Borgert, 2016) haben wir unter anderem die realistische und symbolische Bedrohung, Ungerechtigkeitserleben, Mitleid und politische Orientierung erfasst. Wie in Studie 1 wurden die Variablen auf einer 7-stufigen Skala (1 = stimme überhaupt nicht zu, 7 = stimme voll und ganz zu) gemessen. Ein Beispiel für realistische Bedrohung ist „Flüchtlinge haben die Steuerbelastung für Deutsche erhöht", ein Beispiel für symbolische Bedrohung ist „Die Werte und Überzeugungen von Flüchtlingen in Bezug auf Arbeit sind grundsätzlich den Werten und Überzeugungen von Deutschen recht ähnlich" (umkodiert). Ein Beispiel für Ungerechtigkeitserleben ist „Wie Flüchtlinge in Deutschland behandelt werden, ist unfair". Mitleid wurde erfasst durch die Frage „Ich habe Mitleid mit Flüchtlingen", Politische Orientierung wurde erfasst durch Selbsteinschätzung auf einer Skala von „1" = links bis „7" = rechts.

Statistische Analysen zeigen, dass die Vorhersage kollektiver prosozialer Handlungstendenzen und der individuellen Spendenbereitschaft auf den ersten Blick relativ ähnlich sind: Beide steigen mit sinkender realistischer Bedrohung und steigendem Ungerechtigkeitserleben an. Sie unterscheiden sich jedoch in einem wichtigen Aspekt: Kollektive prosoziale Handlungstendenzen werden zusätzlich durch politische Orientierung vorhergesagt (je linker die politische Orientierung, desto höher die kollektiven prosozialen Handlungstendenzen), Spendenbereitschaft hingegen nicht. Dafür wird die Spendenbereitschaft zusätzlich durch Mitleid vorhergesagt (je stärker Mitleid empfunden wurde, umso höher war die Spendenbereitschaft), kollektive prosoziale Handlungstendenzen jedoch nicht. Das bedeutet, dass neben ähnlichen Prädiktoren für beide Aktionsformen (niedrige Wahrnehmung von Bedrohung, starke Wahrnehmung von Ungerechtigkeit), spezifische Prädiktoren hinzukommen: Es handeln eher linksorientierte Personen kollektiv prosozial, während ein starkes Mitleidsempfinden mit einer erhöhten Spendenbereitschaft einhergeht.

Wir haben somit in dieser Studie unterschiedliche und gemeinsame Einflüsse auf die Entscheidung für kollektive prosoziale Handlungen und die Spendenbereitschaft gefunden. Anhand einer Unterscheidung in kollektives prosoziales Handeln und individuelle Spendenbereitschaft kann jedoch nicht gesagt werden, inwiefern diverse Unterstützungsformen das Potential haben, zur Selbstermächtigung geflüchteter Menschen beizutragen. Im folgenden Abschnitt führen wir eine weitere Dimension ein, auf der Hilfeformen bezüglich ihrer befähigenden Wirkung zum selbstbestimmten Handeln unterschieden werden können: autonomieorientierte versus abhängigkeitsorientierte Hilfe.

1.4. Autonomieorientierte vs. abhängigkeitsorientierte Hilfe

Hilfeverhalten gehört zu den prosozialen Verhaltensweisen und ist auf den ersten Blick eindeutig positiv zu bewerten. Im Folgenden gehen wir dem Paradox nach, dass bestimmte Aspekte prosozialen Hilfeverhaltens unter bestimmten Umständen kontraproduktiv sein können. Zwischen Helfenden und Hilfe-Annehmenden besteht ein Ungleichgewicht an Macht, und nicht jede Form von Hilfe hat das dezidierte Ziel, der benachteiligten Gruppe „auf die Beine" zu helfen. Im Gegenteil, Hilfe kann auch dazu dienen, bestehende Machtverhältnisse zu festigen (Nadler, 2002). Diesbezüglich wird in der Hilfeliteratur zwischen „autonomieorientierter" und „abhängigkeitsorientierter" Hilfe unterschieden. Abhängigkeitsorientierte Hilfe meint, dass die hilfsbedürftige Person (meist aus einer Gruppe mit niedrigem Status) passiv bleibt und die helfende Person (meist aus einer Gruppe mit hohem Status) die Lösung der Schwierigkeiten und Probleme allein übernimmt (Nadler, 2002). So bleibt die hilfsbedürftige Person in einer abhängigen Position: Sie ist auf die helfende Person angewiesen. Autonomieorientierte Hilfe meint hingegen, dass die hilfsbedürftige Person in die Lage versetzt wird, sich selbst zu helfen und selbstbestimmt zu handeln (Shnabel, Bar-Anan, Kende, Bareket, & Lazar, 2016). Somit werden die Unabhängigkeit, der Selbstwert und die Kompetenz der hilfsbedürftigen Person gestärkt. Da Mitglieder statusniedriger Gruppen ein besonderes Bedürfnis nach Autonomie haben (Siem, von Oettingen, Mummendey, & Nadler, 2013) und zudem abhängigkeitsorientierte Hilfe negative Konsequenzen für die statusniedrige Gruppe nach sich ziehen kann (z. B. Shnabel et al., 2016), bringt autonomieorientierte Hilfe Mitgliedern statusniedriger Gruppen auf lange Sicht wesentlich mehr als abhängigkeitsorientierte Hilfe.

Eine Klassifizierung in abhängigkeitsorientierte und autonomieorientierte Hilfe begründet sich aus der Offenlegung der Motive, die zu diesen Hilfeformen verleiten. Wir nahmen an, dass abhängigkeitsorientierte Hilfe (im Gegensatz zu autonomieorientierter Hilfe) wesentlich von der Befürwortung einer paternalistischen sozialen Ordnung beeinflusst wird. Paternalismus kombiniert eine dominante, diskriminierende Haltung mit positiven Gefühlen gegenüber Gruppen mit niedrigerem Status (Jackman, 1994). Die Unterordnung statusniedriger Gruppen wird durch Fürsorge und Schutz „belohnt". Paternalismus wird auch als „Wolf im Schafspelz" bezeichnet, weil er eine versteckte Form der Diskriminierung darstellt, die schwierig zu erkennen ist, weil sie auch mit positiven Aspekten einhergeht (Jackman, 1994; Glick & Fiske, 2001). In der dritten Studie haben wir daher die Unterscheidung in autonomieorientierte und abhängigkeitsorientierte Hilfe vorgenommen und getestet, ob Paternalismus positiv mit abhängigkeitsorientierter und negativ mit autonomieorientierter Hilfe einhergeht.

1.5. Paternalismus als Korrelat autonomieorientierter vs. abhängigkeitsorientierter Hilfe.

Um die zentrale Hypothese zu testen, dass paternalistische Einstellungen positiv mit abhängigkeitsorientierten Hilfeleistungen korrelieren, aber negativ mit autonomieorientierten Hilfeleistungen (Studie 3, $N = 146$, Deutsche, Becker, Ksenofontov, Siem, & Love, 2018), haben wir eine Skala zur Messung von Paternalismus entwickelt. Zusätzlich haben wir zwischen autonomieorientierter und abhängigkeitsorientierter Bereitschaft für kollektive prosoziale Handlungen und Spenden unterschieden. Die Variablen wurden mit einem Fragebogen auf einer 7-stufigen Skala erfasst (1 = stimme überhaupt nicht zu, 7 = stimme voll und ganz zu). Ein Beispiel für Paternalismus ist „Soziale Ungleichheit ist für mich okay, solange sich die Starken um die Schwachen kümmern." Ein Beispiel für eine autonomieorientierte kollektive Handlungstendenz wäre „Ich würde mich in einem Projekt engagieren, das Flüchtlingen eine Sendezeit im Radio zur Verfügung stellt, die sie eigenständig gestalten können und die ihnen so eine Stimme gibt." Eine abhängigkeitsorientierte kollektive Handlungstendenz wäre „Ich würde mich in einem Projekt engagieren, in dem ehrenamtlich Kleider- und Spielzeugspenden angenommen, sortiert und an Flüchtlinge verteilt werden." Eine Bereitschaft für eine autonomieorientierte Spende wäre „Ich würde Geld an eine Organisation spenden, die es geflüchteten Studierenden erleichtert, ihr Studium in Deutschland fortzusetzen." Eine Bereitschaft für eine abhängigkeitsorientierte Spende wäre „Ich würde Geld an eine Organisation spenden, die Vormünder für Flüchtlinge vermittelt, die sich um deren amtliche Angelegenheiten kümmern."

Statistische Analysen von Studie 3 bestätigen weitestgehend unsere Annahmen: Je stärker Paternalismus zugestimmt wird, desto eher sind die Personen bereit, abhängigkeitsorientierte Hilfe zu leisten, aber desto weniger sind sie bereit, autonomieorientierte Hilfe zu leisten.

2. Politische und praktische Implikationen

Unsere Studien haben wichtige politische und praktische Implikationen. Studie 1 zeigt, dass durch den Zuzug von Geflüchteten in eine Sammelunterkunft in der Nachbarschaft die Wahrnehmung von Bedrohung und antisoziale Verhaltensweisen steigen können. Diese Bedrohungsgefühle führen aber nicht zu antisozialen Verhaltensweisen, wenn positive Kontakterfahrungen gemacht werden (siehe auch Pettigrew & Tropp, 2006). Eine direkte Implikation wäre, in Stadtteilen mit Unterkünften für Geflüchtete Möglichkeiten für positiven Kontakt zwischen Deutschen und Geflüchteten zu schaffen. Besonders hilfreich ist in solchen Kontaktsituationen, dass gemeinsame Ziele verfolgt werden (z. B. Allport, 1954) oder Bezug genommen wird auf eine gemeinsame, übergeordnete, für Deutsche und Geflüchtete gleichermaßen prototypische Identität (Wenzel, Mummendey, & Waldzus, 2007), z. B. als Menschen mit gleichen Grundbedürfnissen. Neuere Befunde zum Intergruppenkontakt weisen jedoch darauf hin, dass positiver Kontakt für Mitglieder benachteiligter Gruppen (hier Geflüchtete) potenziell negative Folgen haben kann: Kontakt, bei dem Mitglieder der Mehrheitsgesellschaft (hier Deutsche) kommunizieren, dass sie die Bevorteilung ihrer eigenen Gruppe legitim finden oder sich nicht gegen die Ungerechtigkeit gegenüber den Benachteiligten aussprechen, kann zu einer Abnahme in der Bereitschaft Benachteiligter führen, sich an kollektiven Handlungen im Sinne ihrer Selbstbestimmung zu beteiligen (Becker, Wright, Lubensky, & Zhou, 2013). Kontaktprojekte sollten also so gestaltet sein, dass sie auch Ungerechtigkeiten, die Geflüchteten widerfahren, thematisieren und deutsche Bürger_innen zur Hinterfragung der Legitimität ihrer Privilegien anregen. Eine Möglichkeit, sich mit eigenen Privilegien auseinander zu setzen, wäre eine Diskussion, welche die Interdependenz zwischen Deutschland und den Herkunftsländern der Geflüchteten aufzeigt (wie z. B. die Außenpolitik Deutschlands dazu beiträgt, dass Menschen überhaupt fliehen müssen).

Kontaktprojekte dieser Art sind vor allem für Orte von Nöten, in denen eine Umstrukturierung der Nachbarschaft durch den Zuzug von Geflüchteten stattfindet. Ein Beispiel für ein solches Projekt ist die ehrenamtliche Initiative „Neue Nachbarschaft" in Berlin-Moabit, einem Stadtteil mit Unterkunft für Geflüchtete. Die „Neue Nachbarschaft" ist ein zentral gelegener Treffpunkt für Geflüchtete und die Moabiter Nachbarschaft, wo nicht nur Sprachkurse für Deutsch, sondern auch Sprachkurse für Persisch und Arabisch stattfinden, gemeinsam gekocht wird, Kunstprojekte und Beratung durch angehende Anwält_innen angeboten werden u. v. m. Die Ehrenamtlichen sind sowohl Menschen ohne als auch mit Fluchterfahrung. Neben Freizeit- und Lernaktivitäten sind aber auch politische Ziele Kern der Initiative: Lesungen, Workshops und Vorträge thematisieren Fragen der Integration, Asylpolitik, Fluchterfahrungen und –gründe und informieren über

Religionsrichtungen und Situationen in den Herkunftsländern der Geflüchteten. Das Leitmotto der Initiative lautet: „Wir engagieren uns nicht für Geflüchtete, wir engagieren uns mit den Geflüchteten." (www.neuenachbarschaft.de).

Dieses Leitmotto passt gut zu den Befunden von Studie 3: Wir fanden, dass im Kontext von Hilfeverhalten gegenüber Geflüchteten zwischen autonomieorientierter und abhängigkeitsorientierter Hilfe unterschieden werden kann. Abhängigkeitsorientierte Hilfsmaßnahmen unterscheiden sich von autonomieorientieren Hilfsmaßnahmen dadurch, dass sie eine soziale Hierarchie unterstützen, in der privilegierte Gruppen ihren höheren Status durch die Versorgung benachteiligter Gruppen rechtfertigen (Paternalismus). Daher darf es auf ehrenamtlicher Ebene nicht allein bei Hilfsmaßnahmen wie Suppenküchen oder Kleiderspenden bleiben, weil sie die defizitäre Sicht auf Geflüchtete unverändert lassen. Auf staatlicher und Länderebene sind die Residenzpflicht, die Zuteilung in Sammelunterkünfte, die Einschränkungen im Zugang zum Arbeits- und Bildungsmarkt und auch die Verteilung von Essensgutscheinen statt Bargeld (Möller, 2015) als eher problematisch einzustufen, wenn es darum geht, zu einer langfristigen Verbesserung der Lebensbedingungen von Geflüchteten beizutragen. Diese Maßnahmen entmündigen Geflüchtete und legitimieren die Einschränkung ihrer Entscheidungsfreiheit über ihre Selbstversorgung und Lebensgestaltung. Konsequenterweise bleibt die Versorgung der Geflüchteten abhängig von dem Mitleid (siehe Studie 2) der Helfenden, das situativ entzogen werden kann, beispielsweise wenn sich Geflüchtete nicht dankbar zeigen. Ähnlich verhält es sich mit manchen Aspekten von „Ratgebern für Geflüchtete" (http://www.refugeeguide.de/de/), die unter dem Anschein gut gemeinter Unterstützung suggerieren, dass Geflüchtete zu ihrem eigenen Wohle einer besonderen Erziehung bedürften.

Autonomieorientierte Hilfsaktionen zeigen sich hier als eine bedeutsame Form prosozialen Verhaltens, weil sie darauf abzielen, die Selbstbestimmung und die Rechte der Geflüchteten zu stärken und bevormundende Unterdrückung abzuschwächen. Ein Beispiel für eine simple Idee, die genau das Thema Selbstbestimmung ins Zentrum rückt, ist die Gutscheintausch-Initiative aus Apolda in Thüringen (Kirsch, 2014), die sich bereits 2010 gegründet hatte: Geflüchtete und Deutsche tauschen untereinander die vom Landkreis ausgestellten Wertgutscheine und privates Bargeld. Geflüchtete können sich somit selbstbestimmt versorgen, während deutsche Unterstützer_innen mit den Gutscheinen ihren Einkauf tätigen. Mit so einer medienwirksamen Aktion kann die bevormundende Behandlung von Geflüchteten und die paternalistische Funktion von Essensgutscheinen thematisiert werden, während gleichzeitig positive Kontakte entstehen können.

Aus der Perspektive, eine möglichst umfassende soziale Gerechtigkeit herzustellen, ist auf lange Sicht von Hilfsaktionen, die das Gefühl Geflüchteter bedürftig zu sein verstärken, abzuraten. Es sind eher Hilfsmaßnahmen angezeigt, die bedarfsorientiert sind, darauf abzielen die Rechte von Geflüchteten zu stärken und in denen Geflüchtete und Deutsche sich auf Augenhöhe begegnen, Geflüchtete also auch in der Führungsrolle sind und autonom handeln können.

3. Literatur

Allport, G. W. (1954). *The Nature of Prejudice.* Oxford, UK: Addison-Wesley.

Becker, J. C., Benz, A., & Borgert, L. (2016). *Predicting pro-social and anti-social collective action intentions towards refugees.* Unpublished data.

Becker, J.C., Ksenofontov, I., Siem, B., & Love, A. (2018). *Paternalism and Social Change Potential as Distinguishing Features of Dependency- and Autonomy-oriented Help toward Refugees.* Manuscript submitted for publication.

Becker, J. C., Wright, S. C., Lubensky, M. E., & Zhou, S. (2013). Friend or ally: Whether cross-group contact undermines collective action depends on what advantaged group members say (or don't say). *Personality & Social Psychology Bulletin, 39*, 442–455.

Blickle, P., Biermann, K., Faigle, P., Geisler, A., Hamann, G., Jacobsen, L., Kemper, A., Klingst, M., Polke-Majewski, K., Schirmer, S., Solat, H., Stahnke, J., Staud, T., Steffen, T., & Venohr, S. (2015, 3 Dezember). Es brennt in Deutschland. *Die Zeit Online.* Abrufbar unter http://www.zeit.de/politik/deutschland/2015-11/rechtsextremismus-fluechtlingsunterkuenfte-gewalt-gegen-fluechtlinge-justiz-taeter-urteile

Decker, S., & Becker, J. C. (2016). How do people respond to a refugee shelter in their neighbourhood? Predicting pro-refugee and anti-refugee collective action intentions. *Manuscript in preparation.*

Glick, P., & Fiske, S. T. (2001). An ambivalent alliance: Hostile and benevolent sexism as complementary justifications for gender inequality. *American Psychologist, 56*, 109–118.

Möller, R. (2015, 14 August). De Maizière will Asylleistungen prüfen. Gutscheine statt Bargeld. *Tagesschau.* Abrufbar unter http://www.tagesschau.de.

Infratest Dimap (2015). *ARD DeutschlandTREND November 2015.* Abrufbar unter http://www.infratest-dimap.de/fileadmin/user_upload/dt1511_bericht.pdf

Jackman, M. R. (1994). *The velvet glove: Paternalism and conflict in gender, class, and race relations.* Oakland, CA: University of California Press.

Karakayali, S., & Kleist, J. O. (2015). *EFA-Studie: Strukturen und Motive der ehrenamtlichen Flüchtlingsarbeit (EFA) in Deutschland.* Berlin: Berliner Institut für empirische Integrations- und Migrationsforschung.

Mnich, S. (2015, 30 Dezember). Hilfsbereitschaft: Deutsche spendeten 2015 so viel wie nie zuvor. *Spiegel Online.* Abrufbar unter http://www.spiegel.de/wirtschaft/soziales/spenden-deutsche-gaben-2015-so-viel-wie-nie-zuvor-a-1069812.html

Nadler, A. (2002). Inter-group helping relations as power relations: Maintaining or challenging social dominance between groups through helping. *Journal of Social Issues, 58*, 487–502.

Pettigrew, T. F., & Tropp, L. R. (2006). A meta-analytic test of intergroup contact theory. *Journal of Personality and Social Psychology, 90*, 751–783.

Pirkl, M. (2015, 1 Oktober). Die scheinheilige Hilfe der Deutschen für Flüchtlinge. *Die Welt Online.* Abrufbar unter https://www.welt.de/wirtschaft/article147083869/Die-scheinheilige-Hilfe-der-Deutschen-fuer-Fluechtlinge.html

Kirsch, U. (2014, 11. April). Aktiv gegen Essensgutscheine – Gutscheintauschinitiative Apolda zeigt, wie's geht. *ProAsyl.* Abrufbar unter https://www.proasyl.de/news/aktiv-gegen-essensgutscheine-gutscheintauschinitiative-apolda-zeigt-wies-geht/

Schmid, K., Hewstone, M., Küpper, B., Zick, A., & Tausch, N. (2014). Reducing aggressive intergroup action tendencies: Effects of intergroup contact via perceived intergroup threat. *Aggressive Behavior, 40,* 250–262.

Shnabel, N., Bar-Anan, Y., Kende, A., Bareket, O., & Lazar, Y. (2016). Help to perpetuate traditional gender roles: Benevolent sexism increases engagement in dependency-oriented cross-gender helping. *Journal of Personality and Social Psychology, 110*, 55.

Siem, B., Oettingen, M., Mummendey, A., & Nadler, A. (2013). When status differences are illegitimate, groups' needs diverge: Testing the needs-based model of reconciliation in contexts of status inequality. *European Journal of Social Psychology, 43*, 137–148.

Spiegel-Online (2015, 13 Januar). Anti-Anti-Islam-Demos: 100.000 Menschen demonstrieren gegen Pegida, *Spiegel Online.* Abrufbar unter http://www.spiegel.de/politik/deutschland/pegida-tausende-versammeln-sich-zu-gegendemonstrationen-a-1012628.html

Stephan, W. G., & Stephan, C. W. (2000). An integrated threat theory of prejudice. In S. Oskamp (Ed.), *Reducing prejudice and discrimination* (pp. 23–46). Mahwah, NJ: Erlbaum.

Wenzel, M., Mummendey, A., & Waldzus, S. (2007). Superordinate identities and intergroup conflict: The ingroup projection model. *European Review of Social Psychology, 18*, 331–372.

Wright, S. C. (2001). Strategic collective action: Social psychology and social change. In R. Brown & S. L. Gaertner (Eds.), Intergroup processes: Blackwell handbook of social psychology (Vol. 4, pp. 409–430). Oxford, UK: Blackwell.

Roland Imhoff und Pia Lamberty

Nachahmung solidarischen Verhaltens oder Wiedergutmachung für xenophobe Übergriffe

Die Effektivität positiver und negativer Beispiele in der „Flüchtlingskrise"

Zusammenfassung: *Während die größte Anzahl Geflüchteter seit dem Ende des Zweiten Weltkriegs Deutschland und Europa erreicht, sind die Reaktionen gespalten. Während ein großer Teil der Bevölkerung sich seit Sommer 2015 in bisher nicht gekannte Maße für die Aufnahme und Integration dieser Menschen engagiert, üben andere sich in Protest gegen die Ankunft eben jener Geflüchteter, erfahren rechtspopulistische Parteien neuen Zulauf und erreicht die Anzahl an Anschlägen auf Unterkünfte für Geflüchtete Rekordniveau. Im vorliegenden Beitrag interessieren uns die Wirkungen eines Fokus auf solche positiven oder negativen Beispiele auf die eigene Bereitschaft, sich solidarisch zu engagieren. Wir diskutieren die Literatur zu den Wirkmechanismen positiver sowie negativer Beispiele um dann die Ergebnisse einer eigenen im Herbst 2015 erhobenen Studie zu referieren.*

In der Bundesrepublik herrschte im Herbst 2015 eine vorher nie dagewesene Willkommenskultur. Ludwig Greven (2016, 2. März) schrieb in der ZEIT dazu: „Im vergangenen Sommer ist die Kanzlerin weltweit gefeiert worden, als sie die Grenzen aufmachte für Tausende Flüchtlinge, die in Ungarn gestrandet waren. Ihr optimistisches „Wir schaffen das" ergriff das ganze Land und löste eine Welle euphorischer Hilfsbereitschaft aus" Die Anzahl an Freiwilligen, die sich für Geflüchtete und Asylbewerber/-innen engagieren wollten, überstieg teilweise sogar die Kapazitäten der sozialen Einrichtungen und NGOs. Internationale Bekanntheit erlangte dabei insbesondere der Empfang eintreffender Züge mit Geflüchteten am Münchener Hauptbahnhof durch freiwillige Helfer/-innen. Selbst internationale Medien wie The Guardian berichteten positiv über die deutsche Willkommenskultur, Geflüchtete bedankten sich überschwänglich bei Angela Merkel für die bereit gestellte Hilfe.

Doch nicht alle Deutschen waren gleichermaßen begeistert, vielerorts kam es zu einem Anstieg fremdenfeindlicher Proteste und auch Anschläge. Alleine im Jahr 2015 kam es zu 1031 Angriffen auf Unterkünfte, davon 94 Brandanschläge und 205 Gewalttaten (Bundeskriminalamt, 2015), eine Verfünffachung seit 2014. Traurige Bekanntheit erlangte im August 2015 das sächsische Heidenau wo es im Rahmen von Demonstrationen gegen die Unterbringung von Geflüchteten zu mehrtätigen, rassistisch motivierten Ausschreitungen, Straßenschlachten und

Angriffen auf Polizist/-innen mit Steinen, Flaschen und Feuerwerkskörpern kam. Im Frühjahr 2016 scheint die Gesellschaft gespalten in der Frage des Umgangs mit Geflüchteten und am rechten Rand findet eine zunehmende Radikalisierung statt (Verfassungsschutz Nordrhein-Westfalen, 2016).

In einer Situation, in der viele Menschen die Stimmung als ambivalent wahrnehmen, lässt sich aus psychologischer Perspektive fragen, was die Konfrontation mit entweder positivem, helfenden, solidarischen oder die Konfrontation mit aggressivem, ablehnenden, feindlichem Verhalten gegenüber Geflüchteten für einen Effekt auf die eigene Haltung gegenüber diesen Menschen in Not hat. Der Fokus unserer Diskussion liegt hierbei auf Faktoren, die helfen können, Menschen zur Unterstützung von Geflüchteten zu motivieren. Weit davon entfernt, unsere Umwelt und das was wir sehen einfach mechanistisch nachzuahmen, gibt es Theorien und empirische Befunde dafür, dass beide Formen der Darstellung prinzipiell geeignet sind, die Hilfsbereitschaft gegenüber Neuankömmlingen zu erhöhen. Während unterstützende, positive Beispiele uns als Beispiel dafür dienen, was normal ist (deskriptive Normen) und dass man etwas zum Positiven bewegen kann (kollektive Selbstwirksamkeit), rütteln uns negative, fremdenfeindliche Beispiele wach und motivieren uns, diesen etwas entgegenzusetzen.

1. Die Macht der Vorbilder

Im Herbst 2015 haben sich beispiellos zahlreiche Menschen in ihrer Freizeit engagiert und neu ankommende Geflüchtete mit Essen und Kleidung versorgt, bereits vor Ort Angekommene darin unterstützt, die Sprache zu erlernen, Kontakte zu knüpfen und die Kinder zu betreuen. Solche – auch im medialen Diskurs vermittelte – Beispiele können Rezipienten dazu motivieren, sich selbst zu engagieren und das aus mindestens zwei Gründen.

Zuerst einmal wirkt die „normative Machte des Faktischen", unterliegen Menschen der Wirkung deskriptiver Normen. Was auch immer wir als weit verbreitetes Verhalten wahrnehmen, akzeptieren wir als „normales" Verhalten, das wir dann mit einer größeren Wahrscheinlichkeit geneigt sind zu zeigen. Bob Cialdini und Kolleg/-innen haben in einer Reihe von Untersuchungen zu ökologischem Verhalten gezeigt, dass nicht nur injunktive Normen (Vorschriften, was Menschen machen sollten), sondern auch deskriptive Normen (Beschreibungen, was Menschen faktisch machen) einen starken sozialen Einfluss ausüben. So präparierten die Forscher/-innen einen Parkplatz, indem sie ihn entweder saubermachten oder Abfall darauf verteilten und klemmten unter die Scheibenwischer der parkenden Autos ein Flugblatt. In einer sauberen Umgebung warfen knapp 10 % der beobachteten Personen dieses auf den Boden, in einer zugemüllten Umgebung immerhin 43 % (Cialdini, Reno, & Kallgren, 1990). Hotelgäste, die eine Botschaft mit der injunktiven Norm „Bitte verwenden Sie Ihr Handtuch wieder" erhielten, folgten dieser Bitte in ca. 35 % der Fälle (notiert durch das Reinigungspersonal der beteiligten Hotels). Hotelgäste, die die gleiche Bitte erhielten gepaart mit der deskriptiven Norm, dass 75 % der anderen Hotelgäste dies täten, folgten in 45 % der Fälle der Aufforderung (Goldstein, Cialdini, & Griskevicius, 2008).

Das letzte Beispiel exemplifiziert, dass es hier u. U. auch darum geht, sich einer Mehrheit anzuschließen. Menschen neigen dazu, dem zu folgen, was die Mehrheit sagt und tut (Asch, 1955; für Ausnahmen siehe Imhoff & Erb, 2009), weil sie Korrektheit impliziert (Mackie, 1987) und weil sie soziale Unterstützung verspricht (Festinger, Riecken, & Schachter, 1956). Zu dem Grade, in dem die diskursive Repräsentation also vermittelt, dass eine große Mehrheit der Deutschen sich solidarisch und einladend den Geflüchteten gegenüber zeigen (was im Herbst 2015 stellenweise der Fall war), umso wahrscheinlicher sollte es nach diesen Überlegungen sein, dass daraus eine Aufwärtsspirale entsteht. Und tatsächlich berichtet der ARD Deutschlandtrend im September 2015, dass 95 % der Befragten es gut finden, dass „Privatleute sich vor Ort für Flüchtlinge engagieren".

Nun kann es aber sein, dass Menschen es prinzipiell für richtig halten, Solidarität mit Geflüchteten zu üben, selbst aber davor zurückschrecken, weil sie ungewiss sind, wie sehr sie dazu in der Lage wären, das auch effektiv tun zu können. In Anlehnung an Erwartungs-x-Wert Theorien bemisst sich hier die Wahrscheinlichkeit, sich an einem solchen Engagement zu beteiligen, auch an der subjektiven Erwartung, inwiefern man mit dem eigenen Verhalten ein bestimmtes Ziel überhaupt erreichen kann (Klandermans, 1984). Diese Erwartung wird – wenn sie sich auf Gruppen bezieht – in der Psychologie als kollektive Wirksamkeitserwartung bezeichnet. Angela Merkels im Spätsommer geäußertes „Wir schaffen das!" ist vielleicht direktester Ausdruck solch einer kollektiven Selbstwirksamkeitsüberzeugung. Die täglichen positiven Beispiele von Menschen, denen es gelingt, das Ankommen für Geflüchtete zu erleichtern und ein Lächeln auf viele Gesichter zu zaubern sind hier gleichzeitig nicht minder beeindruckende Beispiele dafür, dass diese Aufgabe der Aufnahme der Geflüchteten gelingen kann.

2. Jetzt erst Recht? – Solidarität mit Geflüchteten als Reaktion auf Xenophobie

Ein ganz anderer Zugang findet sich in der Literatur zu gruppenbasierten Emotionen und speziell zu gruppenbasierter Schuld. Menschen identifizieren sich mit für sie relevanten sozialen Gruppen (z. B. ihrer Nation, ihrem Geschlecht) und erleben damit auch eine Reihe von Emotionen und Gefühlen, die nicht mit ihren eigenen unmittelbaren Handlungen zu tun haben, sondern gewissermaßen stellvertretend für die Gruppe sind. Das vielleicht trivialste Beispiel hierfür ist die Tatsache, dass sich zu Zeiten von Fußballweltmeisterschaften sehr viele Menschen über den Gewinn eines Spiels (oder gar Turniers) freuen und stolz darauf sind, obwohl sie nicht selbst mitgespielt haben. So selbstverständlich wie es uns scheint, dass solche – positiven – Emotionen erlebt werden als Reaktion auf etwas, das unserer Gruppe widerfahren ist, so skeptisch stehen viele erst einmal der Annahme gegenüber, dass sich selbiges Phänomen auch für negative, selbstkritische Emotionen abbilden lässt. Dies lässt sich beispielsweise im Kontext des Umgangs mit dem Zweiten Weltkrieg zeigen: So lehnen es zahlreiche junge Menschen ab, sich für etwas schuldig zu fühlen, dass sie gar nicht begangen haben (Imhoff, 2010a; Leach, Zeinnedine, & Čehajić, 2012). Dennoch ist es so, dass es durchaus Personen und Situationen gibt, in denen Menschen stellvertretend für ihre Gruppe Schuld, Scham oder auch Bedauern empfinden und ausdrücken.

Trotz der geringen Prävalenz solcher Gefühle (Leach et al., 2012) sind sie – so die Annahme zahlreicher Autoren/-innen – besonders hilfreich darin, die Beziehungen zwischen Gruppen zu verbessern. Schuld signalisiert, dass die Beziehung zwischen Gruppen (z. B. Deutschen und Geflüchteten) beschädigt ist und verbessert werden muss (Branscombe, Doosje, & McGarty, 2003), was zu prosozialen Konsequenzen sowie zu reduzierten Vorurteilen (Branscombe, Schmitt, & Schiffhauer, 2007) und mehr Vergebung zwischen den Gruppen führen kann (Hewstone et al., 2004). Insbesondere können diese Schuldgefühle dazu motivieren, von der eigenen Gruppe begangenes Unrecht wiedergutzumachen (Imhoff, Wohl, & Erb, 2013; Montada & Schneider, 1989; Swim & Miller, 1999) und spielen so eine zentrale Rolle in der Reduktion von Intergruppenkonflikten (Maitner, Mackie, & Smith, 2007). Tatsächlich stimmten 83 % der von ARD Deutschlandtrend Befragten im März 2015 der Aussage „Ich schäme mich für die gewalttätigen Proteste gegen Flüchtlinge“ zu[1]. Negative, abschreckende Beispiele führen zudem nicht nur zu selbstkritischen Emotionen gegenüber der eigenen Gruppe, sondern potentiell zu Entrüstung und Wut auf die Täter – wiederum Emotionen, die stark assoziiert sind mit der Intention zu handeln, den Auslöser der Ungerechtigkeit zu konfrontieren und die Situation zu ändern (Iyer, Schmader, & Lickel, 2007; siehe jedoch Stürmer & Simon, 2009).

1 Obwohl es theoretisch diffizile Unterscheidungen zwischen Schuld und Scham gibt, die Schuld als eher prosozial und Scham als eher vermeidende Emotion charakterisieren (Tangney, 1995), ist es empirisch so, dass die beiden hoch korreliert sind, ähnliche Effekte zeigen (Imhoff, Bilewicz, & Erb, 2012) und auch für – zumindest bestimmte Formen der – Scham positive Effekte gezeigt wurden (Gausel, Leach, Vignoles, & Brown, 2012; Rees, Allpress, & Brown, 2013)

Gerade die heiße, emotionale Qualität dieser Reaktionen auf negative Beispiele mag suggerieren, dass der Verweis auf den beklagenswerten rassistischen Normalzustand in weiten Teilen des Landes besonders geeignet ist, um Menschen wachzurütteln und für die Bekämpfung dieser Zustände und die Integration von Geflüchteten zu begeistern. Es gibt jedoch auch einige potentielle Fallstricke: Am Beispiel des so genannten sekundären Antisemitismus haben zahlreiche Autor/-innen darauf verwiesen, dass die nicht eingestandene (gruppenbasierte) Schuld aggressiv gewendet und abgewehrt wird. So werden in der Idee des sekundären Antisemitismus Juden und Jüdinnen als „Zeuge und Vorwurf zugleich" (Broder, 1986) paradoxerweise deswegen verachtet, weil sie durch ihre bloße Existenz die Erinnerung an die Gräueltaten der eigenen Nation wachhalten. Der israelische Psychoanalytiker Zvi Rex hat dies mit seinem berühmten Bonmot „Die Deutschen werden den Juden Auschwitz nie verzeihen" zum Ausdruck gebracht. Ähnliches lässt sich – übertragen auf Opfer rassistischer Gewalt – am Beispiel der Solinger Familie Genç nachzeichnen.

Am 29. Mai 1993 hatten Rechtsextreme einen Brandschlag auf das von der Familie Genç bewohnte Haus in Solingen verübt; fünf Menschen starben und 15 erlitten schwere Verletzungen. Obwohl die Familie deutlich Opfer des von Neonazis verübten Anschlags war, genießt die Familie bis heute kein gutes Image in der Stadt und es herrscht weit verbreitetes Misstrauen bis hin zu der Unterstellung, die Familie hätte sich an den Entschädigungszahlungen unrechtmäßig bereichert und die konstante Erinnerung an den Brandanschlag würde das gute Image der Stadt schädigen (Franz, 2013). Diese Reaktionen weisen frappierende strukturelle Ähnlichkeiten auf zum antisemitischen Bild einer sich an Reparationszahlungen bereichernden Holocaustindustrie und den nie verzeihen könnenden Opfern, die doch endlich einmal aufhören sollten, sich zu beschweren (Bergmann, 2006; Imhoff, 2010b).

Was hier ebenso deutlich wird, ist die Tatsache, dass es im Sinne theoretischer Sparsamkeit den psychodynamischen Ballast der Konstruktion einer latent vorhandenen aber verdrängten und dann aggressiv projizierten Schuld nicht braucht. Die so genannte Schuldabwehr muss sich plausiblerweise gar nicht gegen die eigene latent empfundene aber dynamisch verdrängte Schuld richten, sondern kann auch gegen den empfundenen Schuldvorwurf[2] gerichtet sein. In diesem Sinne

2 Hierzu Adorno (1975; S. 150): „Der Gedanke von der verdrängten Schuld darf nicht zu eng im psychoanalytischen Sinn genommen werden: nur soweit das Bewußtsein des begangenen Unrechts als eines Unrechts wach ist, werden die Abwehrmechanismen ins Spiel gebracht. Von all den Versuchsteilnehmern, die sich in Abwehr befinden, ist kaum einer so geartet, daß er etwa vertreten würde: es ist in Ordnung, daß sie umgebracht worden sind. Sondern es handelt sich meist um den Versuch, die eigene überwertige

stellt der Hinweis auf schändliche Taten der eigenen Gruppe eine Bedrohung des positiven Bildes eben dieser Gruppe (der Deutschen, der Solinger/-innen) dar, den man als ungerecht oder eben bedrohlich empfindet. Reduziert werden kann diese Bedrohung, indem die vermeintliche Quelle des Vorwurfs (die Juden/Jüdinnen, die Familie Genç) abgewertet wird oder darauf verwiesen wird, dass die Taten so weit in der Vergangenheit liegen, dass sie nicht länger relevant sind und es Zeit für einen Schlussstrich sei (Adorno, 1975; Franz, 2013). Unter welchen Bedingungen das Hervorrufen von Schuldgefühlen positive oder abwehrende Reaktionen provoziert, ist bislang nicht geklärt, eine Rolle spielt aber die Wichtigkeit, die Rezipient/ -innen einem positiven Bild der eigenen Gruppe beimessen. Zusammenfassend lässt sich also sagen, dass positive Beispiele der Solidarität durchaus geeignet sein können, das eigene Engagement zu ermuntern, während negative abschreckende Beispiele dies zwar auch vermögen, aber auch Gefahr laufen, Bumerang-Effekte im Sinne einer Schuldabwehr auszulösen.

3. Solidarität mit Geflüchteten – ein empirischer Versuch

Vor diesem Hintergrund haben wir im September 2015 empirisch getestet, welche Form der Thematisierung des Umgangs der Deutschen mit Geflüchteten geeigneter ist, sie zu Solidarität mit Geflüchteten zu ermuntern. Die Studie wurde unter dem Thema „Mediale Darstellung und Rezeption der aktuellen Flüchtlingsthematik und Einstellungen" in sozialen Netzwerken (Facebook, Twitter, Google) beworben. Nach einigen Fragen zur Darstellung der Flüchtlingsthematik in den Medien wurden die 363 Teilnehmer/-innen der Online-Studie zufällig einer von drei Bedingungen zugeteilt: In der Kontrollgruppe (n = 129) wurden sie ohne einleitende Information gebeten, eine Reihe von Fragebögen auszufüllen (s. unten). In der Bedingung „Positives Beispiel" (n = 126) sahen die Teilnehmer/-innen Informationen zur Facebook-Seite „So geht das", die über Beispiele der Solidarität mit Geflüchteten berichtet. Den Versuchspersonen wurde mitgeteilt, dass sie nun ein Video sehen würden, welches auf der Seite am meisten geteilt wurde und in dem es um engagierte Bürger in München ging, die Flüchtlinge willkommen hießen. In der Bedingung „Negatives Beispiel" (n = 107) wurde die Facebook-Seite „Bedauerliche Einzelfälle – Chronik deutscher Zustände" sowie ein Video der damals es-

Identifikation mit dem Kollektiv, zu dem man gehört, in Übereinstimmung zu bringen mit dem Wissen vom Frevel: man leugnet oder verkleinert ihn, um nicht jener Identifikation verlustig zu gehen, welche es Unzähligen psychologisch allein erlaubt, über das unerträgliche Gefühl der eigenen Ohnmacht hinwegzukommen."

kalierenden Situation in Heidenau dargeboten. Nach der zufälligen Zuteilung in die verschiedenen Bedingungen wurden die Teilnehmer/-innen gebeten, ihre momentan empfundenen Emotionen (z. B. Rührung, Scham) anzugeben, sowie die von ihnen präferierte soziale Distanz gegenüber Geflüchteten, ihre Einstellungen gegenüber nach Deutschland Geflüchteten (z. B. „Ich denke, dass die Deutschen nicht noch mehr Geld dafür ausgeben sollten, Asylbewerbern zu helfen."), und ihre Bereitschaft, Geflüchtete mit Spenden oder ehrenamtlichen Engagement zu unterstützen. Die letzten drei Skalen wurde zu einer Gesamtskala „Solidarität mit Geflüchteten" zusammengefasst ($\alpha = .96$). Abschließend wurden interindividuelle Unterschiede in der Identifikation mit Deutschland (Bindung und Glorifizierung nach Roccas, Klar, & Liviatan, 2006), rechtsgerichteter Autoritarismus (Funke, 2005), sowie ihr generalisierter Verschwörungsglauben (*conspiracy mentality*; Imhoff & Bruder, 2014) und demografische Variablen erfasst.

Die grundlegende Idee dabei war es, solidaritätssteigernde Effekte positiver Beispiele und solche negativer Beispiele gegeneinander (bzw. gegen die Kontrollgruppe) zu testen. Den obigen Ausführungen folgend gingen wir a priori davon aus, dass die positiven Beispiele über eine gesteigerte kollektive Selbstwirksamkeit und die Installation solidarischen Verhaltens als deskriptive Norm vermittelt zu mehr Solidarität führen sollten, während die negativen Beispiele widersprüchliche Effekte haben sollten: Auf der einen Seite sollte sich vermittelt über gruppenbasierte Gefühle der Schuld ein Bedürfnis einstellen, diese Situation wiedergutzumachen, welches gegebenenfalls zu verstärkter Solidarität führen könnte, auf der anderen Seite könnten aber oben beschriebene Mechanismen der Schuldabwehr zu weniger Solidarität und der Überzeugung führen, dass es „normal" ist, gegen und nicht in Solidarität mit Geflüchteten zu handeln (Abbildung 1 veranschaulicht das angenommene Modell).

Entgegen der Annahme zeigt sich weder für die Bedingung mit dem positiven Beispiel, noch für die mit dem negativen eine stärkere Ausprägung an berichteter Solidarität mit Geflüchteten. Es scheint also nicht gelungen zu sein, durch das positive Beispiel kollektive Selbstwirksamkeit zu steigern und die deskriptive Norm der Solidarität zu implementieren, welche sich dann wiederum positiv auf die Solidarität ausgewirkt haben könnte. Dies kann verschieden Gründe haben, ein plausibler ist sicherlich die mediale Omnipräsenz solcher Formen von Unterstützung zu dem Zeitpunkt der Datenerhebung. Die Unterstützung für Geflüchtete am Münchner Hauptbahnhof war insofern unter Umständen keine neue Information, sondern bereits bekannt und entsprechend auch in ihrer Wirkung für alle Gruppen schon vor der Studienteilnahme realisiert.

Abbildung 1. Angenommenes Modell der Wirkung positiver und negativer Beispiele als Prädiktoren der Solidarität mit Geflüchteten. Gestrichelt umrandete Variablen stellen latente, theoretisch angenommene aber nicht erfasste Konstrukte dar, durchgängig umrandete Variablen wurden experimentell manipuliert bzw. gemessen.

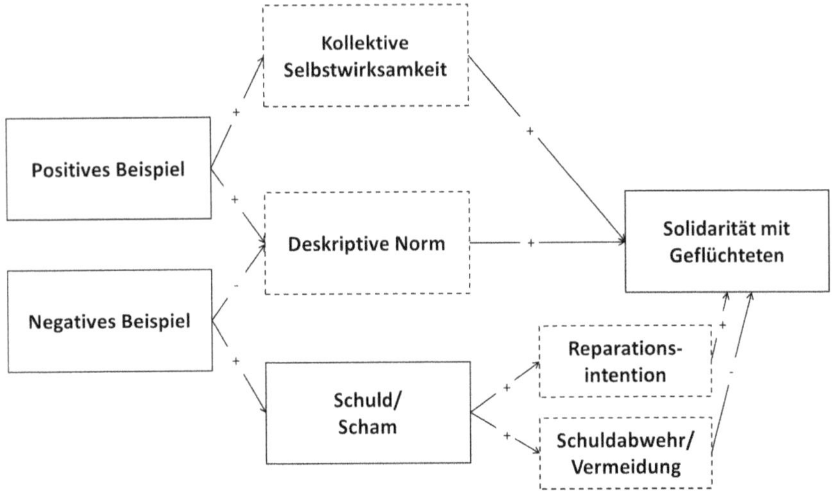

Etwas anders sieht es für den alternativen Pfad über Gefühle der Schuld aus. Hier zeigt sich, dass der Bericht über die fremdenfeindlichen Ausschreitungen in Heidenau zu einem signifikant größeren Ausmaß berichteter Schuldgefühle führte als das positive Beispiel oder die Kontrollgruppe, $t(359) = 2.63$, $p = .009$.

Gleichzeitig ist das Ausmaß berichteter Schuldgefühle positiv assoziiert mit der Bereitschaft, Solidarität mit Geflüchteten zu zeigen, $r(360) = .29$, $p < .001$. Es lässt sich also – zumindest statistisch – ein indirekter Effekt auch in Abwesenheit eines direkten Effekts nachweisen. Die Daten liefern also relativ schwache Evidenz für die positiven Auswirkungen negativer Beispiele, vermittelt über empfundene Schuld. Dies widerspricht den von uns angestellten Überlegungen, dass positive Beispiele effektiver sein sollten als negative in der Motivation zu solidarischem Engagement.

Abbildung 2. Mittelwertunterschiede zwischen den Bedingungen in Bezug auf das Ausmaß an erlebten Schuldgefühlen

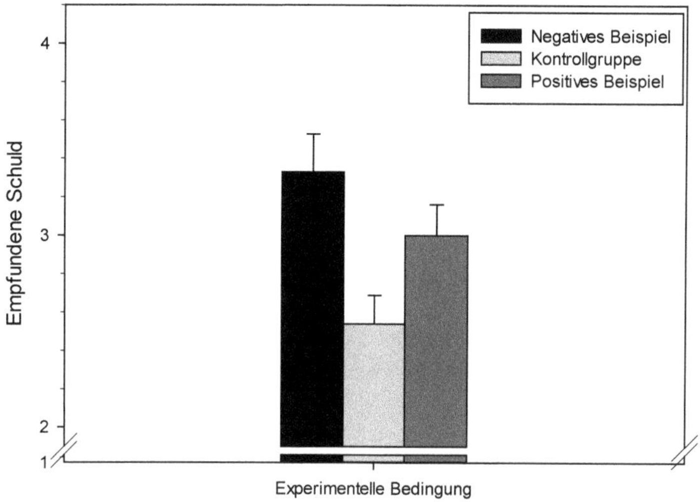

Tatsächlich weisen weitere explorative Analysen noch über dieses unerwartete Ergebnis hinaus auf potentielle Fallstricke bei der Kommunikation von positiven Beispielen solidarischen Engagements hin. Aus diesem Grund haben wir untersucht, welche Auswirkungen, rechtsgerichteter Autoritarismus (Beierlein, Asbrock, Kauff, & Schmidt, 2015) und Verschwörungsglauben (Imhoff & Bruder, 2014) zusätzlich zur experimentellen Bedingung für das Ausmaß an Solidarität haben. Der rechtsgerichtete Autoritarismus wird in der Psychologie als Persönlichkeitsvariable verstanden. Historisch kann er als Weiterentwicklung des ursprünglich von Adorno (1973) eingeführten Konzepts der autoritären Persönlichkeit verstanden werden. Menschen mit stark ausgeprägtem rechtsgerichteten Autoritarismus zeigen eine starke Bereitschaft, Autoritäten zu folgen, die sie als etabliert und legitimiert ansehen, sowie Normen und soziale Konventionen einzuhalten. Sie neigen auch stärker dazu, negativ und feindlich gegenüber denen eingestellt zu sein, die traditionelle Werte in Frage stellen (z. B. Vegetarier, Homosexuelle). In einer Regressionsanalyse, bei der das Ausmaß von Solidarität vorhergesagt wurde durch die (dummy-codierten) experimentellen Bedingungen, sowie das Ausmaß von rechtsgerichtetem Autoritarismus und Verschwörungsglauben, sowie deren Interaktionstermen, zeigt sich, dass – wie nicht anders zu erwarten – Personen mit stark ausgeprägtem rechtsgerichteten Autoritarismus weniger Solidarität mit Geflüchteten empfanden, $\beta = -.33$, $p < .001$. Dies entspricht dem fast schon trivialen Effekt, dass politisch rechtsgerichtete Individuen, denen Werte wie Unterordnung unter Autoritäten, Bestrafung von Abweichung und

Festhalten an Traditionen (Altemeyer, 1988) wichtig sind, weniger Sympathie für Flüchtlinge empfinden als Individuen, die diese Werte ablehnen. Informativer ist hier die signifikante Interaktion zwischen Autoritarismus und der Bedingung „Positives Beispiel", $\beta = -.18$, $p = .017$. Dies bedeutet, dass der negative Einfluss des Autoritarismus auf Solidarität nach Darstellung positiver Beispiele noch stärker ist, $r = -.58$, als in den anderen Bedingungen (negatives Beispiel: $r = -.46$; Kontrollgruppe: $r = -.38$).

Wie Abbildung 3 zeigt, führt das positive Beispiel bei Menschen mit hohen Werten in rechtsgerichtetem Autoritarismus zu noch weniger Solidarität als das negative Beispiel oder die Kontrollgruppe. Dies scheint daran zu liegen, dass insbesondere Personen mit starken Ausprägungen in Autoritarismus mit Reaktanz auf die Darstellung der Flüchtlingshelfer am Münchner Hauptbahnhof reagieren.[3]

Abbildung 3. Auswirkungen der Interaktion zwischen rechtsgerichteten Autoritarismus und experimenteller Bedingung auf das Ausmaß an Solidarität mit Geflüchteten

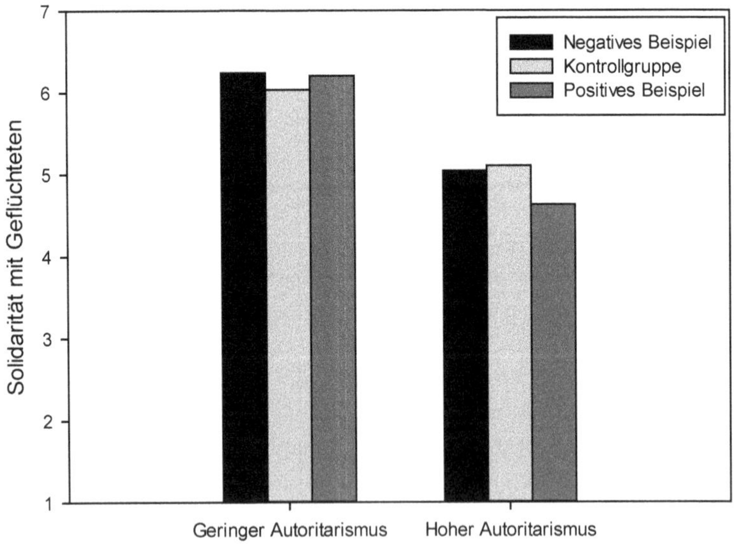

3 Auf dem Streudiagramm sieht es so aus, als könne der Effekt alleine auf drei Personen zurückgehen, die besonders hohe Ausprägungen in Autoritarismus haben und alle in der Bedingung „Positives Beispiel" sind. Kontrollanalysen ergeben allerdings, dass sich die drei Bedingungen nicht im mittleren Autoritarismus unterscheiden und dass die Interaktion auch dann noch (etwas schwächer) Bestand hat, wenn diese drei Fälle aus der Analyse ausgeklammert werden.

Reaktanz beschreibt die trotzige Reaktion auf das Gefühl eingeschränkter Freiheit. Wenn Menschen das Gefühl haben, in ihren Wahlmöglichkeiten eingeengt zu werden, verhalten sie sich entgegen der empfundenen Beeinflussung, um ihr Gefühl von Freiheit und Autonomie wiederherzustellen. Für den vorliegenden Fall sieht es also so aus, dass die Darstellung positiver Beispiele der Solidarität mit Geflüchteten, wenn überhaupt, einen Bumerang-Effekt hatte in dem Sinn, dass eher Rechtsgerichtete sich dadurch hingerissen fühlen, trotzig noch weniger Unterstützung für Geflüchtete zu befürworten. Unter Umständen weil sie sich eben solche Solidarität nicht von einer wahrgenommenen politischen Korrektheit vorschreiben lassen wollten.

Zusammenfassend lässt sich sagen, dass die Studie vor allem auf positive, schuldvermittelte Effekte negativer Beispiele verweist. Eine klare Limitation der Studie ist jedoch, dass vermutlich beide Arten von Beispielen ohnehin in den Medien sehr präsent waren. So steht zu vermuten, dass die Konfrontation mit solchen Beispielen durchaus positive Effekte hat, dass jedoch alle Teilnehmer/-innen der Studie eine solche auch außerhalb der Studie zu einem hohen Grade erfahren hatten, so dass die experimentell manipulierte nochmalige Darstellung keinen zusätzlichen Effekt mehr zeigen konnte.

4. Implikationen und Ausblick

Kriege und Krisen in der Welt (insbesondere in Syrien) haben die Anzahl an Menschen, die gezwungen sind, ihre Heimat zu verlassen, in den letzten Jahren stark ansteigen lassen. Mit den Fluchtbewegungen nach Europa stehen Gesellschaften auch vor der Frage, wie die Geflüchteten in die Gesellschaft integriert werden können. Soll Integration gelingen, ist es erforderlich, Voraussetzungen zur Teilhabe an gemeinschaftlichen Gütern und Aktivitäten zu schaffen und Vorurteile und Rassismus gegenüber den Geflüchteten abzubauen. Aus diesem Grund befasste sich dieser Artikel mit den Möglichkeiten, fördernde und hemmende Faktoren von solidarischem Verhalten als Grundlage für eine gelungene Integration genauer zu analysieren und empirisch zu testen. Die motivierende Wirkung positiver, solidarischer Beispiele, sowie abschreckender xenophober Beispiele stand en dabei im Mittelpunkt der Analyse.

Entgegen der dargelegten Erwartungen, dass positive Beispiele uneingeschränkt positive Effekte haben sollten und negative Beispiele sowohl motivierende als auch demotivierende, reaktante Reaktionen provozieren könnten, zeigte die aktuelle Studie vor allem positive Effekte negativer, potentiell gruppenbasierte Schuld induzierender Beispiele.

5. Literatur

Adorno, T. W. (1973). *Studien zum autoritären Charakter.* Frankfurt am Main: Suhrkamp.

Adorno, T. W. (1975). Schuld und Abwehr. In T. W. Adorno (Hrsg.), *Gesammelte Schriften, Band 9 Soziologische Schriften II.2* (S. 121–326). Frankfurt am Main: Suhrkamp.

Altemeyer, B. (1988). Enemies of freedom: Understanding right-wing authoritarianism. San Francisco, CA: Jossey-Bass.

Asch, S. E. (1955). On the use of metaphor in the description of persons. In H. Werner (Ed.), *On expressive language* (pp. 29–38). Worcester, MA: Clark University Press.

Beierlein, C., Asbrock, F., Kauff, M., & Schmidt, P. (2015). *Die Kurzskala Autoritarismus (KSA-3). Ein ökonomisches Messinstrument zur Erfassung dreier Subdimensionen autoritärer Einstellungen.* Mannheim: GESIS Papers.

Bergmann, W. (2006). "Nicht immer als Tätervolk dastehen" - Zum Phänomen des Schuldabwehr-Antisemitismus in Deutschland In D. Ansorge (Hrsg.), *Antisemitismus in Europa und in der arabischen Welt* (S. 81-106). Paderborn-Frankfurt: Bonifatius Verlag.

Branscombe, N. R., Doosje, B., & McGarty, C. (2003). Antecedents and consequences of collective guilt. In D. M. Mackie & E. R. Smith (Eds.), *From prejudice to intergroup emotions* (pp. 49–66). New York: Psychology Press.

Branscombe, N. R., Schmitt, M. T., & Schiffhauer, K. (2007). Racial attitudes in response to thoughts of White privilege. *European Journal of Social Psychology, 37*, 203–215.

Broder, H. M. (1986). *Der Ewige Antisemit. Über Sinn und Funktion eines beständigen Gefühls.* Frankfurt am Main: Fischer.

Bundeskriminalamt (2015). Kriminalität im Kontext von Zuwanderung. Bundeslagebild 2015. https://www.bka.de/SharedDocs/Downloads/DE/Publikationen/JahresberichteUndLagebilder/KriminalitaetImKontextVonZuwanderung/KriminalitaetImKontextVonZuwanderung_2015.html

Cialdini, R. B., Reno, R. R., & Kallgren, C. A. (1990). A focus theory of normative conduct: Recycling the concept of norms to reduce littering in public places. *Journal of Personality and Social Psychology, 58*, 1015–1026.

Festinger, L., Riecken, H. W., & Schachter, S. (1956). When prophecy fails: A social and psychological study of a modern group that predicted the destruction of the world. Minneapolis, MN: University of Minneapolis Press.

Franz, R. (2013, May 29). *Eine Stadt, in Erinnerung gespalten.* Abrufbar unter http://www1.wdr.de/themen/archiv/sp_solingen/brandanschlagsolingen108.html

Funke, F. (2005). The dimensionality of right-wing authoritarianism: Lessons from the dilemma between theory and measurement. *Political Psychology, 26*, 195–218.

Gausel, N., Leach, C. W., Vignoles, V. L., & Brown, R. (2012). Defend or repair? Explaining responses to in-group moral failure by disentangling feelings of shame, rejection, and inferiority. *Journal of Personality and Social Psychology, 102*, 941–960.

Goldstein, N. J., Cialdini, R. B., & Griskevicius, V. (2008). A Room with a Viewpoint: Using Social Norms to Motivate Environmental Conservation in Hotels. *Journal of Consumer Research, 35*, 472–482.

Greven, L. (2016, 2. März). Die realpolitisch gewendete Merkel. *Zeit Online*. Abrufbar unter http://www.zeit.de/politik/deutschland/2016-03/angela-merkel-fluechtlingspolitik-realpolitik

Hewstone, M., Cairns, E., Voci, A., McLernon, F., Niens, U., & Noor, M. (2004). Intergroup forgiveness and guilt in Northern Ireland. In N. R. Branscombe & B. Doosje (Eds.), *Collective guilt: International perspectives* (pp. 193–215). Cambridge: Cambridge University Press.

Imhoff, R. (2010a). *The dynamics of collective guilt three generations after Holocaust: Young Germans' emotional experiences in response to the Nazi past*. Hamburg: Kovac.

Imhoff, R. (2010b). Zwei Formen des modernen Antisemitismus? Eine Skala zur Messung primären und sekundären Antisemitismus. *conflict & communication online, 9*,1.

Imhoff, R., Bilewicz, M., & Erb, H. (2012). Collective regret versus collective guilt: Different emotional reactions to historical atrocities. *European Journal of Social Psychology, 42*, 729–742.

Imhoff, R., & Bruder, M. (2014). Speaking (un-)truth to power: Conspiracy mentality as a generalised political attitude. *European Journal of Personality, 28*, 25–43.

Imhoff, R., & Erb, H.-P. (2009). What motivates nonconformity? Uniqueness seeking blocks majority influence. *Personality and Social Psychology Bulletin, 35*, 309–320.

Imhoff, R., Wohl, M. J. A., & Erb, H. (2013). When the past is far from dead: How ongoing consequences of genocides committed by the ingroup impact collective guilt. *Journal of Social Issues, 69*, 74–91.

Iyer, A., Schmader, T., & Lickel, B. (2007). Why individuals protest the perceived transgressions of their country: The role of anger, shame, and guilt. *Personality and Social Psychology Bulletin, 33*, 572–587.

Klandermans, B. (1984). Mobilization and participation: Social-psychological expansisons of resource mobilization theory. *American Sociological Review*, 583–600.

Leach, C., Zeinnedine, F., & Cehajic, S. (2012). Moral immemorial: The rarity of self criticism for previous generations' genocide. *Journal of Social Issues, 69*, 34–53.

Mackie, D. M. (1987). Systematic and nonsystematic processing of majority and minority persuasive communications. *Journal of Personality and Social Psychology, 53*, 41–52.

Maitner, A. T., Mackie, D. M., & Smith, E. R. (2007). Antecedents and consequences of satisfaction and guilt following ingroup aggression. *Group Processes & Intergroup Relations, 10*, 223–237.

Montada, L., & Schneider, A. (1989). Justice and emotional reactions to the disadvantaged. *Social Justice Research, 3,* 313–344.

Rees, J. H., Allpress, J. A., & Brown, R. (2013). Nie wieder: Group-based emotions for ingroup wrongdoing affect attitudes toward unrelated minorities. *Political Psychology, 34*, 387–407.

Roccas, S., Klar, Y., & Liviatan, I. (2006). The paradox of group-based guilt: modes of national identification, conflict vehemence, and reactions to the in-group's moral violations. *Journal of Personality and Social Psychology, 91*, 698–711.

Stürmer, S., & Simon, B. (2009). Pathways to collective protest: Calculation, identification or emotion? A critical analysis of the role of anger in social movement participation. *Journal of Social Issues, 65*, 681–705.

Swim, J. K., & Miller, D. L. (1999). White guilt: Its antecedents and consequences for attitudes toward affirmative action. *Personality and Social Psychology Bulletin, 25,* 500–514.

Tangney, J. P. (1995). Shame and guilt in interpersonal relationships. In J. P. Tangney & K. W. Fischer (Eds.), *Self-conscious emotions: The psychology of shame, guilt, embarrassment, and pride* (pp. 114–139). New York: Guilford Press.

Verfassungsschutz Nordrhein-Westfalen (2016). Verfassungsschutzbericht des Landes Nordrhein-Westfalen über das Jahr 2015. Abrufbar unter www.mik.nrw.de/nc/publikationen/produktauswahl.html?eID=pub&f=398&s=48467c

Verfassungsschutz Nordrhein-Westfalen (2016). Verfassungsschutzbericht des Landes Nordrhein-Westfalen über das Jahr 2015. Abrufbar unter www.mik.nrw.de/nc/publikationen/produktauswahl.html?eID=pub&f=398&s=48467c

Mandi Larsen, Regina Arant, Britta Grossert und Klaus Boehnke

Willkommenskultur, Werthaltungen und gesellschaftliche Teilhabe

Was stärkt was in der ‚Flüchtlingskrise'?[1]

Zusammenfassung: *Einstellungen gegenüber Migrant*innen werden von Werthaltungen beeinflusst. Universalistische und humanistische Werte wie etwa Toleranz oder Hilfsbereitschaft (so genannte Selbstüberwindungswerte) stehen typischerweise mit positiven Einstellungen zu Zuwanderer*innen in Verbindung. Bewahrungswerte wie Tradition und Ordnung stehen hingegen mit negativen Einstellungen in Beziehung. Aber was für eine Rolle spielen aktuelle gesellschaftliche Bedingungen für diesen Zusammenhang? Genau diese Frage steht im Mittelpunkt einer telefonischen Befragung von 2.605 Personen in Bremen: Zentrales Anliegen der Studie war die Messung von sozialem Zusammenhalt in Nachbarschaften in der Hansestadt. Die Befragungsergebnisse bestätigen die erwarteten Zusammenhänge zwischen Werten und Einstellungen zu Geflüchteten. Zudem beeinflusst eine Nachbarschaftskultur gesellschaftlicher Teilhabe den Zusammenhang zwischen Selbstüberwindungswerten und der Ansicht, dass die Stadt eine Verantwortung hat, Geflüchteten zu helfen. Dieser Befund unterstreicht die unterschiedliche Bedeutung, die gesellschaftliche Teilhabe im kommunalen Nahbereich für den Ausbau einer Willkommenskultur in Deutschland haben kann.*

Im Jahr 2015 wurden fast 500.000 Anträge auf Asyl in Deutschland gestellt, so viele wie nie zuvor (BMI, 2016). Allein das Land Bremen hat 2015 ungefähr 10.000 Geflüchtete aufgenommen (Bremische Bürgerschaft, 2016). Dieser starke Zustrom hat eine tiefgreifende Debatte darüber ausgelöst, wie Geflüchtete in die deutsche Gesellschaft integriert werden können. Negative Einstellungen zu Migrant*innen sind ein schon seit längerem aktuelles Thema: Migrant*innen werden vielfach als Bedrohung erlebt (Raijman, Semyonov, & Schmidt, 2003; Schlüter, Schmidt, & Wagner, 2008). Im Kontext der ‚Flüchtlingskrise' ist es nun wichtiger denn je, die Aufmerksamkeit auf Faktoren zu lenken, die die Akzeptanz von Geflüchteten beeinflussen, um die aktuelle Situation besser zu verstehen und zu einer Weiterentwicklung der Integrationsdebatte beizutragen.

---

1 Die diesem Beitrag zugrundeliegende Studie wurde im Auftrag der Bertelsmann Stiftung mit Unterstützung der AG Wohnen, einer Vereinigung bremischer Wohnungsunternehmen, durchgeführt.

Ein wichtiger Baustein hierfür ist die Verbindung zwischen Werthaltungen und Einstellungen. Nach der Wertetheorie von Schwartz (1992) unterscheiden sich Werthaltungen von Einstellungen in ihrer Generalisierbarkeit. Während Einstellungen situationsbezogen sind, bleiben Werte über verschiedene Situationen und die Zeit hinweg relativ stabil. Werte bzw. Wertepräferenzen von Menschen geben Auskunft darüber, welche Lebensziele das Handeln eines Menschen motivieren. In der aktuellen Version seiner Wertetheorie unterscheidet Schwartz (Schwartz et al., 2012) 19 Werte, die in einer kreisförmigen Beziehung zueinander stehen (vgl. Abbildung 1).

Auf einer höheren Abstraktionsebene lassen sich Wertorientierungen unterscheiden, die auf die ‚Bewahrung des Bestehenden' ausgerichtet sind, Wertorientierungen der ‚Offenheit für Neues', Wertorientierungen der ‚Selbststärkung' und Wertorientierungen der ‚Selbstüberwindung' (vgl. Schwartz & Boehnke, 2004).

Abbildung 1. Wertekreis nach Schwartz et al. (2012)

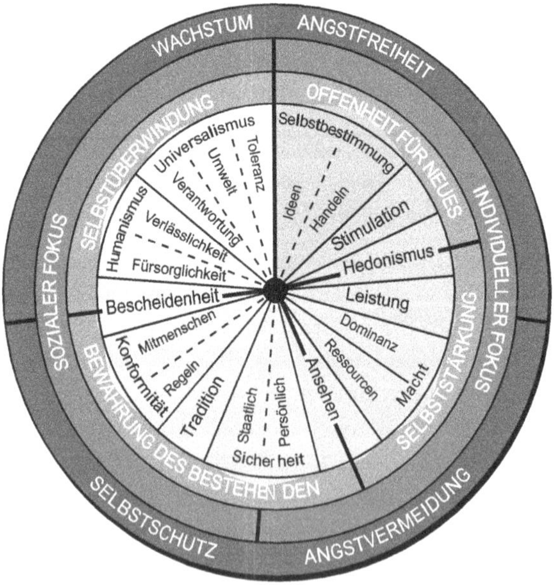

Nach Sagiv und Schwartz (1995) werden Einstellungen zu einer Fremdgruppe (d. h. zu einer Gruppe, zu der man selbst nicht gehört) davon beeinflusst, inwieweit die Anwesenheit von Mitgliedern dieser Fremdgruppe den in Werthaltungen zum Ausdruck kommenden Lebenszielen eines Menschen förderlich oder hinderlich ist. Eine Reihe von Studien hat gezeigt, dass besonders das Streben nach *Selbstüberwindung* und nach der *Bewahrung des Bestehenden* Einstellungen gegenüber Einwanderer*innen beeinflussen (z. B. Davidov, Meulemann, Schwartz, & Schmidt, 2014; Sagiv & Schwartz, 1995). Selbstüberwindungswerte fokussieren auf das Wohl generalisierter Anderer (Werthaltungen des ‚Universalismus') und auf das Wohl des eigenen sozialen Nahbereichs (‚Humanismus'). Zentrale einzelne Werte sind Toleranz und Hilfsbereitschaft. Menschen, für die diese Werthaltungen besonders wichtig sind, haben häufig auch eine positive Einstellung gegenüber Einwanderer*innen. Migration führt nun allerdings auch zum Wandel gesellschaftlicher Normen und Traditionen, was mit dem Streben nach der Bewahrung des Bestehenden nur schlecht vereinbar ist. Entsprechend haben Menschen, für die Werthaltungen der Konformität, Tradition und Sicherheit besonders wichtig sind, häufig negative Einstellungen gegenüber Einwanderer*innen.

Befunde zur Bedeutung von Werthaltungen der *Offenheit gegenüber Neuem* und der *Selbststärkung* sind weniger eindeutig. Obwohl man Einwanderung als eine Gelegenheit verstehen kann, neue Lebensarten zu entdecken (Wertehaltungen der ‚Selbstbestimmung' und ‚Stimulation') (Sagiv & Schwartz, 1995), können Fremdgruppen gleichzeitig als eine Gefahr für den Wunsch nach Neuem wahrgenommen werden (Duriez, Luyten, Snauwaert, & Hutsebaut, 2002). Außerdem können Menschen, die viel Wert auf Macht und Leistung legen (wie bei Selbststärkung), Einwanderer sowohl als Konkurrenten als auch als Möglichkeit sehen, Vermögen und Macht zu steigern.

In diesem Beitrag konzentrieren wir uns deshalb auf Selbstüberwindungs- und Bewahrungswerte und fragen, ob sich das bereits gefundene Muster (Selbstüberwindung als Grundlage positiver, Bewahrung als Grundlage negativer Einstellungen gegenüber Einwanderer*innen) auch auf die Akzeptanz von Geflüchteten übertragen lässt. Wir gehen dabei allerdings davon aus, dass sich die Beziehung zwischen Werthaltungen und Einstellungen gegenüber Geflüchteten nicht allein auf der Basis individualpsychologischer Überlegungen verstehen lässt: die gesellschaftliche Situation, in der Einstellungen zu Geflüchteten erfragt werden, ist mit einzubeziehen (Davidov et al., 2014). Anders ausgedrückt: Gibt es Bedingungen, unter denen Werthaltungen eine stärkere oder schwächere Wirkung auf die Akzeptanz von Fremdgruppen in einer Gesellschaft haben? Wir gehen hier der Frage nach, inwieweit das Ausmaß von sozialem Zusammenhalt im Nahbereich eine bedeutsame Rolle spielt. Gleichzeitig untersuchen wir, ob in einem Gemeinwesen mit hohem Zusammenhalt auch die Verbindung zwischen Werthaltungen und Einstellungen höher sein wird, weil der unmittelbare Lebenskontext Menschen besser in die Lage versetzt, ihre Lebensziele — die sich in ihren Werthaltungen kristallisieren — zu verfolgen als Lebenskontexte, die von geringem sozialem Zusammenhalt geprägt sind.

Eine kohäsive Gesellschaft zeichnet sich durch belastbare soziale Beziehungen, positive emotionale Verbundenheit mit dem Gemeinwesen und eine ausgeprägte Gemeinwohlorientierung aus (Schiefer & van der Noll, 2017). Zusammenhalt ist dabei ein Merkmal des Gemeinwesens (und nicht einzelner Bürger*innen) und bezieht sich auf drei Kernbereiche mit jeweils drei untergeordneten Dimensionen. Abbildung 2 verdeutlicht die Struktur.

Abbildung 2. Die drei Kernbereiche gesellschaftlichen Zusammenhalts mit ihren jeweiligen Dimensionen (Quelle: Bertelsmann Stiftung, 2013).

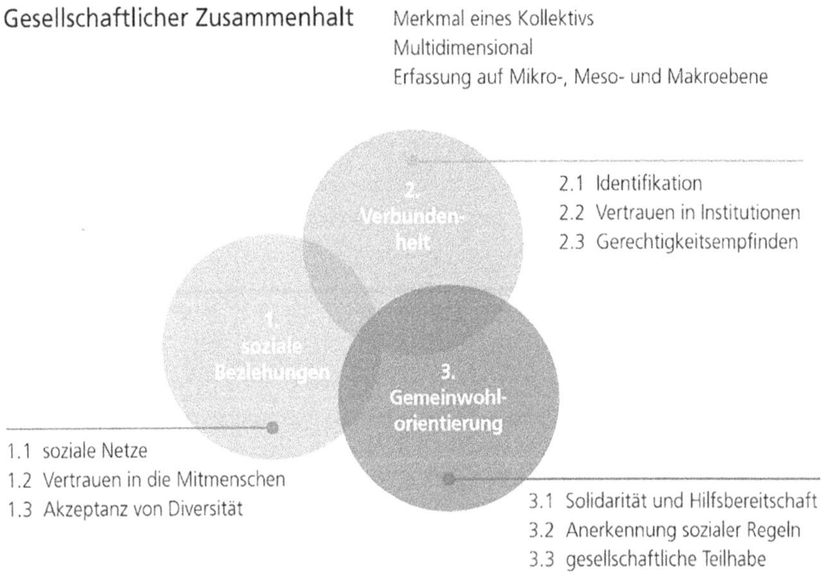

Während verschiedene Studien bereits die Verbindung zwischen Werthaltungen und sozialem Zusammenhalt wie auch zwischen Werthaltungen und der Akzeptanz von Fremdgruppen untersucht haben (Dragolov et al., 2016; Koopmans & Schaeffer, 2016; Münch, 2013), ist uns bisher keine Studie bekannt, die alle drei Aspekte in Beziehung setzt und gemeinsam untersucht. Dragolov et al. (2016) belegten anhand von Daten aus dem European Social Survey eine systematische Verknüpfung von Werthaltungen und gesellschaftlichem Zusammenhalt: Menschen in Ländern mit niedrigem Zusammenhalt haben eine stärkere Präferenz für die Bewahrung des Bestehenden als Menschen in Ländern mit hohem Zusammenhalt. Dagegen haben Menschen in

Ländern mit hohem Zusammenhalt eine stärkere Präferenz für Selbstüberwindungswerte. Zusammen mit dem beschriebenen Befund zur Akzeptanz von Einwanderer*innen unterstreicht dieses Ergebnis die Beziehung zwischen sozialer Kohäsion und den Werthaltungen der Mitglieder eines Gemeinwesens und deren Relevanz für Einstellungen. Allerdings bleibt bisher ungeklärt, ob gesellschaftlicher Zusammenhalt die Beziehung zwischen Werten und Einstellungen gegenüber Geflüchteten beeinflusst, insbesondere in kleinräumigen Gemeinwesen, wie zum Beispiel in den einzelnen Nachbarschaften einer Stadt. Zentrales Anliegen dieses Beitrags ist es deshalb, zu untersuchen, inwieweit der Einfluss von Werthaltungen auf die Akzeptanz von Geflüchteten durch die Stärke des gesellschaftlichen Zusammenhalts beeinflusst wird: Unsere These ist, dass die Werthaltungen von Menschen ihre Einstellungen zu Geflüchteten immer dort in besonderem Maße bestimmen, wo der soziale Zusammenhalt vor Ort hoch ist.

1. Die Studie

Im Rahmen einer groß angelegten Studie zum gesellschaftlichen Zusammenhalt in Bremen wurden 2.605 Bürger*innen aus 78 Ortsteilen, die die kleinste Verwaltungseinheit darstellen, repräsentativ befragt. Diese Ortsteile lassen sich zu 20 Stadtteilen zusammenfassen, die die Basis für die vorliegende Analyse bilden[2]. Neben der Messung von sozialem Zusammenhalt[3] anhand des oben beschriebenen Konzepts von Dragolov et al. (2016) wurden Werthaltungen und die Akzeptanz von Geflüchteten erfragt. Die Akzeptanz von Geflüchteten wurde anhand von vier Fragen erhoben (siehe Tabelle 1). Werthaltungen wurden mit insgesamt zehn Fragen gemessen (siehe Tabelle 2). Statistische Analysen stellen die Zusammenhänge zwischen den Wertorientierungen und der Akzeptanz von Geflüchteten dar.[4]

---

2 Insgesamt hat Bremen 88 Ortsteile, die zu 23 Stadtteilen zusammengefasst werden. Die 10 Ortsteile, die weniger als 1000 Einwohner*innen haben, sind allerdings nicht in die Studie einbezogen. Dadurch reduziert sich die Anzahl der einbezogenen Stadtteile auf 20.

3 Für nähere Details zur Befragung und Studie vgl. Arant, Larsen und Boehnke (2016a).

4 Diese Zusammenhänge können zwischen -1,0 und +1,0 variieren. Ein positiver Zusammenhang bedeutet, dass ein größeres Bedürfnis nach einer Werthaltung mit *höherer* Akzeptanz von Geflüchteten einhergeht. Umgekehrt bedeutet ein negativer Zusammenhang, dass ein größeres Bedürfnis nach einer Werthaltung mit *niedrigerer* Akzeptanz einhergeht. Je näher ein gefundener Zusammenhang an den Maximalwert 1 heranreicht, desto stärker ist er.

Tabelle 1 Fragen (Items) zur Akzeptanz von Geflüchteten

Itemformulierung	**Antwortstufen**
Ich bin damit einverstanden, wenn Flüchtlinge hier im Ortsteil untergebracht werden.	1 – Stimmt gar nicht; bis 5 – Stimmt völlig
Bremen hat eine Verantwortung, Flüchtlingen zu helfen.	1 – Stimmt gar nicht; bis 5 – Stimmt völlig
Bieten Sie selbst Hilfe für Flüchtlinge an?	1 – Nein 2 – Noch nicht 3 – Ja
Wie beurteilen Sie die Flüchtlings-Situation in Bremen?	1 – Die Stadt tut zu viel 2 – Die Stadt tut genug 3 – Die Stadt tut zu wenig

Tabelle 2 Fragen (Items) zu Werthaltungen

Werthaltung	**Itemformulierung**	**Antwortstufen**
	Ich beschreibe Ihnen nun einige fiktive Personen und möchte Sie bitten, mir anhand dieser Liste anzugeben, ob die jeweilige Person Ihnen vollkommen ähnlich, sehr ähnlich, etwas ähnlich, kaum ähnlich oder gar nicht ähnlich ist…	
Selbstüberwindung	Sich um die Natur und um die Umwelt zu kümmern ist ihr (ihm) wichtig.	1 – Gar nicht ähnlich; bis 6 – Vollkommen ähnlich
	Es ist ihr (ihm) wichtig, etwas Gutes für die Gesellschaft zu tun.	
Bewahrung des Bestehenden	Sie (Er) will immer das Richtige tun und es vermeiden, bei anderen anzuecken.	
	Sie (Er) achtet Traditionen, die sie (er) von ihrer (seiner) Familie oder Kirche gelernt hat.	
	Sie (Er) meidet alles, was gefährlich ist und bevorzugt eine sichere Umgebung.	
Selbststärkung	Sie (Er) möchte wohlhabend sein, viel Geld besitzen und sich teure Dinge leisten.	
	Sie (Er) möchte erfolgreich sein und dass andere Menschen ihre (seine) Leistungen anerkennen.	
Offenheit für Neues	Es ist ihr (ihm) wichtig, neue Ideen zu entwickeln, kreativ zu sein und Dinge auf ihre (seine) eigene Weise zu tun.	
	Es ist ihr (ihm) wichtig, eine schöne Zeit zu verbringen und sich zu amüsieren.	
	Sie (Er) liebt das Risiko und das Abenteuer und möchte ein aufregendes Leben führen.	

Quelle: World Values Survey (2015).

In Abbildung 3 sind die Zusammenhänge zwischen den Wertorientierungen und den vier Items zur Akzeptanz von Geflüchteten für Bremen insgesamt dargestellt. Die Analyse bestätigt eingangs beschriebene frühere Studien, denn die Präferenz von Selbstüberwindungswerten geht durchgehend mit einer höheren Akzeptanz von Geflüchteten einher, während die Präferenz von Bewahrungswerten eher mit weniger Akzeptanz von Geflüchteten zusammenhängt. Wie vermutet haben die anderen beiden Wertorientierungen Offenheit für Neues und Selbststärkung (vgl. Abbildung 1) tatsächlich wenig mit der Akzeptanz von Geflüchteten zu tun. Eine Analyse der Zusammenhänge für die 20 Stadtteile (ohne Abbildung) für jedes der vier Items unterstreicht das gefundene Muster.

Abbildung 3. Zusammenhänge von Werthaltungen und Items zur Akzeptanz von Geflüchteten für die Stadt Bremen.

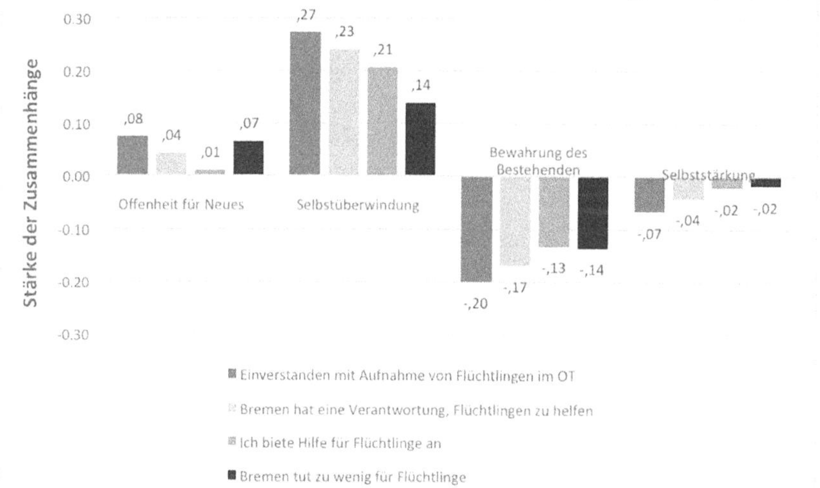

Im Sinne unserer Annahme, dass die Akzeptanz von Geflüchteten in Deutschland nicht nur je individuell von den Werthaltungen eines Menschen abhängt, sondern auch von dessen unmittelbarem gesellschaftlichen Umfeld und dort vom kleinräumigen sozialen Zusammenhalt, haben wir geprüft, ob sich die Beziehung zwischen Werthaltungen und Einstellungen zu Geflüchteten zwischen Stadtteilen mit einem unterschiedlichen Ausmaß an sozialem Zusammenhalt unterscheidet. Die Höhe des gesellschaftlichen Zusammenhalts für jeden Stadtteil wird über eine Maßzahl erfasst, der eine umfassende statistische

Analyse mit über 40 Fragen zugrunde liegt. Sie kann zwischen 1 ‚sehr niedrig' und 5 ‚sehr hoch' variieren.[5] Dieser Gesamtindex wurde in eine sogenannte Mehrebenenanalyse einbezogen, die erlaubt, Zusammenhänge zwischen Antwortmustern auf Individualebene (hier Werthaltungen und Einstellungen der Befragten gegenüber Geflüchteten) mit Variablen in Beziehung zu setzen, die auf Aggregatebene (hier der soziale Zusammenhalt auf Stadtteilebene) bestimmt wurden.[6]

Entgegen unserer Hypothese spielt die Höhe des *Gesamtindex* von gesellschaftlichem Zusammenhalt in den unterschiedlichen Bremer Stadtteilen jedoch keine Rolle für die Erklärung des Zusammenhangs zwischen Werthaltungen und der Akzeptanz von Geflüchteten. Allerdings fanden wir durch explorative Analysen mit den einzelnen neun Dimensionen von sozialem Zusammenhalt (siehe Abbildung 2), dass das Ausmaß gesellschaftlicher Teilhabe (Dimension 3.3)[7] eine positive Beziehung zwischen der Präferenz von Selbstüberwindungswerten und der Überzeugung, dass Bremen eine Verantwortung hat Geflüchteten zu helfen, nahelegt.

Anders ausgedrückt, die Stärke der Beziehung zwischen Selbstüberwindungswerten und diesem Item zur Akzeptanz von Geflüchteten variiert systematisch mit der Stärke der gesellschaftlichen Teilhabe in einem Stadtteil. In Abbildung 4 wird noch einmal deutlich, dass eine hohe Präferenz für Selbstüberwindungswerte mit einer starken Überzeugung einhergeht, dass Bremen Verantwortung für Geflüchtete übernehmen muss, wohingegen schwach ausgeprägte Selbstüberwindungswerte mit weniger Zustimmung zu dieser Aussage einhergehen.

5 Für nähere Details zur Berechnung vgl. Arant, Larsen und Boehnke (2016b).

6 Zusätzlich wurden Alter, Geschlecht, Bildung, Arbeitsstatus (erwerbstätig ‚ja'/'nein') und Migrationshintergrund (‚ja'/‚nein') als Kontrollvariablen in das Modell aufgenommen.

7 Diese wurde anhand von vier Items berechnet: Stärke des Interesses an Politik, Stärke des Interesses an Angelegenheiten vor Ort, politisches Engagement und Einsatz für die Interessen der Wohngegend.

Abbildung 4. Mittelwerte zum Item, ob Bremen eine Verantwortung hat, Geflüchteten zu helfen, aufgeschlüsselt nach gesellschaftlicher Teilhabe in den Stadtteilen sowie Präferenz für Selbstüberwindungswerte.

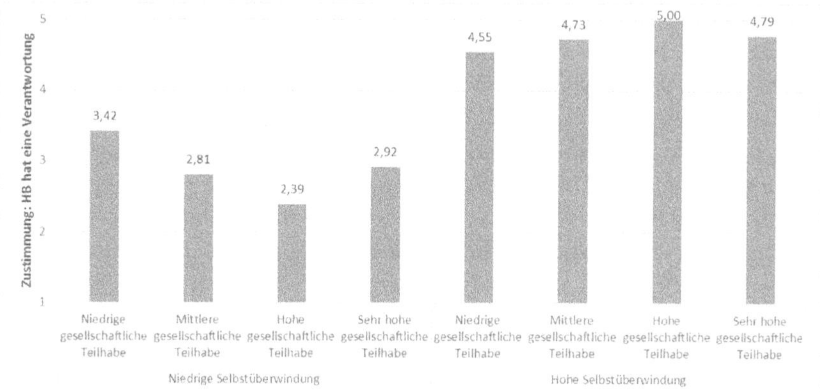

Wichtiger noch: Menschen, denen Selbstüberwindungswerte besonders wichtig sind und die in Stadtteilen leben, in denen es ein hohes Maß an gesellschaftlicher Teilhabe gibt, sehen Bremen in besonderem Maße in der Verantwortung, etwas für Geflüchtete zu tun (Mittelwerte erreichen höchstmögliche Werte: 5,00 und 4,79). Für Menschen mit niedrigerer Präferenz für Selbstüberwindungswerte, die in Stadtteilen mit einem hohen Maß an gesellschaftlicher Teilhabe wohnen, ergibt sich ein spiegelbildliches Ergebnis. Jenseits der Tatsache, dass dort die Akzeptanz von Geflüchteten (gemessen durch dieses Item) allgemein geringer ist, ist die Zustimmung zu der Frage, ob Bremen eine Verantwortung für Geflüchtete hat, bei Menschen mit geringerer Präferenz für Selbstüberwindungswerte dann am höchsten, wenn sie in Stadtteilen leben, in denen das Maß an gesellschaftlicher Teilhabe allgemein gering ist. Dort liegt der Mittelwert bei 3,42, während er in Stadtteilen mit mittlerer bis hoher gesellschaftlicher Teilhabe bei 2,81, 2,39 bzw. 2,85 liegt.

2. Implikationen

Im Kontext der Debatte um die Aufnahme von Geflüchteten in Deutschland ist es aus Sicht vieler wichtig, Faktoren zu identifizieren, die die Einstellung gegenüber Neuankömmlingen in der Gesellschaft positiv beeinflussen (z. B. Ditlmann, Koopmans, Michalowski, Rink, & Veit, 2016). In diesem Beitrag haben wir uns mit der Beziehung zwischen Werthaltungen und Einstellungen gegenüber Geflüchteten beschäftigt und gefragt, ob es — bezogen auf den sozialen Zusammenhalt — gesellschaftliche Bedingungen gibt, unter denen Werthaltungen eine stärkere oder schwächere Wirkung auf die Akzeptanz von Geflüchteten haben.

Insgesamt bestätigt die Analyse, dass Menschen, denen Selbstüberwindungswerte besonders wichtig sind, in stärkerem Maße damit einverstanden sind, Geflüchtete in der eigenen Nachbarschaft aufzunehmen als Menschen, für die Bewahrungswerte im Vordergrund stehen. Außerdem sind Menschen mit einer stark ausgeprägten Präferenz für Selbstüberwindungswerte vermehrt der Ansicht, dass ihre Stadt eine Verantwortung hat, Geflüchteten zu helfen. Zudem bieten sie selbst mehr Hilfe an und finden, dass Bremen eher zu wenig denn zu viel für Geflüchtete tut. Menschen, denen Konformität, Tradition und Sicherheit wichtig sind, bieten hingegen seltener selbst Hilfe an und finden, dass die Stadt bereits zu viel für Geflüchtete tut. Interessant an dieser Stelle festzuhalten ist, dass die Akzeptanz von Geflüchteten nicht mit der Präferenz von Offenheitswerten korreliert. Es sind nicht die Bürger*innen, denen Selbstbestimmung und Wandel wichtig sind, und die man vielleicht die Modernisierer nennen könnte, die die Willkommenskultur in Bremen tragen, sondern diejenigen, denen Toleranz und Hilfsbereitschaft wichtig sind. Es sind also Menschen, die in der öffentlichen Diskussion oft als Gutmenschen karikiert werden.

Wenn man weiß, dass es die Selbstüberwindungswerte sind, die die Basis einer Willkommenskultur bilden, wie zum Beispiel Toleranz und Hilfsbereitschaft, stellt sich vor dem Hintergrund eines normativen Ziels der Förderung der Willkommenskultur die Frage, wie sich solche Werte stärken lassen. Ein Zugang hierzu liegt im Bereich der Werteerziehung vor allem in der Schule, wie sie bereits von Hartmut von Hentig (1999) skizziert und angemahnt wurde. Das Kindheits- und Jugendalter dürfte jedenfalls die ‚sensible Phase' für die Stärkung von Selbstüberwindungswerten sein (vgl. auch Davidov et al., 2014).

Aber nicht nur diese — bis zu einem gewissen Grad wohlfeile — Langzeitstrategie verspricht eine Stärkung der Willkommenskultur. Obwohl gesellschaftlicher Zusammenhalt insgesamt (Gesamtindex) keinen umfassenden Einfluss zeigte, spielte jedoch eine bestimmte Dimension des Konzepts im sozialen Nahraum eine Rolle, nämlich die gesellschaftliche Teilhabe. Es zeigte sich, dass immer dort, wo die Bremer Bürger*innen eine hohe Präferenz für Selbstüberwindungswerte haben, ein Klima hoher gesellschaftlicher Teilhabe die Einstellung, dass die Stadt Geflüchteten helfen soll, in besonderem Maße stärkt. Gleichzeitig wird dort, wo Selbstüberwindungswerte weniger hoch im Kurs stehen, diese positive Einstellung Geflüchteten gegenüber durch ein hohes Maß an gesellschaftlicher Teilhabe geschwächt.

Formuliert man diesen Befund etwas griffiger, so bedeutet er, dass Menschen, die besonderen Wert auf das Wohl generalisierter Anderer sowie ihres eigenen sozialen Nahbereichs legen, und gleichzeitig in einer Nachbarschaft wohnen, in der es üblicher ist, sich einzubringen bzw. einzumischen, sich auch leichter damit tun, ihre eigenen Werthaltungen in ein Mitwirken an einer Stärkung der Willkommenskultur umzusetzen. Gemeint ist dabei *nicht*, dass sich ein Klima der Teilhabe in Nachbarschaften unmittelbar positiv auf die Akzeptanz von Geflüchteten auswirkt. Es ist stattdessen zu vermuten, dass Menschen, die weniger Wert auf Selbstüberwindung legen, und gleichzeitig in einem Stadtteil wohnen, in dem die Bürger*innen schon ein hohes Maß an Engagement zeigen, eher der Meinung sind, dass eine weitere Stärkung der Willkommenskultur nicht nötig ist. Anders ausgedrückt: diese Menschen sehen vermutlich das große Engagement in ihrem Stadtteil und sind deshalb der Meinung, dass eine Willkommenskultur schon geschaffen wurde. Interessanterweise ist es aber so, dass Bürger*innen, denen Selbstüberwindungswerte weniger wichtig sind und die in Stadtteilen mit wenig sozialem Engagement wohnen, vergleichsweise ein größeres Bedürfnis für die Verantwortung der Stadt sehen.

Was stärkt nun also eine Willkommenskultur? Nicht nur Werteerziehung allein ist förderlich, sondern auch eine Kultur gesellschaftlicher Teilhabe kann indirekt Auswirkungen auf die Stärke der Willkommenskultur haben. Für Praktiker*innen vor Ort ist es deswegen wichtig zu verstehen, dass Werthaltungen von Menschen und zivilgesellschaftliches Engagement in einem Stadtteil interagieren. Anders ausgedrückt: Die Einstellungen gegenüber Geflüchteten sind auch für Menschen, die innerhalb des gleichen Stadtteils wohnen und das gleiche Niveau von zivilgesellschaftlichem Stadtteil-Engagement erleben, je nach der Stärke ihrer Zustimmung zu Selbstüberwindungswerten (wie Toleranz und Hilfsbereitschaft) unterschiedlich gut vorhersagbar. Oder noch einmal vereinfacht formuliert: Die Stärke der Zustimmung zu (bestimmten) Werten ist wichtig für Einstellungen zu Geflüchteten; wie wichtig hängt vom zivilgesellschaftlichen Engagement der Mitmenschen im sozialen Nahbereich ab. Im Endeffekt bedeutet dies, dass es keine „one-size-fits-all" Lösung gibt, um eine Willkommenskultur zu schaffen. Stattdessen müssen Faktoren auf unterschiedlichen Ebenen unter die Lupe genommen werden. Langfristig hilft Werteerziehung — etwa in Form von Pro-Integrationskampagnen. In der näheren Zukunft muss jedoch auch die zivilgesellschaftliche Teilhabekultur berücksichtigt werden.

3. Literatur

Arant, R., Larsen, M., & Boehnke, K. (2016a). *Sozialer Zusammenhalt in Bremen.* Gütersloh: Bertelsmann Stiftung. Abrufbar unter https://www.bertelsmann-stiftung.de/fileadmin/files/BSt/Publikationen/GrauePublikationen/Studie_LW_Sozialer_Zusammenhalt_in_Bremen_2016_01.pdf

Arant, R., Larsen, M., & Boehnke, K. (2016b). *Sozialer Zusammenhalt in Bremen: Methodenbericht.* Gütersloh: Bertelsmann Stiftung. Abrufbar unter https://www.bertelsmann-stiftung.de/fileadmin/files/BSt/Publikationen/GrauePublikationen/IN_LW_Methodenbericht_Zusammenhalt_in_Bremen_2016.pdf

Bertelsmann Stiftung. (2013). *Radar gesellschaftlicher Zusammenhalt. Messen was verbindet. Gesellschaftlicher Zusammenhalt im internationalen Vergleich.* Gütersloh: Bertelsmann Stiftung.

Bremische Bürgerschaft. (2016). *Antwort des Senats auf die Kleine Anfrage der Fraktion der CDU: Wie viele Flüchtlinge halten sich derzeit in Bremen auf? Drucksache 19/252.* Abrufbar unter https://www.bremische-buergerschaft.de/drs_abo/2016-01-19_Drs-19-252_07929.pdf

Bundesministerium des Innern, Bundesamt für Migration und Flüchtlinge (2016). 2015: Mehr Asylanträge in Deutschland als jemals zuvor. Pressemitteilung 06.01.2016. Abrufbar unter http://www.bmi.bund.de/SharedDocs/Pressemitteilungen/DE/2016/01/asylantraege-dezember-2015.html?nn=3315574

Davidov, E., Meulemann, B., Schwartz, S. H., & Schmidt, P. (2014). Individual values, cultural embeddedness, and anti-immigration sentiments: Explaining differences in the effect of values on attitudes toward immigration across Europe. *Kölner Zeitschrift für Soziologie und Sozialpsychologie, 66*(S1), 263–285.

Ditlmann, R., Koopmans, R., Michalowski, I., Rink, A., & Veit, S. (2016). Verfolgung vor Armut: Ausschlaggebend für die Offenheit der Deutschen ist der Fluchtgrund. *WZB-Mitteilungen, 151*, 24–27.

Dragolov, G., Ignácz, Z., Lorenz, J., Delhey, J., Boehnke, K, & Unzicker, K. (2016). *Social Cohesion in the Western World. What Holds Societies Together: Insights from the Social Cohesion Radar.* SpringerBriefs in Well-Being and Quality of Life Research. Basel: Springer International Publishing AG.

Duriez, B., Luyten, P., Snauwaert, B., & Hutsebaut, D. (2002). The importance of religiosity and values in predicting political attitudes: Evidence for the continuing importance of religiosity in Flanders (Belgium). *Mental Health, Religion & Culture, 5*(1), 35–54.

Green, E. (2009). Who can enter? A multilevel analysis on public support for immigration criteria across 20 European countries. *Group Processes and Intergroup Relations*, *12*(1): 41–60.

Hentig, H. v. (1999). *Ach, die Werte! Ein öffentliches Bewusstsein von zwiespältigen Aufgaben. Über eine Erziehung für das 21. Jahrhundert*. München: Hanser.

Koopmans, R., & Schaeffer, M. (2016). Statistical and perceived diversity and their impacts on neighborhood social cohesion in Germany, France and the Netherlands. *Social Indicators Research*, *125*(3), 853–883.

Münch, S. (2013). Welche Effekte hat das Quartier für soziale Teilhabe und gesellschaftliche Kohäsion? *Migration und Soziale Arbeit*, *35*(1), 20–26.

Raijman, R., Semyonov, M., & Schmidt, P. (2003). Do foreigners deserve rights? Determinants of public views towards foreigners in Germany and Israel. *European Sociological Review*, *19*(4), 379–392.

Sagiv, L., & Schwartz, S. H. (1995). Value priorities and readiness for out-group social contact. *Journal of Personality and Social Psychology*, *69*(3), 437–448.

Schiefer, D., & van der Noll, J. (2017). The essentials of social cohesion: A literature review. *Social Indicators Research*, 132(2), 579–603.

Schlüter, E., Schmidt, P., & Wagner, U. (2008). Disentangling the causal relations of perceived group threat and outgroup derogation: Cross-national evidence from German and Russian panel surveys. *European Sociological Review*, *24*(5), 567–581.

Schwartz, S. H. (1992). Universals in the content and structure of values: Theory and empirical tests in 20 countries. *Advances in Experimental Social Psychology*, *25*, 1–65.

Schwartz, S. H., & Boehnke, K. (2004). Evaluating the structure of human values with confirmatory factor analysis. *Journal of Research in Personality*, *38*(3), 230–255.

Schwartz, S. H., Cieciuch, J., Vecchione, M., Davidov, E., Fischer, R., Beierlein, C., Ramos, A., Verkasalo, M., Lönnqvist, J. E., Demirutku, K., Dirilen-Gumus, O., & Konty, M. (2012). Refining the theory of basic individual values. *Journal of Personality and Social Psychology*, *103*(4), 663–688.

World Values Survey (2015). *World Value Survey Wave 6 2010–2014*, Version v2015-04–18 (data file). Madrid: Asep/JDS.

Larissa A. Nägler und Thomas Kessler

Respekt schafft Verbündete, wo ansonsten Feinde wären[1]

Über das Respekterleben zwischen Menschen mit und ohne Fluchterfahrung

Zusammenfassung: *Das Bundesamt für Migration und Flüchtlinge (BAMF) verzeichnete im Jahr 2016 von Januar bis November 723.027 Asylanträge. Politische Entscheidungsträger bewerten die gesellschaftliche Integration von geflüchteten Menschen vor dem Hintergrund der gestiegenen Asylbewerberzahlen oftmals als Herausforderung für den sozialen Frieden und verweisen auf eine gesetzliche Integrationspflicht der Neuankommenden. Anpassungszwang hemmt jedoch die erfolgreiche Eingliederung von Migrant*Innen. Welche Wege gibt es, um Integration positiv zu beeinflussen?*
In diesem Kapitel beschreiben wir die entscheidende Rolle von Respekt für eine psychologisch sinnvolle Integration von Menschen mit und ohne Fluchterfahrung. Respekt wird hier in Anlehnung an Kant (1974) und Simon (2007) definiert: Jemanden zu respektieren bedeutet, eine Person als gleichberechtigt anzuerkennen und ihr auf Augenhöhe zu begegnen. Wissenschaftliche Studien bestätigen die soziale Wirkkraft von Respekt: Ein wechselseitig respektvolles Miteinander stärkt und repariert vorbelastete Beziehungen zwischen Personen und Personengruppen. Respekt steigert die Motivation, sich für die Menschen einzusetzen, denen man sich zugehörig fühlt. Außerdem aktiviert ein respektvoller Umgang unter Konfliktgruppen, die Bereitschaft sich miteinander zu versöhnen. Im Kontext sozialpsychologischer Befunde diskutieren wir die Möglichkeiten und Grenzen eines respektvollen Miteinanders für den Bereich Integration. Hier kann Respekt vor allem auf persönlicher Ebene dazu beitragen, den gesellschaftlichen Zusammenhalt zu fördern.

Die "Syrischen Helden von Leipzig" erhielten für das Überwältigen eines Terrorverdächtigen (z. B. Wulf, 2016) überschwängliches Lob von Vertreterinnen der deutschen Allgemeinbevölkerung. Einige Politikerinnen forderten ihre Auszeichnung mit dem Bundesverdienstkreuz und die rasche Klärung ihres Asylgesuches (Taz, 2016). Dieses Beispiel verdeutlicht, dass die gesellschaftliche Mehrheit in Deutschland vor allem die Anpassung(sbereitschaft) von Angehörigen gesellschaftlicher Minderheiten begrüßt und würdigt. Geflüchtete Menschen, die sich öffentlich zu den deutschen Werten und dem deutschen Recht bekennen, erhalten

1 J.C. Turner, 2005

Akzeptanz und wohlmöglich einen gesicherten Aufenthaltsstatus. Dies spiegelt auch das neu eingeführte „Gesetz zur Integrationspflicht" wider, das von Menschen mit Fluchterfahrung und Migrant*Innen im Allgemeinen fordert sich zu integrieren (CDU, 2016; AufenthG §44a). Geflüchteten Menschen einen Platz in der Gesellschaft einzuräumen, ist eine Sache. Eine andere ist es, Angehörige von Minderheiten, wie beispielsweise Menschen mit Fluchterfahrung, anzuerkennen und zu respektieren[2]. Mitglieder von gesellschaftlichen Minderheiten wünschen sich genau dies: Anerkennung und Respekt der deutschen Mehrheitsgesellschaft (Verkeuten, 2011; Pherson, Stevenson, & Muldoon 2014). Das heißt, ihre Meinung soll etwas gelten und ernst genommen werden.

Aus sozialpsychologischer Sicht ist das Ziel der sozialen Eingliederung von geflüchteten Menschen und Migrantinnen im Allgemeinen die Schaffung einer gemeinsamen Identität mit der Aufnahmegesellschaft. Dies kann gelingen, wenn Migrant*Innen ihre kulturelle Identität beibehalten und gleichzeitig in Kontakt mit der Mehrheitsgesellschaft treten (Integration) (Bourhis, Moise, Perreault, & Senecal,1997). Die Situation geflüchteter Menschen in Deutschland verdeutlicht jedoch die Schieflage zwischen den Anliegen von Mehrheits- und Minderheitsgesellschaft: Geflüchtete Menschen geraten in Deutschland immer wieder unter Zugzwang, ihren Anpassungswillen gegenüber der Aufnahmegesellschaft zu beweisen. Die Betonung einer vollständigen Anpassung an die Mehrheitsgesellschaft und die damit einhergehende Aufgabe der Herkunftsidentität (Assimilation) ist für Mitglieder von Minderheiten stressbelastet, besonders dann, wenn sie ihre Herkunftsidentität beibehalten möchten (Zagefka & Brown, 2002). Typischerweise gibt die Mehrheitsgesellschaft in Deutschland den Anpassungsstandard vor und lehnt eine Anpassung vor allem bei identitätspolitischen Themen (z. B. Gehört der Islam zu Deutschland?) ab (Infratest Dimap, 2016). Mitunter wird sogar der Eindruck vermittelt, dass die Herkunftsidentität von Migrant*Innen weniger wert oder sogar ein Hindernis in der neuen Gesellschaft sei (Pettigrew & Meertens, 1996). Somit führen die unterschiedlichen Integrationserwartungen von Menschen mit und ohne Migrationserfahrung häufig zu angespannten Beziehungen und Konflikten (Brown & Zagefka, 2011). Eine der dringendsten Fragen unserer Zeit lautet daher: Wie erreichen wir trotz des Konfliktpotenzials echten Zusammenhalt und Solidarität zwischen Menschen mit und ohne Fluchterfahrung (Fiske, 2013)?

---

2 Wir weisen darauf hin, dass die beschriebenen sozialpsychologischen Prozesse für alle gesellschaftlichen Minderheiten und Mehrheiten gelten, auch wenn wir in diesem Artikel mit besonderem Augenmerk auf Menschen mit und ohne Fluchterfahrung in Deutschland schauen.

Auf dem Weg zu einer gemeinsamen Identität erscheint uns die gegenwärtige Uneinigkeit bezüglich der bevorzugten Integrationsstrategie von immigrierter und ansässiger Bevölkerung oftmals als unüberwindbare Hürde. Umso wichtiger ist es, dass wir positive Beziehungen zwischen den betroffenen Gesellschaftsgruppen fördern. Vor allem respektvolle Interaktionen können auf persönlicher Ebene dazu beitragen, gute Beziehungen und eine gemeinsame Identität zu etablieren. Wissenschaftliche Studien belegen, dass gegenseitiger Respekt wie ein ‚soziales Heilmittel' gegen gesellschaftliche Ungleichheiten wirkt (z. B. Sennett, 2004) und so auch die aktuell problematischen Beziehungen zwischen Menschen mit und ohne Fluchterfahrung verbessern kann. Weil Respekt eine Haltung gegenüber anderen Menschen ist, lässt er sich nicht an Worten messen. Vielmehr drückt er sich im Umgang und in Aktionen gegenüber anderen Personen aus. Ein sehr erfolgreiches Beispiel für einen gelungenen respektvollen Umgang bieten Projekte wie das „Grandhotel Cosmopolis", in dem sich Hotelgäste mit und ohne Asyl, Nachbarn und Künstler auf Augenhöhe begegnen und gemeinsam den Betrieb aufrecht erhalten und neue Projekte vorantreiben[3]. Wo ein respektvoller Umgang positiv wirkt, ist fehlender Respekt fatal und schädigt die sozialen Beziehungen zwischen Personen. Stärker noch: Die Abwesenheit von Respekt, d. h. Missachtung und Ignoranz können ebenso schmerzen wie körperliche Angriffe (z. B. Eisenberger, Lieberman, & Williams, 2003). Da wechselseitiger Respekt am besten in direkten Interaktionen zu realisieren ist, richtet sich dieser Artikel insbesondere an all jene, die ehrenamtlich oder hauptberuflich direkt mit geflüchteten Menschen interagieren.

Im Folgenden legen wir die zentrale Rolle des wechselseitigen Respekts generell und im Kontext von Flucht und Integration dar. Dabei gehen wir der Frage nach, wie sich gegenseitiger Respekt zwischen Menschen mit und ohne Fluchterfahrung im Kontext von struktureller Ungleichheit realisieren lässt. Zunächst beschreiben wir, was es genau bedeutet, jemanden respektvoll zu behandeln, und welche spezielle Bedeutung dem Begriff „Respekt" dabei zukommt (im Unterschied zu anderen alltäglichen Gebräuchen). Danach belegen wir die wichtige soziale Wirkung und das Erleben von Respekt mit Befunden aus sozialpsychologischen Studien. Hierbei richten wir unser Augenmerk stets auf die Beziehung zwischen Personen mit und ohne Fluchterfahrung. Abschließend gehen wir auf die Umsetzung von gegenseitigem Respekt im Alltag ein. An dieser Stelle diskutieren wir die praktischen Schwierigkeiten und Grenzen eines respektvollen Umganges im Kontext von Integration sowie im Allgemeinen.

---

3 Ähnliche Hotelprojekte gibt es auch in Österreich (Hotel Magdas) und Griechenland (City Plaza Hotel Athen).

1. Was ist Respekt?

Da das Wort „Respekt" im Alltag viele unterschiedliche Bedeutungen hat, nähern wir uns seinem Bedeutungskern oder Bedeutungskernen schrittweise. Das Wort "Respekt" geht auf den lateinischen Wortstamm „respicere" zurück und bedeutet „berücksichtigen" sowie „zurückblicken" oder auch „beachten". Beim Respektieren geht es darum, Menschen zu beachten und mitunter einen zweiten oder auch dritten Blick auf jemanden zu werfen. Demnach erfordert Respekt aufmerksames und wiederholtes Zuhören oder Hinsehen. „Respekt" und „Achtung" werden in der Moralphilosophie (z. B. Kant, 1974) beinahe synonym verwendet. Anders als Respekt umfasst „Achtung" sowohl Aufmerksamkeit gegenüber anderen Personen als auch deren Wertschätzung (z. B. aufgrund von Leistungen oder Fähigkeiten).

Auf diese Bedeutungen stützen sich die ersten Ansätze zur Konzeptualisierung von Respekt. So unterscheidet der Philosoph Darwall (1977) zwei Formen des Respekts: Den „wertenden Respekt" (appraisal respect) und den „anerkennenden Respekt" (recognition respect). Wertender Respekt bedeutet, dass Menschen aufgrund ihrer Leistung oder Fähigkeiten gewürdigt werden. Wenn wir beispielsweise geflüchtete Menschen dafür respektieren, dass sie die körperlichen Strapazen einer Flucht durch den Krieg, die Wüste und über das Mittelmeer überlebt haben, dann bewerten wir ihre körperliche Anstrengung, ihr Durchhaltevermögen oder auch ihre Willensstärke. Diese Form des Respektes würdigt besonders hohe Leistungen und wird daher auch „vertikaler Respekt" genannt (Decker & Van Quaquebeke, 2015). „Anerkennender Respekt" (recognition respect) hingegen bezieht sich nicht auf die Bewertung, sondern auf die Behandlung von Personen als gleichberechtigt. Weil geflüchtete Personen genauso Menschen sind wie Personen ohne Fluchterfahrung, verdienen ihre Anliegen und Sichtweisen gleiches Gewicht, Respekt und Würde. Das heißt, Menschen mit und ohne Fluchterfahrung sind gleichgestellt. Daher nennt man diese Art von Respekt auch „horizontalen Respekt" (Decker & Van Quaquebeke, 2015). Im Gegensatz zum wertenden Respekt ist anerkennender Respekt nicht nur eine Haltung gegenüber anderen Personen. Anerkennender Respekt ist nur dann wirksam, wenn er auch durch Verhalten ausgedrückt wird und unser Gegenüber unsere respektvolle Verhaltensweise als solche wahrnimmt.[4]

---

4 Eine ursprüngliche Version des Respekts enthält außerdem Furcht als eine wesentliche Komponente (Feinberg, 1973). Wegen ihrer Macht oder ihrem Status, ihrer Position oder Rolle in der Gesellschaft vermeiden wir, bestimmten Dingen oder Personen gegenüber unvorsichtig zu sein, ähnlich wie gegenüber einer strengen Lehrer*In. Wir beachten ihr Anliegen, nehmen sie ernst und werden es nicht wagen, abfällige Bemerkungen ihr gegenüber zu machen. Menschen auf der Flucht respektieren, was

In den folgenden Abschnitten wollen wir uns auf die Wirkung des anerkennenden Respekts konzentrieren und näher darauf eingehen, wie sich anerkennender Respekt in direkten Interaktionen zwischen Personen darstellt. Hierzu liefern die moralphilosophischen Überlegungen von Kant einen bedeutenden Beitrag. Kant führte Respekt als die Befolgung des moralischen Gesetzes ein: Menschen sollen nicht bloß als Mittel zum Zweck, sondern als Zweck an sich behandelt werden. Nach Kants' Auffassung sind alle Menschen, egal ob mit oder ohne Fluchterfahrung, vernunftbegabte Personen, deren eigene Meinung und Perspektive wir ernst nehmen müssen. In direkter Übersetzung heißt das, dass Menschen nicht bloß als Instrument oder Objekte zur Erfüllung von bestimmten Rollen oder Zielen benutzt werden (z. B. als Sozialleistungsempfänger oder um den Fachkräftemangel auszugleichen), sondern als Personen mit individuellen Beweggründen und Zielen. Das bedeutet, dass alle Minderheiten und Mehrheiten in unserer Gesellschaft respektiert werden müssen, weil sie vernunftbegabte Personen sind.

Die philosophischen Überlegungen zum „anerkennenden Respekt" von Kant und Darwall haben in der Psychologie erst in jüngerer Zeit Einzug gefunden. Respekt wurde zunächst in der Gerechtigkeitspsychologie durch Überlegungen zu fairen Verfahrensweisen eingeführt. Gerechte Verfahren sollten unparteiisch und allen bekannt sein. Außerdem sollten die Beteiligten die Chance haben, ihre Meinung und Ansichten kund zu tun. In Übereinstimmung mit der Idee der Gleichberechtigung nach Kant und Darwall wird den Betroffenen vermittelt, dass ihre eigene Sichtweise gehört wird. Tyler und Blader (2000) zeigten, dass Verfahren dann als gerecht eingestuft werden, wenn sich die Angeklagten als respektiert wahrnehmen. Werden Straftäter*Innen von Gerichten respektvoll behandelt, sind sie nach einer Verurteilung mit dem Urteil eher zufrieden, als wenn sie nicht respektvoll behandelt werden (Tyler & Lind, 1992). Ebenso akzeptieren Mitarbeiter*Innen eine für sie eher ungünstige Ressourcenverteilung, wenn Vorgesetzte oder Autoritäten der Organisation sie respektvoll behandeln (Huo, Smith, Tyler, & Lind, 1996). Personen, die respektvoll behandelt werden, fühlen sich fair behandelt und sind versöhnlicher gegenüber den Respektierenden. Die rechtlichen Methoden zum Entscheid über Asylverfahren greifen die Respektkomponente teilweise auf. Einmalig können asylsuchende Menschen ihre Fluchtgründe gegenüber der Bundesrepublik in einem regulären Verfahren bei der „Anhörung" (sog. Interview) schildern. Sie können die Gründe ihrer Flucht sowie Beweismaterialien darlegen. Offen bleibt jedoch, ob

ihnen gefährlich werden kann: Die heiße Wüste, das raue Meer, wilde Tiere oder auch „Schlepper". Wenn man jemanden jedoch vorwiegend aus Furcht heraus respektiert und achtet, ist die positive sozialgesellschaftliche Wirkung von Respekt hinfällig.

die Betroffenen über das Konzept der Anhörung aufgeklärt sind und den Respekt als solchen wahrnehmen.[5]

So konzeptualisiert Simon (2007) in Anlehnung an Darwall's „Anerkennungsrespekt", dass eine respektvolle Behandlung dann gelungen ist, wenn sich die respektierte Person als „Gleiche anerkannt" fühlt. An dieser Stelle ist es wichtig zu klären, dass: 1) Die Betonung auch bei dieser Definition darauf liegt, dass der Respekt vom Respektierten auch als solcher wahrgenommen werden muss, damit er seine Wirkung entfalten kann (Sennett, 2004). Respekt muss für die respektierte Person verständlich zum Ausdruck gebracht werden. Für einen gelungenen respektvollen Umgang muss man sich mit seinem Gegenüber befassen, um herauszufinden, was von ihr als respektvoll oder respektlos wahrgenommen wird.

2) Außerdem meint der Begriff „gleichberechtigt" nicht, dass alle gleichbehandelt werden. Im Gegenteil: Gleichbehandlung kann kränkend und diskriminierend sein, wenn man die besonderen Bedürfnisse anderer Personen ignoriert oder übersieht. Wenn wir uns auf Menschen mit Fluchterfahrung primär als „Flüchtlinge" beziehen und all jene gleichbehandeln, dann betonen wir beispielsweise die Gemeinsamkeit ihres aufenthaltsrechtlichen Status und damit eventuell einhergehende Herausforderungen (Spracheentwicklung, Arbeitssuche, Heimleben etc.). Jedoch verschwinden hinter diesem Begriff die individuellen Anliegen (z. B. Hobbys oder Karrierewünsche) und Ansichten (z. B. politische Meinungen). Die Anerkennung als Gleiche beruht auch nicht auf oberflächlichen Merkmalen, wie gleiche Nationalität, Religion, phänotypischen Merkmalen. Mit der Anerkennung als Gleiche* ist die grundlegende Gemeinsamkeit gemeint, dass die andere Person eine eigene Sicht auf die Welt hat und Urheber*In ganz eigener Werturteile, Einschätzungen und Meinungen ist. Kurz gesagt, gestehen wir anderen Personen zu, dass sie gleichermaßen fähig sind, die Welt zu sehen und zu begreifen. Jede Person hat außerdem das Recht, (an)gehört zu werden. Ihre Perspektive darf unsere Perspektive herausfordern oder gar widerlegen (Cohen, 2001). Erst dann sehen wir uns als „gleich" an.

2. Respekt in der psychologischen Forschung: Wie fühlt es sich an, (nicht) respektiert zu werden?

Gesten des Respekts können sehr einfach und alltäglich sein. Respekt beruht oft auf kleinen Gesten, die sich teils zu Verhaltensregeln entwickelt haben: Spezifische Begrüßungsfloskeln (z. B. „Wie geht es dir?" oder Händeschütteln) oder formelle

---

5 Außerdem besteht rechtlich eine „Mitwirkungspflicht", zu dem Interview zu erscheinen und alle Fragen zur Fluchtgeschichte zu beantworten. Bei einem unentschuldigten Nichterscheinen, ist die Anerkennung als asylsuchende Person gefährdet.

Ansprache (z. B. „Sie") zeigen Personen, dass sie beachtet und ernst genommen werden. Doch macht es tatsächlich einen Unterschied, ernst genommen und respektiert oder nur als bloßes Mittel behandelt zu werden?

Zahlreiche empirische Studien belegen und beschreiben die Wirksamkeit von Respekt für soziale Beziehungen. Ein grundlegender Befund dieser Studien ist, dass die Identifikation mit einer Gruppe oder Person, die uns respektvolle Botschaften übermittelt, steigt. In der Studie von Tyler und Lind (1992) identifizierten sich die Mitarbeiter*Innen stärker mit ihrer Firma, wenn sie sich von ihrer* Vorgesetzten respektiert fühlten. Wenn wir also Ansichten und Perspektiven von anderen Personen ernst nehmen und ihnen das Recht einräumen, ihre eigene Sicht der Dinge darzulegen, dann ermöglichen wir es ihnen, mit uns in positiver Weise in Verbindung zu treten. So stärkt ein gelungener respektvoller Umgang Beziehungen zwischen Menschen. Die Identifikation mit Mitgliedern der eigenen Gruppe sinkt wiederum, wenn diese uns respektlos behandeln (Renger & Simon, 2011). Respektlosigkeit kann Menschen entmutigen oder gar verletzen und schädigt Beziehungen (z. B. Buckley, Winkel & Leary, 2004). Respektloses Verhalten äußert sich meist in bewusster Ignoranz oder unbewusster Nichtbeachtung von anderen Personen oder ihren Ansichten. Marginalisierung, Stereotypisierung und Diskriminierung spiegeln die gesellschaftliche Facette von Respektlosigkeit wider. Mit der Erfahrung für andere unsichtbar zu sein, der Beachtung nicht wert zu sein oder gar falsch gelesen zu werden, gehen Menschen unterschiedlich um[6]. Respektlosigkeit führt zunächst zu Hilflosigkeit und sozialer Distanz. Gleichzeitig erhöht es die Identifikation mit anderen, ebenso respektlos behandelten Personen. Die bloße Anwesenheit oder Identifikation mit ähnlich Betroffenen hilft dabei, die negative soziale Wirkung der Respektlosigkeit zu bewältigen (Schmitt, Spears, & Branscombe, 2003).

Ein weiterer wichtiger Aspekt der Wirksamkeit von Respekt ist, dass er die Motivation von Personen steigert. Studien (Renger & Simon, 2011) zeigten, dass Personen eher motiviert sind, sich für ihre eigene Gruppe anzustrengen, nachdem sie eine respektvolle Botschaft erhielten. So erledigten sie eher zusätzliche Aufgaben für diese Gruppe als Personen, die keine respektvolle Nachricht erhielten. Wenn wir möchten, dass geflüchtete Menschen und Einheimische sich nicht nur anpassen, sondern einen gesellschaftlichen Beitrag leisten, sollten wir sie als vollständige Mitglieder der Gesellschaft behandeln. Wir sollten ihnen nicht nur zugestehen, eine eigene Meinung zu haben, sondern auch vermitteln, dass wir uns mit dieser auseinandersetzen.

---

6 Für eine differenzierte Betrachtung der Auswirkungen von sozialem Ausschluss bzw. „Ostrazismus", z. B. Gonsalkorale, K. & Williams, K.D. (2006).

In einer unserer Studien (Nägler & Kessler, Manuskript in Vorbereitung) fanden wir außerdem, dass das Wohlbefinden von Ehrenamtler*Innen in der Arbeit mit geflüchteten Menschen in hohem Maße mit der alltäglichen Respekterfahrung zusammenhängt. Ehrenamtler*Innen, die sich von ihren Kolleg*Innen und geflüchteten Menschen respektiert fühlen, verspüren mehr eigene Kontrolle über ihr Handeln und haben das Gefühl, dass ihr eigenes Tun und Handeln wirksam und erfolgversprechend ist. Sie fühlen sich verantwortlich für ihre Arbeit. Auch hier spiegeln sich die Ergebnisse früherer Studien wider: Respektierte Ehrenamtler*Innen fühlen sich letztlich motivierter, ihr Amt auszuüben als weniger respektierte Kolleg*Innen. Genauer gesagt, steht die Bereitschaft, sich weiterhin mit und für geflüchtete Menschen zu engagieren, im direkten Zusammenhang mit der Erfahrung, respektiert zu werden. Respekt ist also nicht nur moralphilosophisch korrekt, sondern steigert auch den eigenen moralischen Antrieb. Weitere Studien warfen die Frage auf, inwiefern Respekt bereits vorbelastete Beziehungen zwischen Menschen wiederherstellen kann. Vorbelastet sind Beziehungen zum Beispiel dann, wenn gesellschaftliche Gruppen oder einzelne Personen sich in einem Opfer-Täter*Innen-Konflikt befinden. In dieser Konfliktkonstellation gibt es einerseits Personen, die durch eine Missetat zum Opfer geworden sind sowie Personen, die als Täter*Innen Vergehen begangen haben. Die soziale Beziehung der Beteiligten leidet darunter und entwickelt sich oft zu einem scheinbar unlösbaren Konflikt. Um den Konflikt zu lösen, ist es wichtig, die unterschiedlichen psychologischen Bedürfnisse von Opfern und Täter*Innen zu berücksichtigen. Während Opfer nach Machtgewinn (Empowerment) streben, haben Täter*Innen ein erhöhtes Bedürfnis nach sozialer Akzeptanz (Nadler & Shnabel, 2008). Die Befriedigung der jeweiligen Bedürfnisse aktiviert die Versöhnungsbereitschaft. Dahingegen ist gegenseitiger Respekt für Opfer und Täter*Innen wichtig und aktiviert die Bereitschaft, sich miteinander zu versöhnen (Nägler, Harth, & Kessler, 2017). Opfer und Täter*Innen sind eher dazu geneigt, sich zu versöhnen, nachdem sie eine respektvolle Botschaft der anderen Gruppe empfingen. Die Ergebnisse legen nahe, dass Respekt selbst dann Beziehungen zwischen Menschen stärkt, wenn diese bereits beschädigt sind.

3. Implikationen und Grenzen des Respekts

Bisher erläuterten wir, wie sich Respekt darstellt und warum ein respektvoller Umgang wichtig für ein gelungenes soziales Miteinander ist. Zusammengefasst fühlt man sich respektiert, wenn man das Gefühl hat, gleichberechtigt zu sein. In diesem Fall schafft Respekt gute Beziehungen. An dieser Stelle müssen wir jedoch eingestehen, dass der Weg zu mehr Respekt in der Gesellschaft nicht immer einfach umzusetzen ist. Im Folgenden diskutieren wir daher einige Beispiele für den Bereich Integration, welche die praktischen Möglichkeiten und Grenzen des Respekts veranschaulichen.

Wie bei allen respektvollen Interaktionen zwischen Personen gibt es für jene zwischen Menschen mit und ohne Fluchterfahrung wichtige Grundvoraussetzungen, die eine respektvolle Begegnung ermöglichen.

1) Die Basis für eine respektvolle Interaktion ist zunächst einmal das tatsächliche Aufeinandertreffen von Personen. Menschen mit und ohne Fluchterfahrung treten aktuell jedoch wenig bis gar nicht in Kontakt und haben somit wenig Gelegenheit für respektvolle Interaktionen (Haman, Karakayalı, Wallis, & Höfler, 2016). Projekte und Initiativen, die sich für positive Kontaktmöglichkeiten und ein Begegnen auf Augenhöhe zwischen Menschen mit und ohne Fluchterfahrung einsetzen, sollten grundsätzlich (weiter) gefördert werden. Der direkte Kontakt ist nur eine Voraussetzung für respektvolle Interaktionen, garantiert aber noch keinen respektvollen Umgang.
2) Im interkulturellen Kontext misslingen oft die scheinbar einfachsten Gesten des Respekts. Ein häufiger Grund hierfür ist eine beidseitige Sprachbarriere. Respektgesten werden zumeist durch schriftliche oder mündliche Botschaften übermittelt und setzen eine gemeinsame Sprache voraus[7]. Personen, die sich nicht sprachlich verständlich machen können, haben häufig auch weniger Kontakt.

Die Erwartung der Mehrheitsgesellschaft beinhaltet, dass immigrierende Personen die deutsche Sprache so gut und schnell wie möglich erlernen. Diese Erwartung unterstreicht den Statusunterschied zwischen Menschen mit und ohne Fluchterfahrung. Eine Begegnung auf Augenhöhe ist dadurch in vielen direkten Interkationen erschwert. Eine Angleichung dieses Statusunterschiedes kann ein sehr deutliches Zeichen des Respekts senden. Eine Idee hierfür wäre, einige Wörter der jeweiligen Sprache zu lernen, um so beispielsweise neue Nachbarn grüßen oder sich bedanken zu können.

3) Weitere Voraussetzungen, um andere Menschen respektvoll zu behandeln, sind Wissen und Motivation. Andere Personen zu respektieren heißt, sie ernst zu nehmen. Für einen respektvollen Umgang ist es daher wichtig, anderen Personen zuzugestehen, ihr eigenes Selbstverständnis zu bestimmen oder beizubehalten. So entscheiden sich einige geflüchtete Menschen gegen den Begriff „Flüchtling" und nennen sich selber „refugees", „non-citizen" oder „newcomer". Die Deutungshoheit über die eigene Identität liegt bei den Betroffenen. Schwierig wird es dann, wenn wir nicht wissen, ob Menschen als Individuen

7 Die soziale Wirkung von non-verbalen Respektgesten ist weitestgehend unerforscht.

(z. B. Ärzt*In) oder als Mitglied einer Gruppe (z. B. geflüchtete Syrer*In) wahrgenommen und respektiert werden wollen. Die einzige richtige Vorgehensweise ist daher, auf den Interaktionspartner*In zu achten und zuzuhören. Respekt impliziert außerdem die Motivation, andere Personen möglichst frei von Stereotypen und Vorurteilen wahrzunehmen. Die Bereitschaft, die eigene Stereotypen einzugestehen, zu korrigieren oder kontrollieren[8], ist unerlässlich für einen respektvollen Umgang.

4) Eine Herausforderung für Personen, die sich ehrenamtlich im Bereich der sozialen Arbeit engagieren, ist das (An-)erkennen der strukturellen Ungleichheit zwischen helfenden und hilfsbedürftigen Personen. Die Abhängigkeit hilfsbedürftiger Menschen mit Fluchterfahrung hindert beispielsweise geflüchtete Menschen daran, ihr eigenes Schicksal selber zu gestalten sowie eigene Perspektiven und Meinungen zu entwickeln oder zu vertreten. Personen, die sich in vielen unterschiedlichen Bereichen nicht selber repräsentieren können (weil sie kein eigenes Einkommen haben, die Landessprache nicht beherrschen, die verwaltungstechnische Infrastruktur nicht kennen etc.), sind in Interaktionen schwer ernst zu nehmen. So berichten viele geflüchtete Personen, dass sie gerade in der Anfangszeit dringende Anliegen nicht durchsetzen konnten[9] und den eigenen Antrieb verloren. Werden geflüchtete Menschen zu bloßen Statisten in Integrationsprojekten, ist die Objektivierung des Menschen nach Kant erfüllt. In diesem Stadium ist die „Anerkennung als Gleiche" nicht vorhanden, wenn nicht sogar unerwünscht. Der wechselseitige respektvolle Umgang wird in solchen Situationen scheinbar zweitrangig. Viele Initiativen und Projekte versuchen daher, gezielt die Eigenständigkeit und Selbstorganisation von geflüchteten Menschen zu fördern[10]. Als bewährte Praktiken gelten beispielweise Angebote für lokale Fußballvereinsmitgliedschaften oder Chorprojekten[11].

---

8 Weitere Literatur zum Thema Stereotypenkontrolle: z. B. Moskowitz, G. B., & Stone J. (2012).

9 Videoreferenz: http://fluechtlingshelfer.info/projekte/filmprojekt/

10 Weil hilfsbedürftige Menschen, die einen niedrigen Status haben, als chronisch abhängig und unfähig wahrgenommen werden, erhalten sie eine eher abhängigkeitsbasierte Form der Hilfe (z. B. die direkte Lösung). Während hingegen Hilfsbedürftige mit einem hohen Status eher als stark oder mutig wahrgenommen werden und deswegen eine Form der autonomiebasierten Hilfe erhalten (z. B. einen Hinweis zum Lösungsweg; Nadler & Chernyak-Hai, 2015). Der Teufelskreis der am stärksten hilfsbedürftigen Personen wird somit verstärkt. Die Reaktionen auf angebotene Hilfe unterscheiden sich aufgrund der Gruppenzugehörigkeit des Helfers sowie der Schwierigkeit der Aufgabe (Halabi, Nadler & Dovidio, 2011).

11 https://www.facebook.com/Singasylum-Dresden-535721113241677/

Auch die alltäglichen Gespräche mit Deutschlehrer*Innen, Sozialarbeiter*Innen und Ehrenamtlichen, in denen Respekt durch bloßes Zuhören vermittelt wird, schaffen Respekterfahrungen.

4. Schlussfolgerung

Aus sozialpsychologischer Sicht ist das oberste Ziel von Integration, eine gemeinsame soziale Identität aller Bevölkerungsgruppen zu gestalten. Die Wirkkraft von Respekt setzt genau hier an. Gegenseitiger Respekt ist sozusagen das „soziale Bindemittel", welches die Beziehungen zwischen den verschiedenen Gesellschaftsgruppen zusammenhält (Van Quaquebeke, 2012). Die Schaffung von Begegnungsmöglichkeiten zwischen Menschen mit und ohne Fluchterfahrung ist eine wichtige Voraussetzung für respektvolle Interaktionen, jedoch kein Garant. Generell gilt: Wer den Praxisversuch zu mehr Respekt wagt, muss auch mit misslungenen Gesten des Respekts umgehen können. Daher gehört eine gewisse Frustrationstoleranz ebenso dazu, wie die Bereitschaft respektvolles Handeln zu trainieren. Eine andere Person zu respektieren, ist eine zu erlernende Fähigkeit. Wissenschaftliche Befunde erlauben einen vielversprechenden Ausblick (für den Praxisbereich Integration): Respekt stärkt nicht nur die soziale Bindung an Vertreter der Aufnahmegesellschaft, sondern auch die Motivation, sich für diese einzusetzen. Letztlich schafft wechselseitiger Respekt Verbündete, wo ansonsten Feinde wären.

5. Literatur

Bourhis, R.Y., Moise, L.C., Perreault, S., & Senecal, S. (1997). Towards an interactive acculturation model: a social psychological approach. *International Journal of Psychology 32* (6), 369–389.

Buckley, K. E., Winkel, R. E., & Leary, M. R. (2004). Reactions to acceptance and rejection: Effects of level and sequence of relational evaluation. *Journal of Experimental Social Psychology, 40,* 14–28.

Bundesamt für Migration und Flüchtlinge (2016). *Aktuelle Zahlen zu Asyl* (10/2016). Abrufbar unter www.bamf.de

Brown, R., & Zagefka, H. (2011). The Dynamics of Acculturation: An Intergroup Perspective. *Advances in Experimental Social Psychology, 44,* 129–184.

Cohen, S. (2001). Fundamental Equality and the Phenomenology of Respect. *Iyyun: The Jerusalem Philosophical Quarterly, 57,* 25–53.

Darwall, S. (1977). Two kinds of respect. *Ethics, 88,* 36–49.

Decker, C., & Van Quaquebeke, N. (2015). Getting Respect from a Boss You Respect: How Different Types of Respect Interact to Explain Subordinates' Job Satisfaction as Mediated by Self-Determination. *Journal of Business Ethics, 131* (3), 543–556.

Eisenberger, N. I., Lieberman, M. D., & Williams, K. D. (2003). Does Rejection Hurt? An fMRI Study of Social Exclusion. *Science, 302* (5643), 290–292.

Feinberg, J. (1973). Some conjectures about the concept of respect. *Journal of Social Philosophy, 4* (2), 1–3.

Fiske, S. T. (2013). A Millennial Challenge: Extremism in Uncertain Times. *Journal of Social Issues, 69* (3), 605–613.

Gonsalkorale, K., & Williams, K. D. (2007). The KKK won't let me play: ostracism even by a despised outgroup hurts. *European Journal of Social Psychology, 37*, 1176–1186.

Halabi, S., Nadler, A., & Dovidio, J. F. (2011). Reactions to Receiving Assumptive Help: The Moderating Effects of Group Membership and Perceived Need for Help. *Journal of Applied Social Psychology, 41* (12), 2793–2815.

Haman, U., Karakayalı, S., Wallis, M., & Höfler, L. J. (2016). *Koordinationsmodelle und Herausforderungen ehrenamtlicher Flüchtlingshilfe in den Kommunen: Qualitative Studie des Berliner Instituts für empirische Integrations- und Migrationsforschung*. Gütersloh: Bertelsmann Stiftung.

Huo, Y. J., Smith, H. J., Tyler, T. R., & Lind, E. A. (1996). Superordinate identification, subgroup identification, and justice concerns: Is separatism the problem; Is assimilation the answer? *Psychological Science, 7*, 40–45.

Infratest Dimap & WDR (12.05.2016). *Ihre Meinung: Für zwei Drittel ist Islam nicht deutsch.* Abrufbar unter http://www1.wdr.de/nachrichten/ihre-meinung-islam-100.html

Jakob, C. (2015, 14. August). *Flüchtlingshilfe in Deutschland: Ein Sofa ist gut, Respekt ist besser.* Abrufbar unter http://www.taz.de/!5220027/

Kant, I. (1974). *Grundlagen zur Metaphysik der Sitten.* Frankfurt a. M.: Suhrkamp.

Moskowitz, G. B., & Stone, J. (2015). The Proactive Control of Stereotype Activation: Implicit Goals to *Not* Stereotype. *Zeitschrift für Psychologie, 220*, 172–179.

Nadler, A., & Chernyak-Hai, L. (2014). Helping them stay where they are: status effects on dependency/autonomy-oriented helping. *Journal of Personality and Social Psychology, 106* (1), 58–72.

Nadler, A., & Shnabel, N. (2008). A Needs-Based Model of Reconciliation: Satisfying the Differential Emoional Needs of Victiim and Perpetrator as a Key to Promoting Reconciliation. *Journal of Personality and Social Psychology, 64* (1), 116–132.

Nägler, L. A., Harth, N. S., & Kessler, T. (2017). Based on respect: The role of respect in reconciliation. *Manuscript in preperation.*

Nägler, L. A., & Kessler, T. (2017). The motivational aspect of respect for volunteer work in Germany. *Manuscript in preperation.*

Pehrson, S., Stevenson, C., & Muldoon, O.T. (2014). Is everyone Irish on St Patrick's Day? Divergent expectations and experiences of collective self-objectification at a multicultural parade. *British Journal of Social Psychology, 53,* 249–264.

Pettigrew, F. T., & Meertens, R. W. (1995). Subtle and blatant prejudice in western Europe. *European Journal of Social Psychology, 35,* 57–75.

Renger, D., & Simon, B. (2011). Social recognition as an equal: The role of equality-based respect in group life. *European Journal of Social Psychology, 41,* 501–507.

Schmitt, M.T., Spears, R., & Branscombe, N. R. (2003). Constructing a minority group identity out of shared rejection: the case of international students. *European Journal of Social Psychology, 33* (1), 1–12.

Sennett, R. (2004). *Respect in a World of Inequality.* New York: W.W. Norton.

Simon, B. (2007). Respect, equality and power: A social psychological perspective. *Gruppendynamik und Organisationsberatung, 38* (3), 309–326.

Taz.de (2016, 12. Oktober). Syrer helfen bei Terrorfahndung: Politiker fordern besondere Ehrung. Abrufbar unter http://www.taz.de/!5347184/

Tyler, T. R., & Blader, S. L. (2000). *Cooperation in groups: Procedural justice, social identity, and behavioral engagement.* Philadelphia, PA: Psychology Press.

Tyler, T. R., & Lind, E. A. (1992). A relational model of authority in groups. In M. Zanna (Ed.), *Advances in experimental social psychology, 25* (pp. 115–191). New York: Academic Press.

Turner, J. C. (2005). Explaining the nature of power: A three-process theory. *European Journal of Social Psychology, 35*(1), 1–22.

Van Quaquebeke, N. (2012). Respekt, Alter! *Alsecco Aface (02–2012),* 22–25. Abrufbar unter http://www.alsecco.de/unternehmen/kundenmagazin-aface/ausgabe/02-2012.html#c17_

Verkuyten, M. (2011). Multiculturalism and Tolerance: Intergroup Perspective. In R. J. Crisp (Ed.), *The Psychology of Social and Cultural Diversity* (pp. 145–170). Oxford, UK: Wiley-Blackwell.

Wulf, A. (2016, 11. Oktober). Wer sind die "Helden von Leipzig"? *MDR Aktuell Nachrichten.* Abrufbar unter http://www.mdr.de/nachrichten/vermischtes/terrorverdacht-chemnitz-helden-von-leipzig-100.html

Zagefka, H., & Brown, R. (2002). The Relationship between Acculturation Strategies, relative Fit, and Intergroup Relations: Immigrant-majority Relations in Germany. *European Journal of Social Psychology, 32,* 171–88.

Sarah E. Martiny und Laura Froehlich

Integration durch Bildung?

Eine sozialpsychologische Analyse vorhandener Hindernisse für jugendliche Geflüchtete und Jugendliche mit Migrationshintergrund im deutschen Bildungssystem

Zusammenfassung: *Die deutsche Gesellschaft ist von ethnischer Diversität geprägt, so haben derzeit ca. 20 % der Bevölkerung einen Migrationshintergrund, d. h. entweder sie oder ihre Eltern sind nach Deutschland eingewandert. Ein zentraler Weg zur Integration von Menschen mit Migrationshintergrund in die deutsche Gesellschaft ist Bildung. Studien zeigen jedoch, dass einige schon länger in Deutschland lebende Migrantengruppen – besonders türkischstämmige Migrantinnen und Migranten – Schwierigkeiten im Bildungssystem und auf dem Arbeitsmarkt haben. Im vorliegenden Beitrag werden Forschungsergebnisse zu sozialpsychologischen Faktoren für diese ethnischen Bildungsungleichheiten am Beispiel von türkischstämmigen Migrantinnen und Migranten dargestellt und auf die Bildungssituation von kürzlich nach Deutschland Geflüchteten übertragen. Dabei wird vor allem die Rolle von Stereotypen diskutiert, sowohl hinsichtlich ihrer Konsequenzen für die Stereotyp innenhabende Gruppe als auch für die vom den Stereotypen betroffene Gruppe. Weiterhin wird dargestellt, dass ein zentraler Weg zum Abbau negativer Stereotype die Herstellung von Kontakt zwischen Deutschen und Migrantengruppen ist. Ausgehend von diesen Forschungsbefunden schließt der Beitrag sowohl mit allgemeinen Implikationen als auch mit Implikationen für das deutsche Bildungssystem.*

1. Bildungssituation von Menschen mit Migrationshintergrund und Geflüchteten in Deutschland

Die deutsche Gesellschaft ist von wachsender Diversität und Multikulturalität geprägt. Im Jahr 2014 hatten ca. 20 % der in Deutschland lebenden Menschen einen Migrationshintergrund (d. h. sie selbst oder mindestens ein Elternteil sind nach Deutschland zugewandert; Statistisches Bundesamt, 2015). Ein großer Teil dieser Menschen mit Migrationshintergrund lebt schon seit vielen Jahren in Deutschland oder ist selbst in Deutschland geboren. Ein anderer Teil ist erst kürzlich nach Deutschland eingewandert. Derzeit liegt besonderes Augenmerk auf Menschen, die vor (Bürger-)Kriegen in ihren Heimatregionen geflüchtet sind. So ist seit 2014 ein starker Anstieg von Asylsuchenden zu verzeichnen: Es wird davon ausgegangen, dass im Jahr 2015 ca. 1,1 Mio. Menschen nach Deutschland geflüchtet sind, für das Jahr 2016 liegt eine ähnlich hohe Prognose vor (z. B. Bundesamt für Migration und Flüchtlinge, 2016a).

Die Integration von Migrantinnen und Migranten in eine multikulturelle Gesellschaft stellt eine der größten Herausforderungen unserer Zeit dar (Deaux & Verkuyten, 2014). Menschen mit Migrationshintergrund werden als vollständig integriert angesehen, wenn sie in zentralen Bereichen der Gesellschaft eine gleiche Teilhabe wie Menschen ohne Migrationshintergrund zeigen (Bundesamt für Migration und Flüchtlinge, 2014; Phinney, Horenczyk, Liebkind, & Vedder, 2001). Von Medien (z. B. ZDF, 2015), Politik (z. B. Bundesministerium für Bildung und Forschung, 2015) und Wissenschaft (z. B. Froehlich, Martiny, Deaux, & Mok, 2015) ist gleichermaßen darauf hingewiesen worden, dass Bildung einen zentralen Weg zur Integration darstellt. Besonders relevant ist dieser Weg für Geflüchtete: Von den seit 2014 nach Deutschland geflüchteten Menschen sind 55 % unter 25 Jahre alt und befinden sich somit in Bildung und Ausbildung (Brückner, Hauptmann, & Vallizadeh, 2015). Gelingt es Deutschland also, die Geflüchteten gut in das deutsche Bildungssystem zu integrieren, so ermöglicht dies nicht nur den Geflüchteten selbst eine sichere (ökonomische) Zukunft, sondern stellt auch ein großes Potential für den deutschen Arbeitsmarkt dar (z. B. Thränhardt, 2015).

Betrachtet man Statistiken zum Erfolg von Menschen mit Migrationshintergrund im deutschen Bildungssystem, so werden jedoch deutliche Probleme sichtbar. Viele der in Deutschland lebenden Menschen mit Migrationshintergrund haben Schwierigkeiten im Bildungssystem und auf dem Arbeitsmarkt. Dies stellte u. a. das Institut für Sozialforschung und Gesellschaftspolitik und Wissenschaftszentrum Berlin für Sozialforschung GmbH in ihrem Bericht „Integration in Deutschland – Zweiter Integrationsindikatorenbericht“ im Dezember 2011 fest. Es zeigte sich zum Beispiel, dass der Anteil der 18- bis unter 25-Jährigen, die nicht über einen Abschluss der Sekundarstufe I verfügten und sich nicht in Aus- oder Weiterbildung befanden, im Jahr 2010 bei Deutschen ohne Migrationshintergrund bei 1.6 % lag, während bei Menschen mit Migrationshintergrund der Anteil bei 4.4 % lag und damit mehr als doppelt so hoch war. Standardisierte Tests, die die Leistungen von Schülerinnen und Schülern mit und ohne Migrationshintergrund vergleichen, kommen zu ähnlichen Ergebnissen: Zum Beispiel im Bereich der Mathematik verringerte sich zwar der Leistungsunterschied von Schülerinnen und Schülern mit und ohne Migrationshintergrund in den PISA-Studien von 2003 bis 2012 zwar deutlich; doch auch 2012 lagen Schülerinnen und Schüler mit Migrationshintergrund noch hinter Schülerinnen und Schülern ohne Migrationshintergrund zurück (um 54 Punkte; nach Kontrolle des sozioökonomischen Status immer noch um 25 Punkte; OECD, 2012).

Für in den letzten Jahren nach Deutschland Geflüchtete liegen bisher noch keine Untersuchungen hinsichtlich ihrer Leistungen im Bildungssystem vor. Jedoch kann aus den Erfahrungen zu Migration und Bildung der letzten Jahrzehnte gefolgert werden, dass einige Gruppen von Geflüchteten wahrscheinlich auf ähnliche Schwierigkeiten im deutschen Bildungssystem stoßen werden wie einige der schon länger in Deutschland lebenden bzw. in Deutschland geborenen Migrantinnen und Migranten.

Betrachtet man die Statistiken zum Bildungserfolg von Menschen mit Migrationshintergrund in Deutschland genauer, so fällt auf, dass große Unterschiede im Bildungserfolg verschiedener ethnischer Gruppen bestehen. Zudem wird in einigen Arbeiten auch noch die sogenannte Migrationsgeneration betrachtet: Personen, die selbst nach Deutschland eingewandert sind, werden als Migrantinnen und Migranten der ersten Generation bezeichnet. Sind Personen jedoch in Deutschland geboren, aber ein oder beide Elternteile sind nach Deutschland eingewandert, werden sie als Migrantinnen und Migranten der zweiten Generation bezeichnet (z. B. Statistisches Bundesamt, 2015). Neben der ethnischen Gruppenzugehörigkeit kann also auch die Migrationsgeneration den Bildungserfolg von Migrantinnen und Migranten vorhersagen. Vergleicht man zum Beispiel die Lesekompetenz von türkischstämmigen und von aus der ehemaligen UdSSR stammenden Schülerinnen und Schülern mit der Lesekompetenz von Schülerinnen und Schülern ohne Migrationshintergrund, so zeigt sich, dass die Kompetenznachteile der türkischstämmigen Schülerinnen und Schüler der ersten und der zweiten Generation auch nach Kontrolle des sozioökonomischen Status groß bleiben. Bei Jugendlichen aus der UdSSR hingegen zeigt sich zwar in der ersten Generation noch ein Kompetenznachteil, dieser verschwindet aber bei Jugendlichen der zweiten Generation völlig (z. B. Stanat, Rauch, & Segeritz, 2010). Ein ähnliches Bild liefert der Anteil türkischstämmiger Schülerinnen und Schüler auf den drei unterschiedlichen Schularten in Deutschland: Während mehr als die Hälfte (57 %) der türkischstämmigen Schülerinnen und Schüler Hauptschulen besucht, tun dies nur 28.3 % der Schülerinnen und Schüler ohne Migrationshintergrund. Während der Anteil an Realschulen bei den beiden Gruppen ähnlich ist (ca. 30 %), finden sich an Gymnasien nur 15.2 % der türkischstämmigen Schülerinnen und Schüler im Vergleich zu 37.4 % der Schülerinnen und Schüler ohne Migrationshintergrund (Baier, Pfeiffer, Rabold, Simonson, & Kappes, 2010). Insgesamt lässt sich somit feststellen, dass im Vergleich aller ethnischen Gruppen türkischstämmige Migrantinnen und Migranten in Deutschland sehr niedrige akademische Leistungen zeigen und große Schwierigkeiten im Schulsystem und auf dem Arbeitsmarkt haben (Statistisches Bundesamt, 2012). Gleichzeitig machen sie die größte Gruppe der Migranten in Deutschland aus (18.3 %, Statistisches Bundesamt, 2012).

Welche Gruppen von Geflüchteten könnten gefährdet sein, ähnliche Schwierigkeiten im deutschen Bildungssystem zu bekommen wie türkischstämmige Migrantinnen und Migranten? Im vorliegenden Beitrag werden Ursachen der niedrigen Leistungen türkischstämmiger Migrantinnen und Migranten im deutschen Bildungssystem aus einer sozialpsychologischen Perspektive analysiert und die Forschungsergebnisse auf die Bildungssituation von Geflüchteten übertragen. Dazu wird vor allem der Einfluss negativer Stereotype, Attributionen und Kontakt mit der Mehrheitsgesellschaft (hier Deutsche ohne Migrationshintergrund) diskutiert. Der Beitrag schließt mit praktischen Implikationen der dargestellten Forschung, besonders für den schulischen Kontext.

2. Stereotype

Menschen neigen dazu ihre Umwelt in Kategorien einzuteilen (z. B. werden Bleistifte und Kugelschreiber beide als Stifte kategorisiert). Das Einteilen der Umwelt in Kategorien vereinfacht dem Menschen die Informationsverarbeitung, da das Zuordnen eines Zielobjekts in eine Kategorie es ermöglicht, sich Informationen zu erschließen, die nicht direkt gegeben werden (Fiedler & Bless, 2001). Soziale Kategorien über Gruppen von Menschen werden als Stereotype bezeichnet (Fiedler & Bless, 2001). Stereotype sind Überzeugungen über bestimmte Eigenschaften, Charakteristika und Verhaltensweisen von Mitgliedern spezifischer sozialer Gruppen (Baron & Byrne, 2000). Dabei wird über eine Gruppe von Personen hinweg generalisiert, sodass Unterschiede zwischen den einzelnen Mitgliedern weitgehend außer Acht gelassen werden (so könnten z. B. alle Italienerinnen und Italiener als gesellig gelten, obwohl Einzelne natürlich mehr oder weniger gesellig sind). Es wird also davon ausgegangen, dass – zu einem gewissen Maß – alle Mitglieder sozialer Gruppen bestimmte Eigenschaften teilen. Stereotype sind ein wichtiger Aspekt der menschlichen Organisation von Informationen, dies bedeutet, dass alle Menschen Stereotype haben. Stereotype haben sowohl Vor- als auch Nachteile. Ein zentraler Vorteil ist, dass Stereotype die Informationsverarbeitung vereinfachen (z. B. Klauer, 2008). Dies bedeutet, dass man weniger Informationen aus der Umwelt verarbeiten muss (z. B. muss man nicht jedes Detail über eine Person, der man begegnet, beobachten und interpretieren), sondern man kann basierend auf Stereotypen bestimmte Informationen aus dem Gedächtnis abrufen (z. B. Klauer, 2008; beispielsweise schlussfolgert man basierend auf dem

Geschlecht der Person bestimmte Persönlichkeitseigenschaften). Stereotype haben aber auch Nachteile, so sind sie nicht nur häufig inhaltlich ungenau und generalisieren über eine Gruppe von Menschen hinweg, sondern sind auch relativ resistent gegenüber Änderungen (Bierbauer, 1996).

In Deutschland sind Stereotype über bestimmte Migrantengruppen weit verbreitet (z. B. Asbrock, 2010), jedoch werden nicht alle Migrantinnen und Migranten gleich charakterisiert, sondern die Stereotype über verschiedene Migrantengruppen unterscheiden sich. Besonders negativ werden türkischstämmige Migrantinnen und Migranten beurteilt. So hat zum Beispiel die Forschung von Kahraman und Knoblich (2000) gezeigt, dass deutsche Probanden zwar gleich viele negative Aussagen über Deutsche wie über türkischstämmige Migrantinnen und Migranten generierten, aber deutlich weniger positive Aussagen über türkischstämmige Migrantinnen und Migranten generierten als über Deutsche. In einer weiteren Forschungsarbeit wurde die Wahrnehmung von Deutschen gegenüber unterschiedlichen Migrantengruppen auf zwei Dimensionen erhoben; im Hinblick auf Wärme (also z. B. Freundlichkeit) und Kompetenz (also z. B. Fähigkeit; Asbrock, 2010; basierend auf dem Stereotype Content-Modell von Fiske, Cuddy, Glick, & Xu, 2002). Die Ergebnisse dieser Studie zeigen zum Beispiel, dass asiatische Migrantinnen und Migranten in Deutschland eher als kompetent denn als warm wahrgenommen werden, wobei sie auf beiden Dimensionen relativ hohe Werte erzielen, während türkischstämmige Migrantinnen und Migranten als gleich kompetent wie warm wahrgenommen werden, wobei sie auf beiden Dimensionen relativ niedrige Werte erzielen.

In einer aktuellen Studie erweiterten Froehlich und Kolleginnen (Froehlich, Martiny, Deaux, & Mok, 2016) die bestehenden Arbeiten, indem sie Deutsche über ihre Stereotype gegenüber türkisch- und italienischstämmigen Migrantinnen und Migranten und Deutschen befragten. In einer ersten Studie baten die Autorinnen deutsche Lehramtsstudierende ohne Migrationshintergrund in einem offenen Antwortformat anzugeben, welche Eigenschaften in der deutschen Gesellschaft mit den drei Gruppen assoziiert werden. Während für türkischstämmige Migrantinnen und Migranten sowohl mehr negative als auch weniger positive Eigenschaften generiert wurden als für Deutsche, war die Einschätzung von italienischstämmigen Migrantinnen und Migranten weniger eindeutig. Zwar wurden weniger positive Eigenschaften über italienischstämmigen Migrantinnen und Migranten generiert als über Deutsche, aber es wurden auch weniger negative Eigenschaften über sie generiert als über Deutsche. Eine weitere Studie ergab, dass sowohl türkischstämmige als auch italienischstämmige Migrantinnen und Migranten von deutschen Lehramtsstudierenden als weniger kompetent bewertet wurden als Deutsche, dass aber türkischstämmige Migrantinnen und Migranten als noch weniger kompetent bewertet wurden als italienischstämmige Migrantinnen und Migranten. Zusammenfassend kann man festhalten, dass negative Stereotype über Migrantinnen und Migranten in Deutschland bestehen, wobei negative Stereotype über türkischstämmige Migrantinnen und Migranten besonders verbreitet sind.

Da in den letzten Jahren nach Deutschland Geflüchtete überwiegend anderen ethnischen Gruppen angehören als schon länger in Deutschland lebende Migrantinnen und Migranten, liegt es nahe anzunehmen, dass sich derzeit Stereotype über Geflüchtete in der deutschen Gesellschaft ausbilden. Den Inhalt von Stereotypen beschreibt das bereits oben erwähnte Stereotype Content-Modell von Fiske und Kolleginnen und Kollegen (z. B. Fiske et al., 2002) anhand von zwei grundlegenden Dimensionen: Kompetenz (je höher der Status und die Fähigkeit einer Gruppe, ihre Ziele zu erreichen, wahrgenommen werden, desto kompetenter wird sie eingeschätzt) und Wärme (je niedriger der wahrgenommene Wettbewerb mit der Gruppe, desto wärmer wird sie eingeschätzt). Fremdgruppen können als negativ stereotypisiert werden (also wenig warm und wenig kompetent) oder als ambivalent (hoch auf einer und niedrig auf der anderen Dimension). Die Gruppe der Geflüchteten ist relativ heterogen – bezogen auf ihre Herkunftsländer und ihr Bildungsniveau. Daher liegt nahe, dass sich wahrscheinlich unterschiedliche Stereotype gegenüber ethnischen Subgruppen von Geflüchteten in der deutschen Gesellschaft herausbilden werden. Die meisten der 2015 und 2016 nach Deutschland gekommenen Geflüchteten stammen aus Syrien, gefolgt von Albanien und dem Kosovo, Afghanistan und dem Irak (Bundesamt für Migration und Flüchtlinge, 2016b; Statista, 2015). Ihre Schulbildung ist sehr unterschiedlich: Ein Teil verfügt über eine hohe Bildung bis hin zum Hochschulabschluss, ein anderer Teil noch nicht einmal über einen Hauptschulabschluss (Brückner et al., 2015). Somit ist es wahrscheinlich, dass einige Subgruppen der Geflüchteten als kompetent und von hohem Status gesehen werden, wohingegen andere Subgruppen als weniger kompetent und von niedrigem Status wahrgenommen werden. Daraus folgt, dass besser gestellte Gruppen von Geflüchteten wahrscheinlich schneller ins Bildungssystem und den Arbeitsmarkt integriert werden und eher als hoch kompetent stereotypisiert werden. Auf der anderen Seite werden schlechter gestellte Gruppen von Geflüchteten wahrscheinlich Probleme im Bildungssystem und auf dem Arbeitsmarkt haben und als wenig kompetent stereotypisiert werden.

Schaut man sich die nach Deutschland Geflüchteten ethnischen Gruppen genauer an, so stellt sich die Frage: Welche Stereotype können also für Geflüchtete aus unterschiedlichen Herkunftsländern erwartet werden? Neben tatsächlichen statistischen Kennzahlen sind in den Medien vermittelte Darstellungen an der Bildung und Verbreitung von Stereotypen beteiligt (z. B. Deaux, 2006; Moscovici, 1998). So wurde eine Statistik des Bundesamts für Migration und Flüchtlinge in vielfältigen Medien zitiert, in der Geflüchtete aus Syrien als besser gebildet ausgewiesen wurden als Geflüchtete aus anderen Herkunftsländern (z. B. Dams, 2015; Frankenfeld, 2015). Eine Studie des ifo Instituts (Leibnitz-Institut für Wirtschaftsforschung) ergab jedoch, dass syrische Geflüchtete genau wie Geflüchtete aus Afghanistan, dem Irak und dem Westbalkan eher über eine unter den westlichen Standards liegende Schulbildung verfügen (Battisti & Felbermayr, 2015). Nichtsdestotrotz scheinen Geflüchtete aus Syrien hinsichtlich ihrer Kompetenz positiver wahrgenommen zu werden und könnten folglich weniger Schwierigkeiten mit der Integration ins Bildungssystem haben als Geflüchtete aus anderen Herkunftsländern. Welche Konsequenzen negative Stereotype – besonders im Kompetenzbereich – haben können, wird im folgenden Abschnitt am Beispiel von türkischstämmigen Migrantinnen und Migranten aufgezeigt und auf die Situation von Geflüchteten übertragen.

3. Konsequenzen von Stereotypen

Die Konsequenzen von Stereotypen werden aus zwei Perspektiven betrachtet; zum einen wird aus der Perspektive der Stereotype innehabenden Gruppe der Deutschen dargestellt, dass negative Stereotype damit zusammenhängen, wer für einen Misserfolg von Migrantinnen und Migranten im Bildungssystem verantwortlich gemacht wird. Zum anderen wird aufzeigt, dass negative Stereotype ebenfalls Konsequenzen für die vom Stereotyp betroffenen Migrantinnen und Migranten haben können.

3.1. Attributionen

In der Mehrheitsgesellschaft verbreitete Stereotype können damit zusammenhängen, welche Ursachen (d. h. Attributionen) die Mitglieder der Mehrheitsgesellschaft für die niedrigen Leistungen der Migrantengruppen verantwortlich machen (Froehlich, Martiny, Deaux, & Mok, 2016). So argumentierte Pettigrew (1979), dass Menschen dazu neigen, negatives Verhalten einer Fremdgruppe auf in der Person liegende Ursachen (Attribution auf internale Ursachen; z. B. Faulheit) zurückzuführen, anstatt auf in der Situation liegende Ursachen (Attribution auf externale Ursache, z. B. Diskriminierung). Diese Art der Ursachenzuschreibung wird stärker, je negativer Stereotype über die Fremdgruppe sind. Diese Annahmen wurden kürzlich in zwei Studien mit Lehramtsstudierenden anhand des Vergleichs zwischen türkischstämmigen und italienischstämmigen Migrantinnen und Migranten überprüft (Froehlich et al., 2016). Wie erwartet wurden beide Migrantengruppen für ihre schlechten Leistungen im deutschen Bildungssystem stärker verantwortlich gemacht, je mehr negative Stereotype ihnen zugeschrieben wurden. Weiterhin zeigte sich nur für türkischstämmige Migrantinnen und Migranten, dass je mehr negative Stereotype ihnen zugeschrieben wurden, desto weniger wurden Mängel im Bildungssystem (d. h. externale Ursachen) für ihre niedrigen Leistungen verantwortlich gemacht. Zusammenfassend hat diese Forschung also nicht nur gezeigt, dass türkischstämmige Migrantinnen und Migranten besonders negativ stereotypisiert sind, sondern dass deutsche Lehramtsstudierende zudem dazu neigen, diese Gruppe besonders stark für ihre niedrigen Leistungen selbst verantwortlich zu machen.

Bezogen auf Geflüchtete besteht demnach die Gefahr, dass im Kompetenzbereich negativ stereotypisierte Gruppen von Geflüchteten von Lehrkräften und anderen Akteuren des Bildungssystems ebenfalls eher selbst für ihre potentiell schlechten akademischen Leistungen verantwortlich gemacht werden (z. B. „Sie strengen sich eben nicht genug an, da können wir auch nichts machen“). Dies könnte in einem weiteren Schritt das Verhalten von Bildungsakteuren gegenüber jugendlichen Geflüchteten, die ins deutsche Schulsystem eingegliedert werden sollen, beeinflussen und so zu einem fatalen Teufelskreis führen: Je mehr die Geflüchteten selbst als verantwortlich für ihr Abschneiden im Bildungssystem gesehen werden, desto weniger wird über Ursachen der Probleme im Bildungssystem reflektiert und desto weniger Hilfestellung wird den Betroffenen gegeben.

3.2. Stereotype Threat

Nachdem der vorherige Abschnitt gezeigt hat, dass Stereotype negative Auswirkungen auf die Einschätzung der Ursachen für Schwierigkeiten von Schülerinnen und Schülern mit Migrationshintergrund im deutschen Bildungssystem haben können, wird in diesem Abschnitt nun dargestellt, dass Stereotype auch direkte Konsequenzen für die betroffenen Gruppenmitglieder haben können. Mitte der neunziger Jahre konnten Claude Steele und Joshua Aronson (1995) erstmals zeigen, dass das Aktivieren negativer kompetenzbezogener Stereotype in Leistungssituationen zu niedrigeren Leistungen betroffener Gruppenmitglieder führen kann. Afro-Amerikaner, die ihre Ethnizität vor der Bearbeitung eines verbalen Leistungstests angeben mussten, schnitten schlechter ab als Afro-Amerikaner, die ihre Ethnizität nicht vor der Testbearbeitung angeben mussten (unter Kontrolle früherer Leistungen). Die Autoren schlussfolgerten, dass die Angabe der Ethnizität das negative Stereotyp, das über Afro-Amerikaner und verbale Intelligenz besteht, aktiviert hatte (Steele &

Aronson, 1995, Studie 4). Dieses als *Stereotype Threat* bezeichnete Phänomen bedeutet also, dass das bloße Aktivieren negativer Stereotype zu einem Leistungsabfall für die betroffenen Gruppenmitglieder führen kann. Innerhalb der vergangenen zwei Jahrzehnte konnten Stereotype Threat-Effekte in mehr als 200 Studien in fast jedem Bereich, in dem negative kompetenzbezogene Stereotype über eine Gruppe existieren, gezeigt werden. Unter anderem zeigten sich Stereotype Threat-Effekte für Afro-Amerikaner in verbaler Intelligenz (z. B. Steele & Aronson, 1995), für Frauen in Mathematik (z. B. Keller 2007; Schuster, Martiny, & Schmader, 2015), für Menschen mit niedrigem sozio-ökonomischen Status in kognitiven Leistungen (z. B. Croizet & Claire, 1998) und für ältere Menschen bei Gedächtnisleistungen (z. B. Rahhal, Hasher, & Colcombe, 2001; für einen Überblick siehe Martiny & Götz, 2011).

Trotz des Vorhandenseins zahlreicher negativer Stereotype über unterschiedliche Migrantengruppen liegen bislang relativ wenige Forschungsarbeiten zu Stereotype Threat-Effekten für Migrantinnen und Migranten in Europa vor (Appel, Weber, & Kronberger, 2015). Erste Studien geben aber Hinweise darauf, dass auch die Leistung verschiedener Migrantengruppen in Deutschland durch negative Stereotype eingeschränkt sein könnte. So untersuchten Martiny, Mok, Deaux und Froehlich (2015), ob die Aktivierung eines negativen Kompetenzstereotypes die Leistungen von türkischstämmigen Schülerinnen und Schülern in einem nachfolgenden Mathematiktest behinderte. Dazu teilten sie Schülerinnen und Schüler von deutschen Realschulklassen zufällig in zwei Bedingungen ein: In einer Bedingung wurde ein negatives Stereotyp über die Kompetenz türkischstämmiger Migrantinnen und Migranten vor der Testbearbeitung aktiviert, in der anderen Bedingung nicht. Die Ergebnisse zeigen, dass die Aktivierung des negativen Stereotypes die türkischstämmigen Schülerinnen und Schüler so behinderte, dass sie in einem nachfolgenden Mathematiktest signifikant schlechtere Leistungen zeigten, nicht nur im Vergleich zu Deutschen, sondern auch im Vergleich zu türkischstämmigen Schülerinnen und Schülern, bei denen vor der Bearbeitung des Mathematiktests kein negatives Stereotyp aktiviert wurde. Weitere Arbeiten konnten zeigen, dass bestimmte Merkmale der Person, wie der Glauben an eine unveränderbare Intelligenz oder eine bestimmte kulturelle Wertorientierung, den Effekt der negativen Stereotype in Leistungssituationen noch verstärken können und dass sich Stereotype nicht nur im mathematischen, sondern auch im sprachlichen Bereich leistungsmindernd für Migrantinnen und Migranten auswirken (Froehlich, Martiny, Deaux, Goetz, & Mok, 2016; Mok, Martiny, Gleibs, Deaux, & Froehlich, 2017). Zusammenfassend zeigt diese Forschung somit, dass die Aktivierung negativer Stereotype die betroffenen Gruppenmitglieder in Leistungssituationen einschränkt und somit dazu beitragen kann, dass Mitglieder bestimmter Migrantengruppen ihr intellektuelles Potenzial nicht vollständig ausschöpfen.

Wenn sich also negative kompetenzbezogene Stereotype über Geflüchtete in der deutschen Gesellschaft entwickeln, dann wird es wahrscheinlich ebenfalls zu Stereotype Threat-Effekten für Geflüchtete kommen, die ähnlich wie bei Migrantinnen und Migranten dazu beitragen können, dass sich ein Leistungsgefälle zwischen Deutschen und negativ stereotypisierten Geflüchteten ausbildet. Kürzlich nach Deutschland Geflüchtete verfügen häufig über keine oder nur grundlegende Kenntnisse der deutschen Sprache. Dies kann die Integration der Geflüchteten in den schulischen Alltag erschweren. Da Sprachkenntnisse nicht nur im Fach Deutsch, sondern auch in allen anderen in deutscher Sprache unterrichteten Fächern essenziell sind, könnten sich Stereotype Threat-Effekte im verbalen Bereich besonders hinderlich für die akademischen Leistungen von Geflüchteten auswirken.

4. Die Rolle von Kontakt zur Reduzierung negativer Stereotype

Nach der Darstellung der Konsequenzen von negativen kompetenzbezogenen Stereotypen stellt sich nun die Frage, wie man Stereotype und negative Einstellungen gegenüber Fremdgruppen (also Gruppen denen man nicht angehört; z. B. verschiedenen Gruppen von Geflüchteten oder Migrantinnen und Migranten) reduzieren kann. Eine der zentralsten Annahmen der psychologischen Forschung zur Reduzierung von Vorurteilen und negativen Stereotypen wurde in der sogenannten Kontakthypothese formuliert (Allport, 1954). Die Kontakthypothese geht davon aus, dass Kontakt zwischen Menschen unterschiedlicher Gruppen Vorurteile und Feindseligkeit zwischen den Gruppen abschwächen kann. Diese Annahme war die Grundlage für zahlreiche Maßnahmen zur Aufhebung der Segregation ethnischer Gruppen in den vergangenen Jahrzehnten (z. B. in den USA die ethnische Trennung beim Wohnen; Brown, 2001). Es wird angenommen, dass Kontakt vor allem dahingehend wirkt, dass die vorhandene Angst, die Gruppenmitglieder vor unbekannten Fremdgruppen haben können, abgebaut wird und dass Empathie mit und Wissen über die Fremdgruppe zunimmt (Pettigrew & Tropp, 2008). Ursprünglich wurde davon ausgegangen, dass Kontakt nur dann hilfreich zur Verringerung von Vorurteilen ist, wenn vier Bedingungen erfüllt sind: Die Gruppen haben den gleichen Status, Kooperation wird gefördert, ein gemeinsames Ziel ist vorhanden, und der Kontakt zwischen den Gruppen wird von den Autoritäten unterstützt (Pettigrew, 1998). Eine Überblicksarbeit (Pettigrew & Tropp, 2006) hat jedoch gezeigt, dass Kontakt auch dann die Beziehungen zwischen Gruppen verbessert, wenn nicht alle dieser Bedingungen erfüllt sind. Zudem hat eine aktuelle Überblicksarbeit die Ergebnisse von 113 Studien zusammengefasst, in denen die Effekte von Kontakt bei Kindern und Jugendlichen im Alter von 2 bis 19 Jahren untersucht wurden (Raabe & Beelmann, 2011). Diese Arbeit zeigt, dass Kontakt schon bei Kindern einen positiven Effekt haben kann: Im Alter von 2 bis 7 Jahren nahmen bei allen Kindern der Majorität Vorurteile zu, unabhängig davon, ob sie Kontakt mit Minoritäten hatten oder nicht. Ab dem 7. Lebensjahr nahmen die Vorurteile jedoch stetig ab, wenn die Kinder Kontakt zu Minoritäten hatten. Wenn Kinder hingegen keinen Kontakt mit Minoritäten hatten, stiegen die Vorurteile bis zu einem Alter von 19 Jahren weiter an (Raabe & Beelmann, 2011). Darüber hinaus konnte gezeigt werden, dass der Kontakt gar nicht unbedingt direkt zwischen den einzelnen Mitgliedern zweier (oder mehr) Gruppen stattfinden muss, um die erhoffte Wirkung zu erzielen. Forschung konnte zeigen, dass schon das Wissen, dass Mitglieder der eigenen Gruppe enge Freundschaften mit Mitgliedern der anderen Gruppen haben, dazu beitragen kann, dass sich die Einstellungen gegenüber der Fremdgruppe verbessern (sogenannter stellvertretender Kontakt; z. B. Wright, Aron, McLaughlin-Volpe, & Ropp, 1997). Dieser Effekt geht sogar so weit, dass es ausreicht den Kontakt zwischen Mitgliedern der eigenen Gruppe und Mitgliedern der Fremdgruppe in einem Video zu beobachten, um nicht nur die Einstellungen der beobachtenden Gruppenmitglieder gegenüber der Fremdgruppe zu verbessern, sondern auch die Bereitschaft der beobachtenden Gruppenmitglieder für eigenen Kontakt mit den Fremdgruppenmitgliedern (Mazziotta, Mummendey, & Wright, 2010).

Interessanterweise wirkt Kontakt für die Mitglieder aller in Kontakt stehenden Gruppen positiv, auch wenn der Effekt für Minderheiten etwas weniger stark ist als für Mehrheiten (Tropp & Pettigrew, 2005). So kann Kontakt zwischen Deutschen und Menschen mit Migrationshintergrund nicht nur dafür genutzt werden, dass Deutsche eine positivere Einstellung gegenüber den Migrantengruppen erwerben, sondern Kontakt mit der deutschen Mehrheitsgesellschaft kann auch positive Effekte für die Migrantinnen und Migranten selbst haben. So zeigt eine aktuelle Arbeit (Martiny, Froehlich, Deaux, & Mok, 2017), dass für türkischstämmige Jugendliche ein positiver Zusammenhang zwischen der Menge an Kontakt mit Deutschen ohne Migrationshintergrund und dem Ausmaß, in dem sich die Jugendlichen in Deutschland zuhause fühlen, besteht.

Somit sollte es ein zentrales Anliegen der gesellschaftlichen Akteure in Deutschland sein, den Kontakt von Geflüchteten und Deutschen zu fördern, was positive Effekte für beide Gruppen nach sich ziehen kann. Besonders in Schulen und anderen Bildungseinrichtungen haben Geflüchtete die Gelegenheit, mit Deutschen in Kontakt zu treten und durch die Bildung von Freundschaften die deutsche Sprache zu üben und sich in die deutsche Gesellschaft zu integrieren.

5. Praktische Implikationen

5.1. Allgemeine Implikationen

Welche Implikationen kann man aus den oben beschriebenen Forschungsarbeiten für den Umgang mit und eine verbesserte Integration von Geflüchteten in Deutschland ableiten? Im Allgemeinen scheint es zentral, Lehren aus dem Umgang mit den Migrantinnen und Migranten der vergangenen Jahrzehnte zu ziehen und die dort gemachten Fehler im Hinblick auf die Integration der aktuell Geflüchteten nicht zu wiederholen. So erscheint es essenziell, dass genug Ressourcen bereitgestellt werden, um eine erfolgreiche Integration der Geflüchteten zu ermöglichen. So muss beispielweise ausreichend Personal auf allen Ebenen des Bildungssystems verfügbar sein, von der frühkindlichen Förderung bis hin zur Lehramtsausbildung und Lehrkräftefortbildung an Hochschulen und Universitäten.

In Bezug auf Stereotype sollten zunächst zwei Aspekte im Auge behalten werden: Zum einen sollte wissenschaftlich untersucht werden, welche Stereotype sich über verschiedene ethnische Gruppen von Geflüchteten in den nächsten Jahren in der deutschen Gesellschaft herausbilden werden – vor allem negative Stereotype sollten in öffentlichen Medien als gefährliche Generalisierungen über Gruppen von Menschen hinweg aufgedeckt und diskutiert werden. Zum anderen sollte jedoch auch darauf geachtet werden, welche Stereotype von Medien transportiert und verstärkt werden und diesen Stereotypen sollte entgegen gewirkt werden, besonders wenn dabei bestimmte ethnische Gruppen wiederholt negativ dargestellt werden. Zudem sollten sowohl auf der medialen Ebene als auch auf der gesamtgesellschaftlichen Ebene die Ursachenzuschreibungen für auftretende Schwierigkeiten der Geflüchteten in der deutschen Gesellschaft kritisch reflektiert werden. So sollte überlegt werden, wie man institutionelle Diskriminierung im Bildungssystem und auf dem Arbeitsmarkt reduzieren kann (z. B. Gomolla & Radtke, 2009). Zum Beispiel kann darauf geachtet werden, an welchen Stellen durch relativ einfache Schritte Aspekte für Geflüchtete in der deutschen Gesellschaft vereinfacht werden könnten, die im alltäglichen Leben zu großen Schwierigkeiten und Misserfolgserlebnissen bei Geflüchteten führen können (z. B. öffentliche Dokumente von Kommunen in unterschiedlichen Sprachen bereitstellen).

Wie oben dargestellt, ist der Kontakt zwischen Deutschen und Geflüchteten ein zentraler Aspekt zur Verbesserung von Beziehungen zwischen den Gruppen. Dabei sollte nicht nur versucht werden, generell die Kontakterfahrung zwischen Deutschen und Geflüchteten zu erhöhen, auch wenn die in Kontakt stehenden Personen sich durch unterschiedliche Sprachkenntnisse nur wenig verbal miteinander verständigen können, sondern es sollte auch versucht werden, die aus der

Forschung zur Kontakthypothese abgeleiteten vier Bedingungen zu erfüllen, um möglichst positive Effekte der Kontakterfahrung herbeizuführen. Dies bedeutet, dass Kontaktsituationen geschaffen werden sollten, in denen nicht eine Gruppe als besser als die anderen Gruppen angesehen wird (gleicher Status). Das heißt, es sollten bei Begegnungen zwischen Deutschen und Geflüchteten auch explizit die Kulturen der Geflüchteten wertgeschätzt werden. Darüber hinaus sollte darauf geachtet werden, dass bei diesen Begegnungen Kooperation und Zusammenarbeit zwischen den Mitgliedern unterschiedlicher Gruppen im Vordergrund steht und wenn möglich an einem gemeinsamen Ziel gearbeitet wird (z. B. die Planung eines gemeinsamen Sommerfests oder die Ausübung von Mannschaftssportarten). Darüber hinaus sollte allen Beteiligten vermittelt werden, dass potenzielle Autoritäten (z. B. leitende Personen in Politik, Gemeinden und Vereinen) den Kontakt zwischen den unterschiedlichen Gruppen unterstützen und wertschätzen.

Nun wird es viele Menschen geben, die aus diversen Gründen nicht die Zeit, Ressourcen oder Motivation haben, an Begegnungen von Deutschen und Geflüchteten teilzunehmen. Für diese, wahrscheinlich die Mehrheit der Deutschen, ist es zentral, die Befunde zu stellvertretendem Kontakt heranzuziehen. So können beispielsweise durch Medien positive Kontaktsituationen zwischen Fremdgruppenmitgliedern und Eigengruppenmitgliedern sichtbar gemacht werden (z. B. durch einen Zeitungsbericht über den Sieg eines Fußballteams, in dem Deutschen und Geflüchtete zusammen spielen). Nach diesen allgemeinen Implikationen wollen wir nun Implikationen speziell für die schulische Praxis diskutieren.

5.2. Implikationen für die schulische Praxis

Welche Implikationen kann man für Lehrkräfte und andere Bildungsakteure für die Integration von Geflüchteten in den Alltag an deutschen Bildungseinrichtungen ableiten? Besonderes Augenmerk liegt hier auf der Integration von geflüchteten Jugendlichen in Grund- und weiterführende Schulen.

Schon während der Ausbildung von Lehrkräften sollten (sozial)psychologische Inhalte als fester Bestandteil im Curriculum des Lehramtsstudiums verankert sein. Lehramtsstudierende sollten über soziale Gruppenzugehörigkeit sowie über Stereotype und ihre möglichen Konsequenzen für negativ stereotypisierte Gruppen informiert werden. Die angehenden Lehrkräfte sollten sich bewusst werden, dass jeder Mensch Stereotype hat und Strategien entwickeln, dem Spannungsfeld zwischen dem Vorhandensein von Stereotypen (sowie dem potentiellen Einfluss auf das Verhalten gegenüber Schülerinnen und Schülern und die Bewertung ihrer Leistungen) und dem Wunsch nach möglichst objektiver Leistungsbeurteilung zu begegnen. Eine solche Strategie ist, dass Lehramtsstudierende über ihre eigenen

Stereotype reflektieren, denn so können sie lernen, den Einfluss von Stereotypen auf Attributionen und Verhalten zu reduzieren. Darüber hinaus sollten die Konsequenzen von Stereotypen und die Möglichkeit der Stereotypreduzierung durch Kontakt in der Lehramtsausbildung vermittelt werden. Schon die Aufklärung der Lehrkräfte über Stereotype Threat und die bestehenden Interventionsmöglichkeiten ist ein wichtiger Faktor, der dazu beitragen kann, dass Lehrkräfte keine ethnischen Stereotype in Leistungssituationen aktivieren.

Ein weiterer wichtiger Baustein in der Aus- und Weiterbildung von Lehrkräften sollte sich auf die Stärkung ihrer multikulturellen Kompetenzen konzentrieren – dies leisten sogenannte *Diversity Trainings*. In diesen Trainings lernen Lehrkräfte, wie sie mit ethnischer Heterogenität in der Schülerschaft, aber auch im Kontakt mit Eltern und Familienangehörigen aus anderen Kulturkreisen umgehen und effektiv interkulturell kommunizieren können. Wenn sich Lehrkräfte kompetent im Umgang mit ethnischer Heterogenität fühlen, trägt das zum Unterrichtserfolg in ethnisch vielfältigen Klassen bei (z. B. Hachfeld et al., 2012).

Im Unterricht sollten Lehrkräfte darauf achten, dass keine negativen leistungsbezogenen Stereotype aktiviert werden. So sollten sie keine Lernmaterialien verwenden, die ethnische Stereotype aktivieren oder nur die Mehrheitsgesellschaft (in diesem Fall Deutsche) ansprechen. Die ethnische Vielfalt der Gesellschaft sollte sich auch in Lernmaterialien wiederfinden (so kann man z. B. bei Geschichten und Fallbeispielen darauf achten, dass nicht nur deutsche Personen beschrieben werden und Personen mit Migrationshintergrund in Rollen darstellen, die sich nicht mit den verbreiteten negativen Stereotypen decken. Beispielsweise könnte eine türkischstämmige Person entgegen des verbreiteten Stereotyps der niedrigen Kompetenz als Arzt oder Polizist dargestellt werden). In Testsituationen sollten Lehrkräfte die Jugendlichen nicht auf ihre ethnische Gruppenzugehörigkeit hinweisen (z. B. indem Schülerinnen und Schüler mit Migrationshintergrund gefragt werden, ob Deutsch ihre Muttersprache ist oder nicht), damit es nicht zu Stereotype Threat-Effekten kommt.

Weitere Strategien der Lehrkräfte können die Anfälligkeit der Geflüchteten für die Auswirkungen von Stereotypen verringern. So können positive Rollenvorbilder eingeladen werden (z. B. Eltern oder ehemalige Schülerinnen und Schüler mit Migrationshintergrund, die ihren beruflichen Werdegang schildern), die einer negativ stereotypisierten Gruppe angehören und gleichzeitig im stereotypisierten Bereich erfolgreich sind. Schülerinnen und Schüler sollten zudem lernen, dass nicht die (unveränderbare) ethnische Gruppenzugehörigkeit wichtig für ihren schulischen Erfolg ist, sondern individuelle (veränderbare) Faktoren wie Anstrengung und Motivation („Das Gehirn ist wie ein Muskel, wenn man sich anstrengt und übt, dann wird man besser", z. B. Dweck, 1999; siehe Mok, Froehlich, & Scholz, 2015, für eine Übersicht über konkrete Hinweise für Lehrkräfte).

Um positiven Kontakt von Deutschen und Geflüchteten im Unterricht zu fördern, sollten Lehrkräfte kooperative Lernformen wie Gruppenarbeiten oder das Gruppenpuzzle einsetzen, bei denen Lerninhalte gemeinsam erarbeitet und vertieft werden sollen. So können Schülerinnen und Schüler unterschiedlicher ethnischer Gruppen über die Unterrichtsinhalte miteinander in Kontakt kommen und sich die Lerninhalte gegenseitig näherbringen, gleichzeitig können die Geflüchteten ihre Kenntnisse der deutschen Sprache erweitern. Ebenfalls förderlich können Kontaktspiele sein, bei denen die Sprachkenntnisse keine zentrale Rolle spielen, sodass auch Geflüchtete mit noch geringen Deutschkenntnissen in die Klassengemeinschaft integriert werden können. Um den Kontakt möglichst positiv und effektiv zu gestalten, sollten Kooperation und ein gemeinsames Ziel gefördert werden (z. B. in einem Theaterworkshop, in dem auf eine Aufführung hingearbeitet wird) und es sollte verdeutlicht werden, dass Autoritäten wie Lehrkräfte den Kontakt zwischen den ethnischen Gruppen wertschätzen.

Ein zentraler Aspekt der oben genannten Bemühungen zur Umsetzung im konkreten Unterricht ist, dass entwickelte Unterrichts- und Lernmaterialien publiziert werden (z. B. in Zeitschriften für Lehrerkräfte), damit Kolleginnen und Kollegen Zugang dazu haben. Je größer der Fundus an standardisierten Materialien ist, auf den die einzelnen Lehrkräfte zurückgreifen können, desto mehr Hilfestellung haben sie bei der Umsetzung ihrer Integrationsbemühungen im Alltag trotz knapper Zeitressourcen.

Zusammenfassend kann man somit festhalten, dass die derzeitige politische Situation in Deutschland sowohl eine Herausforderung als auch eine Chance darstellt. Wenn es uns gelingt, sowohl die Menschen mit Migrationshintergrund, die schon seit Jahrzehnten in Deutschland leben, als auch die erst kürzlich zu uns gekommenen Geflüchteten in die deutsche Gesellschaft zu intergieren, so werden wir eine moderne, von wachsender Diversität und Multikulturalität geprägte Gesellschaft erhalten, in der das vielfältige Miteinander einem jeden Individuum erlaubt, sein oder ihr volles Potenzial auszuschöpfen, unabhängig von seiner oder ihrer Herkunftsgruppe.

6. Literatur

Allport, G. W. (1954). *The nature of prejudice*. Reading, MA: Addison-Wesley.

Appel, M., Weber, S., & Kronberger, N. (2015). The influence of stereotype threat on immigrants: review and meta-analysis. *Frontiers in Psychology*, *6*: 900.

Asbrock, F. (2010). Stereotypes of social groups in Germany in terms of warmth and competence. *Social Psychology*, *41*, 76–81.

Baier, D., Pfeiffer, C., Rabold, S., Simonson, J., & Kappes, C. (2010). *Kinder und Jugendliche in Deutschland: Gewalterfahrungen, Integration, Medienkonsum: Zweiter Bericht zum gemeinsamen Forschungsprojekt des Bundesministeriums des Inneren und des KFN* (Forschungsbericht N. 109). Hannover: KFN

Baron, R. A., & Byrne, D. (2000). *Social Psychology* (9th edition). Needham Heights, MA: Pearson Education.

Battisti, M., & Felbermayr, G. (2015). Migranten im deutschen Arbeitsmarkt: Löhne, Arbeitslosigkeit, Erwerbsquoten. *ifo Schnelldienst, 68,* 39–47.

Bierbauer, G. (1996). *Sozialpsychologie.* Stuttgart, Berlin, Köln: Kohlhammer.

Brown, R. (2001). Beziehungen zwischen Gruppen. In W. Stroebe, K. Jonas & M. Hewstone (Hrsg.), *Sozialpsychologie – Eine Einführung,* 4. Auflage (S. 537–575). Springer: Berlin.

Brückner, H., Hauptmann, A., & Vallizadeh, E. (2015). *Flüchtlinge und andere Migranten am deutschen Arbeitsmarkt: Der Stand im September 2015* (Aktuelle Berichte 14/2015). Nürnberg: Institut für Arbeitsmarkt- und Berufsforschung. Abrufbar unter http://www.iab.de/de/publikationen/aktuelle-berichte.aspx

Bundesamt für Migration und Flüchtlinge (2014). *Migrationsbericht 2012.* Abrufbar unter http://www.bamf.de/SharedDocs/Anlagen/DE/Publikationen/Migrationsberichte/migrationsbericht-2012.html?nn=1366068

Bundesamt für Migration und Flüchtlinge (2016a). *476.649 Asylanträge im Jahr 2015.* Abrufbar unter https://www.bamf.de/SharedDocs/Meldungen/DE/2016/201610106-asylgeschaeftsstatistik-dezember.html

Bundesamt für Migration und Flüchtlinge. (2016b). *Aktuelle Zahlen zu Asyl; Ausgabe Februar 2016.* Abrufbar unter http://www.bamf.de/SharedDocs/Anlagen/DE/Downloads/Infothek/Statistik/Asyl/201602-statistik-anlage-asyl-geschaeftsbericht.html?nn=7952222

Bundesministerium für Bildung und Forschung (2015). *Integration durch Bildung. Initiativen für Chancengerechtigkeit und Teilhabe.* Abrufbar unter https://www.bmbf.de/de/integration-durch-bildung-1092.html

Croizet, J. C., & Claire, T. (1998). Extending the concept of stereotype threat to social class: The intellectual underperformance of students from low socioeconomic backgrounds. *Personality and Social Psychology Bulletin, 24,* 588–594.

Dams, J. (2015). *Jeder sechste Flüchtling ging auf die Uni.* Abrufbar unter http://www.welt.de/wirtschaft/article145745112/Jeder-sechste-Fluechtling-ging-auf-die-Uni.html

Deaux, K. (2006). *To be an immigrant.* New York: Russell Sage Foundation.

Deaux, K., & Verkuyten, M. (2014). The social psychology of multiculturalism: Identity and intergroup relations. In V. Benet-Martínez & Y.-y. Hong (Eds.),

Oxford library of psychology. The Oxford handbook of multicultural identity (pp. 118–138). New York: Oxford University Press.

Dweck, C. S. (1999). *Self-theories: Their role in motivation, personality, and development.* Philadelphia, PA: Psychology Press.

Fiedler, K., & Bless, H. (2001). Soziale Kognition. In W. Stroebe, K. Jonas & M. Hewstone (Hrsg.), *Sozialpsychologie – Eine Einfuehrung,* 4. Auflage (S. 125–161). Berlin: Springer.

Fiske, S. T., Cuddy, A. J. C., Glick, P., & Xu, J. (2002). A model of (often mixed) stereotype content: Competence and warmth respectively follow from perceived status and competition. *Journal of Personality and Social Psychology, 82*, 878–902.

Frankenfeld, T. (2015, 05. September). Darum sind so viele syrische Flüchtlinge gebildet. *Hamburger Abendblatt.* Abrufbar unter http://www.abendblatt.de/politik/ausland/article205638663/Darum-sind-so-viele-syrische-Fluechtlinge-gebildet.html

Froehlich, L., Martiny, S. E., Deaux, K., Goetz, T., & Mok, S. Y. (2016). Being smart or getting smarter: Implicit theories of intelligence moderate stereotype threat and stereotype lift effects. *British Journal of Social Psychology, 55,* 564–587.

Froehlich, L., Martiny, S. E., Deaux, K., & Mok, S. Y. (2016). "It's their responsibility, not ours" –Competence stereotypes and causal attributions for immigrants' academic underperformance. *Social Psychology, 47*, 74–86.

Gomolla, M., & Radtke, F.-O. (2009). *Institutionelle Diskriminierung: Die Herstellung ethnischer Differenz in der Schule* (3. Aufl.). Wiesbaden: VS, Verl. für Sozialwissenschaften.

Hachfeld, A., Schroeder, S., Anders, Y., Hahn, A., & Kunter, M. (2012). Multikulturelle Überzeugungen. *Zeitschrift für Pädagogische Psychologie, 26*, 101–120.

Institut für Sozialforschung und Gesellschaftspolitik und Wissenschaftszentrum Berlin für Sozialforschung GmbH (2011). *Integration in Deutschland – Zweiter Integrationsindikatorenbericht.* Abrufbar unter http://www.bundesregierung.de/Content/DE/Publikation/IB/2012-01-12-zweiter-indikatorenbericht.pdf?__blob=publicationFile

Kahraman, B., & Knoblich, G. (2000). „Stechen statt Sprechen": Valenz und Aktivierbarkeit von Stereotypen über Türken. *Zeitschrift für Sozialpsychologie, 31*, 31–43.

Keller, J. (2007). Stereotype threat in classroom settings: The interactive effect of domain identification, task, difficulty and stereotype threat on female. *British Journal of Educational Psychology, 77*, 323–338.

Klauer, K. C. (2008). Soziale Kategorisierung und Stereotypisierung. In L. E. Petersen (Hrsg.), *Stereotype, Vorurteile und soziale Diskriminierung. Theorien, Befunde und Interventionen* (S. 23–32). Weinheim, Basel: Beltz, PVU.

Martiny, S. E., Froehlich, L., Deaux, K., & Mok, S. Y. (2017). Defining ethnic, national, and dual identities: Structure, antecedents, and consequences of multiple social identities of Turkish-origin high school students in Germany. *Journal of Community & Applied Social Psychology*, 1–11. doi:10.1002/casp.2318

Martiny, S. E., & Goetz, T. (2011). Stereotype Threat in Lern- und Leistungssituationen: Theoretische Ansätze, empirische Befunde und praktische Implikationen. In K. A. Heller, A. Ziegler & F. J. Mönks (Hrsg.), *Talentförderung – Expertiseentwicklung – Leistungsexzellenz* (S. 153–178). Berlin: LIT Verlag.

Martiny, S. E., Mok. S. Y., Deaux, K., & Froehlich, L. (2015). Effects of activating negative stereotypes about Turkish-origin students on performance and identity management in German high Schools. *Revue Internationale de Psychologie Sociale. 27*, 205–225.

Mazziotta, A., Mummendey, A., & Wright, S. C. (2011). Vicarious intergroup contact effects: Applying social-cognitive theory to intergroup contact research. *Group Processes & Intergroup Relations, 14*, 255–274.

Mok, S. Y., Froehlich, L., & Scholz, C. (2015). Leistungsminderung durch negative Stereotype im Schulkontext. *Lehren & Lernen, 41*, 28–31. ISSN 0341-8294 Villingen-Schwenningen: Neckar-Verlag GmbH.

Mok, S. Y., Martiny, S. E., Gleibs, I. H., Deaux, K., & Froehlich, L. (2017). The interaction of vertical collectivism and stereotype activation on the performance of Turkish-origin high school students. *Learning and Individual Differences, 56*, 76–84. doi:10.1016/j.lindif.2017.05.002

Moscovici, S. (1998). Social consciousness and its history. *Culture & Psychology, 4*, 411–429.

OECD (2012). Programme for international student assessement (PISA) PISA 2012 Ergebnisse. Abrufbar unter https://www.oecd.org/berlin/themen/PISA-2012-Deutschland.pdf

Pettigrew, T. F. (1979). The ultimate attribution error: Extending Allport's cognitive analysis of prejudice. *Personality and Social Psychology Bulletin*, 5, 461–476.

Pettigrew, T. F. (1998). Intergroup contact theory. *Annual Review of Psychology, 49*, 65–85.

Pettigrew, T. F., & Tropp, L. R. (2006). A meta-analytic test of intergroup contact theory. *Journal of Personality and Social Psychology*, *90*, 751–783.

Pettigrew, T. F., & Tropp, L. R. (2008). How does intergroup contact reduce prejudice? Meta-analytic tests of three mediators. *European Journal of Social Psychology*, *38*, 922–934.

Phinney, J. S., Horenczyk, G., Liebkind, K., & Vedder, P. (2001). Ethnic identity, immigration, and well-being: An interactional perspective. *Journal of Social Issues, 57*, 493–510.

Raabe, T., & Beelmann, A. (2011). Development of ethnic, racial, and national prejudice in childhood and adolescence: A multinational meta-analysis of age differences. *Child Development, 82*, 1715–1737.

Rahhal, T. A., Hasher, L., & Colcombe, S. J. (2001). Instructional manipulations and age differences in memory: now you see them, now you don't. *Psychology and Aging, 16*, 697–706.

Schuster, C., Martiny, S. E., & Schmader, T. (2015). Distracted by the unthought–Suppression and reappraisal of mind wandering under stereotype threat. *PloS One, 10*(3), e0122207. Abrufbar unter http://journals.plos.org/plosone/article?id=10.1371/journal.pone.0122207

Stanat, P., Rauch, D., & Segeritz, M. (2010). Schülerinnen und Schüler mit Migrationshintergrund. In E. Klieme, C. Artelt, J. Hartig, N. Jude, O. Köller, M. Prenzel, W. Schneider &. P. Stanat (Hrsg.), *PISA 2009: Bilanz nach einem Jahrzehnt* (S. 200–230). Münster: Waxmann Verlag.

Statista (2015). *Flüchtlinge und Asyl.* Abrufbar unter http://de.statista.com/statistik/studie/id/7048/dokument/asyl-statista-dossier/

Statistisches Bundesamt (2013). Bevölkerung und Erwerbstätigkeit. Bevölkerung mit Migrationshintergrund – Ergebnisse des Mikrozensus 2012. *Fachserie 1, Reihe 2.2.* Wiesbaden: Statistisches Bundesamt.

Statistisches Bundesamt (2015). Bevölkerung und Erwerbstätigkeit. Bevölkerung mit Migrationshintergrund – Ergebnisse des Mikrozensus 2014. *Fachserie 1, Reihe 2.2.* Wiesbaden: Statistisches Bundesamt.

Steele, C. M., & Aronson, J. (1995). Stereotype threat and the intellectual test performance of African Americans. *Journal of Personality and Social Psychology*, 69, 797–811.

Thränhardt, D. (2015). *Die Arbeitsintegration von Flüchtlingen in Deutschland: Humanität, Effektivität, Selbstbestimmung.* Gütersloh: Bertelsmann-Stiftung.

Tropp, L. R., & Pettigrew, T. F. (2005). Relationships between intergroup contact and prejudice among minority and majority status groups. *Psychological Science, 16*, 951–957.

Wright, S. C., Aron, A., McLaughlin-Volpe, T., & Ropp, S. A. (1997). The extended contact effect: Knowledge of cross-group friendships and prejudice. *Journal of Personality and Social Psychology, 73*, 73–90.

ZDF (2015, 27. November). Integration durch Bildung. Angebote für Flüchtlinge in Nürnberg und Erlangen. Abrufbar unter http://www.zdf.de/forum-am-freitag/die-fluechtlinge-und-die-bildung-41182606.html

Wala' Maaitah, Nicole Harth und
Thomas Kessler

Wie Wasser und Öl, wir mischen uns nicht

Eine sozialpsychologische Analyse sozialer Diskriminierung anhand von Aussagen geflüchteter Menschen in Deutschland

Zusammenfassung: *Moderne Gesellschaften haben den Anspruch Menschen auch menschenwürdig zu behandeln. Allerdings scheint diese Behandlung nicht allen Personen oder Gruppen gleichermaßen zuzukommen. Unsere Ansprüche auf Gleichheit und Respekt hängen häufig von unseren Positionen innerhalb der Gesellschaft und den sozialen Hierarchien ab. Soziale Diskriminierung verstärkt die Distanz zwischen Menschen aufgrund verzerrten Denkens über Privilegien und Macht. Um ein besseres Zusammenleben zu ermöglichen, insbesondere im Licht der sogenannten Flüchtlingskrise in Deutschland, befasst sich dieses Kapitel mit den psychologischen Konsequenzen sozialer Diskriminierung zwischen Gruppen, bei der Menschen auf stigmatisierte Eigenschaften oder Stereotype festgelegt werden. Wir stellen klassische sozialpsychologische Erklärungsmodelle vor, die verringertes Wohlbefinden, Konflikte und Feindseligkeiten zwischen Gruppen erklären können und setzen diese in Bezug zu Aussagen einiger geflüchteter Menschen, die wir bezüglich ihrer Lebenssituation interviewt haben. Die Daten deuten darauf hin, dass wahrgenommene Diskriminierung seitens der Geflüchteten zu Rückzug und einer feindlichen Einstellung gegenüber der Mehrheitsgesellschaft führen kann. Aufbauend auf den theoretischen Ansätzen und den empirisch gewonnen Daten versucht dieses Kapitel einen Blick auf den Teufelskreis aus wahrgenommener Diskriminierung, Ausgrenzung und verpasster Integration zu ermöglichen.*

Eines der wichtigsten Anliegen innerhalb der Psychologie ist es zu erklären, wie die subjektive Wahrnehmung sozialer Ereignisse uns beeinflusst (Weiner, 1985). Diese subjektiven Interpretationen der Welt bestimmen die Wahrnehmung der Individuen auf ihre Realität (Allport, 1955). Theoretische Überlegungen und eine Anzahl empirischer Studien bestätigen, dass die Wahrnehmung, diskriminiert zu werden, negative psychologische und physiologische Konsequenzen hat (z. B. Blascovich, Spencer, Quinn, & Steele, 2001). Allgemein reduziert wahrgenommene Diskriminierung das Wohlbefinden (Schmitt & Branscombe, 2002), die Gefühle der Kontrolle und des Selbstwertes (Williams, Shore, & Grahe, 1998), steigert Ärger (Hansen & Sassenberg, 2006) und löst Angst und Depressionen aus (Cozzarelli & Karafa, 1998). Die Attribution negativer Lebensereignisse auf die Mitgliedschaft in bestimmten sozialen Gruppen hat umso gravierendere negative psychologische Konsequenzen je mehr die eigene Gruppe im Vergleich zu privilegierteren Gruppen benachteiligt wird. Dies ist insbesondere dann der Fall, wenn soziale Diskriminierung als schwerwiegend und als beständig in vielen Lebensbereichen erlebt wird (Branscombe, Schmitt, & Harvey, 1999).

Wenn Mitglieder benachteiligter Gruppen erkennen, dass sie das Ziel von Diskriminierung sind, entwickeln sie Vorstellungen über sich selbst, die diesen Diskriminierungserfahrungen entsprechen. Ohne es zu wollen bestätigen sie sozusagen die Vorurteile. Dies ist besonders ausgeprägt, wenn die Gruppenzugehörigkeit salient, d. h. leicht sichtbar ist. Daraus folgt als Konsequenz, dass Bildung, Berufschancen und die politischen Einflussmöglichkeiten von diesen Minoritäten tatsächlich dramatisch eingeschränkt werden (Stephan, Ybarra, & Bachman, 1999).

Die Theorie der sozialen Identität geht davon aus, dass die Mitgliedschaft in sozialen Gruppen unseren Platz in der Gesellschaft bestimmt und das Ausmaß sozialer Diskriminierung unsere relative Macht in der Gesellschaft reflektiert (Tajfel & Turner, 1986). Andauernde Zurückweisung des Selbst aufgrund der Mitgliedschaft in einer bestimmten Gruppe führt sowohl zu einem geringeren sozialen Selbstwert als auch zu einem geringen sozialen Status. Die Wahrnehmung, aufgrund der Zugehörigkeit zu einer sozialen Gruppe, wie beispielsweise übergewichtige Menschen, Sinti und Roma oder auch Homosexuelle, von anderen abgewertet und ausgegrenzt zu werden, ist schädlich für die physische und psychische Gesundheit der Betroffenen. Die Erwartung, immer wieder diskriminiert zu werden, reduziert das Gefühl, effektiv die eigenen Ziele verfolgen und das eigene Leben kontrollieren zu können (Schmitt, Branscombe, Postmes, & Garcia, 2004). In Folge erleben diese Menschen soziale Interaktionen oft als bedrohlich und beängstigend. Aus Selbstschutz auf die wahrgenommene und befürchtete Bedrohung reagieren chronisch diskriminierte Individuen oft selbst feindselig (Stephan, Diaz-Loving, & Duran, 2000).

Unglücklicherweise sind soziale Diskriminierung und wahrgenommene Bedrohung in der Geschichte der Beziehung zwischen benachteiligten und bevorzugten Gruppen weitverbreitet und typisch. Wir finden das beispielsweise in der Beziehung zwischen geflüchteten Menschen und den Mitgliedern der aufnehmenden Gesellschaft. Obwohl Immigration vermutlich positiv zum ökonomischen Wachstum und zur kulturellen Vielfalt einer Gesellschaft beitragen kann, führt sie häufig eher zu Spaltung und zur Bildung von ethnischen oder kulturellen Minoritäten. Minoritäten haben typischerweise ihre eigenen gruppenspezifischen Moralvorstellungen, Normen, Einstellungen und Überzeugungen, die sich von denen der Majorität unterscheiden, und dadurch wiederum deren

Weltsicht bedrohen. Überdies glauben sowohl Minoritäten als auch die Majorität an die Richtigkeit ihrer Wertesysteme (Stephan et al., 1999). Dementsprechend führen Überzeugungen über unterschiedliche Werte zu sozialer Distanz zwischen Minoritäten und Majorität. Soziale Distanz hat ihrerseits die Folge, dass Missverständnisse entstehen, die sich durch einen Mangel an intergruppalem Kontakt nicht nur vertiefen, sondern auch zu Konflikten führen (Stephan, 2012). Wie wir später darstellen, wäre die Überwindung dieser Kluft ein möglicher Ansatz zu einem friedlichen Miteinander.

In der neueren Forschung zu sozialer Diskriminierung und Wohlbefinden richtet sich das Forschungsinteresse zunehmend auf die sozialpsychologischen Bedingungen, die möglicherweise die negativen Auswirkungen von Diskriminierung auf das Wohlbefinden abfedern können. Drei wichtige Faktoren, die bisher als wirksam diskutiert werden, sind die wahrgenommene Effizienz der Gruppe, die Art des Umgangs mit der als negativ erlebten Identität, genannt Identitätsmanagement, sowie die Stärke der Identifikation mit sozialen Gruppen (Branscombe et al., 1999). In diesem Kapitel richten wir den Blick auf die Identifikation mit der Gruppe als mögliche Ressource zur Stärkung des Selbstwerts. Aktuelle Studien zeigen, dass ein starker Rückbezug auf und eine hohe Identifikation mit den Werten und Normen der eigenen Gruppe vor den negativen Einflüssen sozialer Diskriminierung, vor Ausschluss und Stigmatisierung schützen kann (Schmitt & Branscombe, 2002).

Das sogenannte "Rejection Identification" Modell (RIM), das durch Branscombe und Kollegen entwickelt wurde (1990), postuliert, dass wahrgenommene Diskriminierung das Wohlbefinden dann nicht beeinträchtigt, wenn eine positive Sicht des Selbst durch die Identifikation mit der Eigengruppe (z. B. geflüchtete Menschen) aufrechterhalten werden kann. Konkret bedeutet dies, dass Diskriminierung und die wahrgenommene Bedrohung der Werte und Normen der Gruppe, der man sich zugehörig fühlt, die Identifikation mit dieser Gruppe geradezu verstärkt. Eine aktuelle Längsschnittstudie versuchte die Kausalität zu klären und führt Daten an, welche die These bekräftigen, dass die wahrgenommene Diskriminierung als Ursache für hohe Identifikation mit der Minorität angesehen werden kann (Ramos, Cassidy, Reicher, & Haslam, 2012). Die Gruppe wird nicht als Bürde, sondern als Ressource verstanden. Dabei erhöht die Zunahme der Identifikation mit der Eigengruppe die wahrgenommene Kohäsion, also den Zusammenhalt innerhalb der Gruppe und das Gefühl, in bedeutungsvolle soziale Beziehungen eingebunden zu sein. Beides sind wesentliche Bewältigungsmechanismen, um mit der Belastung durch Diskriminierung fertig zu werden. Türkisch-deutsche Jugendliche fühlen sich beispielsweise dann weniger durch

Diskriminierung beeinträchtigt, wenn sie sich hoch mit ihrer Herkunftsgruppe identifizieren, als wenn sie sich weniger identifizieren (Dimitrova, Aydinli, Chasiotis, Bender, & van de Vijver, 2015). Foster (2009) weist darauf hin, dass regelmäßige Diskriminierung das Gefühl in den Mitgliedern diskriminierter Gruppen erzeugt, dass sie alle das gleiche Schicksal erleiden, also alle im selben Boot sitzen. Die Vorstellungen eines gemeinsamen Schicksals erhöht das Gefühl voneinander abhängig und eng miteinander verbunden zu sein, denn was immer dem einen passiert, geschieht damit allen. Dieser enge Zusammenhang von Individuum und Gruppe fördert laut Foster (2009) kollektive Aktionen und Verhaltensweisen. Die grundlegende Annahme des „Rejection Identification" Modells ist also, dass die Identifikation mit der Eigengruppe die Bedeutsamkeit und Zentralität der Eigengruppe fördert und in Folge die Wahrscheinlichkeit für Intergruppenkonflikte erhöht (Branscombe et al., 1999).

Aufbauend auf den genannten theoretischen Überlegungen und empirischen Befunden fragten wir uns, inwieweit die Identifikation mit der Eigengruppe auch andere Effekte haben kann. Wir spekulierten, ob insbesondere dann, wenn die Mitglieder von Minoritäten glauben ihr geringer Status sei *dauerhaft*, der positive Einfluss der Identifikation auf das Wohlbefinden ausbleiben könnte. Diese Überlegung stützt sich auf den Fakt, dass die häufige Erfahrung von Diskriminierung zum einen zu psychologischem Stress zum anderen auch zu hoher Identifikation führen kann, was beides insgesamt zur Verschlechterung von Intergruppenbeziehungen beiträgt. Anknüpfend an die Debatte, ob Identifikation nun das Wohlbefinden fördert, keine Auswirkungen hat oder sogar hemmt, schlagen wir vor, die beteiligten psychologischen Prozesse näher zu beleuchten. Angelehnt an die Erkenntnisse der Emotionsforschung kommt die Frage auf, wie und worauf die Mitglieder sozialer Gruppen ihre Situation und die Ausgrenzung attribuieren (Weiner, 1985). Anders formuliert, welche Erklärungen werden für die eigene Situation herangezogen. So fanden Harth und Kollegen (Harth, Hornsey, & Barlow, 2011), dass Ärger auf die andere Gruppe dann hervorgerufen wird, wenn Individuen das Gefühl haben, aus nicht gerechtfertigten Gründen von der anderen Gruppe abgelehnt zu werden. Die Bewertung der wahrgenommenen Illegitimität der Behandlung spielt für den nach außen gerichteten Ärger eine zentrale Rolle. Hansen und Sassenberg (2006) haben die Unterschiede von selbst- vs. fremdgerichtetem Ärger systematisch überprüft und finden, dass die Quelle des Ärgers die Ärger-Reaktion vorhersagt. Je stärker sich Opfer von Diskriminierung mit ihrer Gruppe identifizieren, umso weniger sind sie wütend auf sich selbst, sondern richten ihren Ärger auf die Umwelt, insbesondere auf Gruppen, die sie für die Diskriminierung verantwortlich machen.

Angehörige von Minoritäten werden demnach Ärger gegenüber der Majorität entwickeln, wenn eine negative Behandlung auf illegitime Vorurteile zurückgeführt wird, was dann zur schon erläuterten erhöhten Identifikation und der Bewältigung des negativen Einflusses der Diskriminierung führt. Wenn negative Behandlungen quasi durch Vorurteile motiviert sind und die benachteiligte Gruppe keine Veränderung des Status quo erreichen kann, dann entwickeln sich Gefühle der Hilflosigkeit (z. B. Wir können unsere Lage nicht verbessern und die anderen werden ihre Vorurteile nicht abbauen). Das kann Angehörige von Minoritäten dazu bringen, sich entweder zurückzuziehen oder sich feindselig gegenüber der Majorität zu verhalten. Dieses feindliche Verhalten schadet dann letztendlich beiden Gruppen. Gewalttaten zwischen Gruppen, wie beispielsweise die Terrorakte in Europa, werden immer wieder auf die Wahrnehmung andauernder Abwertung und Diskriminierung der Gruppen zurückgeführt, aus denen sich TerroristInnen rekrutieren (Fekete, 2004). Zu diesem Thema haben wir vier Studien mit verschiedenen Populationen (PalästinenserInnen, MexikanerInnen in den USA, syrischen Geflüchteten in Deutschland und deutsche Studierende) durchgeführt, um die Annahmen des Rejection Identification Modells zu prüfen (Maaitah, Harth, & Kessler, Manuskript in Vorbereitung). In drei Studien mit PalästinenserInnen, MexikanerInnen und SyrerInnen haben wir untersucht, ob wahrgenommene Diskriminierung die Identifikation mit der Eigengruppe erhöht und sich diese positiv auf das Wohlbefinden auswirkt.

Die Ergebnisse zeigen konsistent, dass sich Angehörige diskriminierter Minoritäten – unabhängig von der Höhe ihrer Identifikation mit ihrer Gruppe – verzweifelt fühlen und bereit sind, sich feindlich gegenüber der Fremdgruppe (z. B. Israelis, weiße AmerikanerInnen) zu verhalten, je stärker sie sich als diskriminiert wahrnehmen. In der vierten Studie mit deutschen Studierenden zeigten hoch identifizierte Gruppenmitglieder weniger psychologische Probleme durch Diskriminierung, aber ebenfalls eine erhöhte Bereitschaft, sich feindlich gegenüber einer Fremdgruppe (z. B. MuslimInnen) zu verhalten. Das bedeutet, dass in Gruppen mit geringerem Status, z. B. syrische Geflüchtete in Deutschland, gegen die Vorurteile zunehmend normativ sind, d. h. immer weniger ein gesellschaftliches Tabu darstellen, eine hohe Eigengruppenidentifikation die negativen Wirkungen sozialer Diskriminierung nicht ausgleichen kann. In diesem Fall kann die Identifikation mit der eigenen Minderheit nicht gegen die negativen Wirkungen von sozialer Diskriminierung schützen. Nur im Falle von Gruppen mit höherem Status (z. B. deutsche Studierende), gegen die Vorurteile wenig akzeptiert sind, wirkt die Identifikation als Bewältigungsmechanismus. Das legt die Schlussfolgerung nahe, dass entgegen der sehr optimistischen Annahme des Rejection

Identification Modells die Identifikation mit der Eigengruppe nicht immer einen effektiven Bewältigungsmechanismus darstellt (Maaitah et al., Manuskript in Vorbereitung). Es scheint also notwendig, die unterschiedlichen psychologischen und emotionalen Bedingungen zu untersuchen, beispielsweise den Gruppenstatus oder die Normativität von Vorurteilen (Crandall, Eshleman, & O'Brien, 2002), die die Auswirkungen von Diskriminierung auf Wohlbefinden beeinflussen. Darüber hinaus zeigen unsere Ergebnisse, dass die mit höherer Identifikation verbundene erhöhte Bereitschaft zu gewalttätigen Aktionen von beiden Gruppen, sowohl von Minderheiten als auch der deutschen Majorität, gezeigt wird. Folglich ist das Potential für Intergruppenkonflikte in verschiedenen kulturellen Kontexten prävalent. Dieses Konfliktpotential gefährdet die Stabilität und das Wohlergehen von Gesellschaften. Vor diesem Hintergrund werden Bemühungen, Vorurteile und soziale Diskriminierung zu reduzieren, immer relevanter.

1. Geschichten aus den Auffanglagern

Bisher liegen mehr Studien vor, die *über* geflüchtete Menschen sprechen, als solche, die diese *zu Wort* kommen lassen. Deshalb haben wir im März 2015 in 28 verschiedenen Einrichtungen und Flüchtlingsunterkünften eine Fragebogenstudie in arabischer Sprache durchgeführt. Insgesamt nahmen 289 Personen daran teil, davon 68 % Männer, 14 % Frauen und 18 % machten keine Angaben zu ihrem Geschlecht. Das Durchschnittsalter lag bei 27.5 Jahren. Nach Ausfüllen der Fragebögen haben wir die Probanden angesprochen und gefragt, ob sie außerdem bereit wären, ein Interview mit uns zu führen und über Ihre Situation zu berichten. Von den Befragten willigten fünfzehn Personen ein und händigten ihre Kontaktdaten aus. Im Oktober 2016 wurden diese Personen wieder kontaktiert; mit fünf Personen konnten dann Telefoninterviews vereinbart werden. Die Interviews wurden in Arabisch geführt. Die Auswahl der ProbandInnen erfolgte also nicht zufällig und die Aussagen können nicht als repräsentativ für die Gruppe geflüchteter Menschen in Deutschland angesehen werden. Dies war allerdings auch nicht das Ziel unserer Arbeit. Durch das qualitative Vorgehen wurde vielmehr versucht, Zugang zu den subjektiven Wahrnehmungen der Situation geflüchteter Menschen zu erhalten. Alle Namen und Details, die die Identifikation der Interviewten erlauben würden, wurden geändert, um die Anonymität der Befragten zu wahren. In diesen narrativen Interviews wollten wir ein Umfeld schaffen, in dem die interviewten Personen ermuntert und angeregt werden, Geschichten über wichtige Ereignisse ihres Lebens zu erzählen (Schuetze, 1977). Basierend auf den oben diskutierten theoretischen Modellen und Befunden nahmen wir an, dass die subjektive Wahrnehmung und die konstruierten subjektiven Sinnzusammenhänge der Probanden und Probandinnen weitere Einblicke in den

Zusammenhang wahrgenommener Diskriminierungen und deren Konsequenzen liefern würde. Als Erzählimpuls starteten wir alle Interviews mit der Frage, ob sich die interviewten Personen als geflüchtete Menschen in Deutschland durch Deutsche diskriminiert fühlten. Die Geschichten haben wir anschließend inhaltsanalytisch ausgewertet (z. B. Mayring, 2003). Die zentralen Ergebnisse dieser Auswertung werden im Folgenden berichtet. Insbesondere stellen wir in diesem Kapitel jene Geschichten dar, die einen Bezug zu den Annahmen des Rejection Identification Modells besitzen. Nach eingehender Analyse der Interviews haben wir die Kernaussagen der interviewten Personen auf sechs Kategorien reduziert: Wahrgenommene Diskriminierung und Bedrohung, Ehre der Familie, Identifikation und Gruppenzusammenhalt, psychologischer Stress, Feindseligkeit und Verlust des Glaubens an Autoritäten. Diese Kategorien wurden in Bezug auf die oben beschriebene Fragestellung und die theoretischen Ansätze interpretiert und werden im Folgenden anhand konkreter Textstellen verdeutlicht. Die Auswahl der Textstellen erfolgte in Anlehnung an die diskutierten theoretischen Ansätze; sie dienen der Illustration der Lebenswelten geflüchteter Menschen und erheben keinen Anspruch auf Repräsentativität.

1.1. Wahrgenommene Diskriminierung und Bedrohung

Ein 27-jähriger konservativer Muslim trägt einen Kreuzanhänger um den Hals. Er sagt: "Ich dachte, Deutschland sei der ultimative Traum. Aber als ich hier ankam, erkannte ich, dass es nur ein weiterer Alptraum ist. Wir werden wie Sklaven behandelt, wie Menschen zweiter Klasse. Ich bin nun seit zwei Jahren hier. Mein Leben hat sich seitdem nicht verbessert. Sie (die Deutschen, Anm. d. Verf.) halten uns klein und werden uns auch in Zukunft nicht akzeptieren. Glaubst Du, der Mensch innerhalb der Unterkunft ist der gleiche Mensch wie außerhalb der Unterkunft? Natürlich nicht. Wir sind nur ein Haufen Flüchtlinge. Unsere Unterlegenheit macht sie überlegen und das mögen sie. Sie versuchen zwar, so zu erscheinen, als würden sie uns akzeptieren, aber fast jeder hier glaubt, dass das nicht stimmt. Natürlich kann ich den Deutschen das nicht direkt sagen, aber Sie sind ja anders. Sie sind arabischer Herkunft und Muslim. Sie verstehen wahrscheinlich, was ich meine. Ich trage ein Kreuz. Das schlimmste, das einem heutzutage in Europa passieren kann, ist Muslim zu sein. Ich schäme mich dafür, meine Religion zu verleugnen. In Syrien ist es so, dass Muslime und Christen sich gegenseitig respektieren, aber wie Öl und Wasser, wir mischen uns nicht. Meinen Pass habe ich, wie viele andere, ins Meer geworfen. Jetzt heiße ich Malach. Das ist ein jüdischer Name. Er bedeutet Bote Gottes, genau wie Mohammad. Dieser Name macht mich zu jemand anderem, einer anderen Minderheit. Einer respektierten Minderheit. In Zukunft werde ich jemand sein."

1.2. Wertekonflikt

Eine syrische Mutter von vier Kindern erzählt: "Selbst wenn sie uns in Deutschland eine goldene Brücke bauen, sobald der Krieg vorbei ist, werde ich meine Kinder nehmen und zurück nach Syrien reisen. Meine Kinder haben hier keine Freunde. In der Schule wurden sie gefragt, weshalb sie schwarze Haut hätten. Meine Tochter Layla nervt mich damit, dass ich ihr die Haare blond färben soll. Die größte Katastrophe aber ist, dass die Kinder in der Schule den Sexualkundeunterricht besuchen müssen. Wir haben eine andere Ethik und andere Zugänge zu diesem Thema. Die Lehrerin hat vor der ganzen Klasse auf ihre Genitalien gezeigt. Wir sind Muslime: Das ist absolut inakzeptabel! In Deutschland werden sie unsere Kultur und unsere Art zu leben nicht akzeptieren. Sie denken, wir leben im Mittelalter. Ich lebe mit der Angst, dass meine Kinder solche Dinge zukünftig tun werden. Vieleicht sollte ich sie verheiraten, bevor die Katastrophe eintritt. Die Ehre der Familie ist wie ein Streichholz, es brennt nur einmal."

1.3. Gruppenidentifikation und Gruppenzusammenhalt

Ein Mann, 27 Jahre, sagt: "Wir Syrer versuchen uns gegenseitig zu helfen, wo wir nur können. Wir haben keine andere Wahl."

1.4. Psychologischer Stress

Die syrische Mutter von vier Kindern erzählt: "Die Kinder kommen verunsichert und beunruhigt aus der Schule nach Hause." Ein Mann, 28 Jahre, berichtet: "Ich fühle mich deprimiert und hoffnungslos."

1.5. Feindseligkeit gegenüber der Fremdgruppe

Ein Mann, 28 Jahre, sagt: "Mein Universitätsabschluss wird in Deutschland nicht anerkannt. Ich bin Ingenieur: Ich hatte meine eigene Firma. Ich war es gewohnt, Ansehen zu haben. Jetzt lebe ich das Leben eines Bettlers. Wir werden von der Regierung gefüttert, wie man streunende Hunde füttert. Ich wollte eine Arbeit aufnehmen, um mein Leben hier zu verbessern, aber das wurde nicht genehmigt. Also habe ich mit schmuggeln angefangen und ich verkaufe Drogen an Studenten. Wenn die uns wie Hunde behandeln, dann behandele ich sie wie Mäuse. Wenn unsere Ehre nicht respektiert wird und wir nicht unter menschenwürdigen Bedingungen leben können, dann haben auch die es nicht anders verdient. Dann sollen gleich alle sterben. Ich habe nichts mehr zu verlieren."

1.6. Verlust des Glaubens an Autoritäten

Eine Syrische Mutter sagt: "Ein Mann kam in unser Zimmer, während ich draußen im Bad war. Er hat meinen siebenjährigen Sohn in der Dunkelheit vergewaltigt. Mein Sohn kam mir weinend und blutend entgegen. Wir sind zur Polizei gegangen. Es war offensichtlich, dass mein Sohn vergewaltigt wurde, aber die Polizei sagte, sie hätten nicht genügend Beweise, um etwas zu unternehmen. Eine Woche später hat der gleiche Mann in der Unterkunft eine schwangere Frau vergewaltigt. Ihr Mann konnte nichts dagegen tun. Auch er ging zur Polizei, aber wieder wurde der Vorfall nicht ernst genommen. Nie werde ich den Deutschen das verzeihen. Wenn es ein deutscher Junge gewesen wäre, dann hätte die Polizei den Täter bestimmt in Gewahrsam genommen. So lange ich lebe, werde ich die Deutschen dafür hassen."

Zwischenfazit

Wir möchten noch einmal betonen, dass diese Interviewauszüge nicht repräsentativ für die Gruppe geflüchteter Menschen sind. Von den knapp 300 Personen, die an der Fragebogenstudie teilgenommen hatten, erklärten sich lediglich 5 Personen bereit, mündliche Interviews zu führen. Als Grund wurde hauptsächlich die Sorge genannt, nicht zu wissen, was mit den Aussagen passieren wird und ob eine Teilnahme negative Konsequenzen haben könnte. Viele der Befragten haben negative Erfahrungen mit Befragungen gemacht und sind sehr vorsichtig, offen ihre Ansichten zu äußern. Viele dieser Menschen äußerten schlichtweg Angst. Wir können nur darüber spekulieren, was die Beweggründe der Personen waren, die Bereitschaft signalisiert hatten, das Interview führen zu wollen. Somit verdeutlichen die angeführten Textstellen die subjektiven Sichtweisen einiger geflüchteter Männer und Frauen, die bereit waren, ihre Erfahrungen zu teilen. Sie zeigen, dass die Menschen, die aus den Kriegsgebieten im mittleren Osten nach Deutschland fliehen, ihre missliche Lebenslage unter anderem auf die hier erfahrene Diskriminierung zurückführen. Sie zeigen, dass die kulturelle Herkunft als Ursache für die Diskriminierung erlebt wird. In Anlehnung an das anfangs diskutierte Rejection Identification Modell scheint die Wahrnehmung, auf Basis der Zugehörigkeit zu einer bestimmten Gruppe diskriminiert zu werden, dazu zu führen, sich auf die Herkunftsgruppe zurück zu besinnen. Die befragten Personen betonen die gegenseitige Hilfe und Solidarität, sowie den Wunsch, nach dem Krieg wieder in das Herkunftsland ausreisen zu wollen. Dabei wird die starke Identifikation mit der eigenen Gruppe mehrfach erwähnt. Die Erfahrung der Zurückweisung ist eine, die alle befragten Personen teilen. Andere Forschung zeigt, dass das Bedürfnis nach Akzeptanz und sozialer Zugehörigkeit ein grundlegendes menschliches Motiv ist (Baumeister & Leary, 1995). Zurückweisung oder ein Verlust sozialer

Beziehungen verursacht Gefühle wie Angst, Depression oder Hass. Diese Gefühle gelten als maladaptiv, also hinderlich für eine gute Lebensführung; sowohl für das Wohlbefinden der Personen selbst, als auch für Interaktionen mit anderen Menschen. Ablehnung geht mit vermindertem Selbstwert einher. Auch die Analyse der Aussagen der interviewten Personen deutet darauf hin, dass durch die wahrgenommene Ausgrenzung intensive Emotionen, beispielsweise Verachtung oder Hass auf die Deutschen erfahren werden. Wie die Forschung zu gruppenbasierten Emotionen zeigt (Sassenberg & Hansen, 2006), ist nach außen gerichteter Ärger als Folge wahrgenommener Diskriminierung zu verstehen, insbesondere dann, wenn Personen sich hoch mit ihrer diskriminierten Gruppe identifizieren. Die Gefahr besteht darin, dass solche intensiven Emotionen in Taten umgesetzt und Aggression gegenüber anderen als Lösung erfahren wird. Diese Abwärtsspirale aus wahrgenommener Diskriminierung, Hass und feindseligen Reaktionen gilt es frühzeitig zu durchbrechen. Dies kann nur geschehen, wenn Möglichkeiten geschaffen werden, diese Themen zu besprechen.

Unabhängig von den konkreten Umständen geben die erhobenen quantitativen und qualitativen Daten Einblicke in die soziale Wahrnehmung geflüchteter Menschen. Unserer Meinung nach zeigen die bisherige Forschung und unsere berichteten Ergebnisse deutlich, dass es wichtig ist, diese soziale Wahrnehmung ernst zu nehmen und dass *gemeinsame* Schritte nötig sind, um friedlich zusammen leben zu können.

2. Die Bedeutung von soziokulturellem Wissen für Entscheidungsträger: Empfehlungen für die Praxis

Wir schlagen hier mögliche Maßnahmen vor, die an die kulturellen Bedingungen der geflüchteten Menschen angepasst sind, und nicht vorrangig dem individualistischen Verständnis von Persönlichkeit der westlichen Kulturen folgen. Weltweit fliehen Menschen vor Krieg und Gewalt. Mit der Flucht endet das Leid jedoch meist nicht. Traumatisierung, Diskriminierung und Ausgrenzung bergen die Gefahr, weitere gesellschaftliche Probleme hervorzurufen, insbesondere dann, wenn Menschen das Gefühl haben, selbst nichts mehr verlieren zu können. Die Forschung zeigt, dass solche Fälle ein Risiko für gewaltsame Aktionen bergen (Tausch, Becker, Spears, Christ, Saab, & Siddiqui, 2011). Bei gewaltsamen Protesten spielen zusätzlich Verachtung und Hass eine bedeutende Rolle. Man sucht keine Versöhnung oder zukünftige Beziehungen, sondern hat vielmehr mit der Idee abgeschlossen, mit herkömmlichen Mitteln etwas erreichen zu können. Stattdessen wählt man gewaltsame Auseinandersetzungen. Wie können wir uns diesen Herausforderungen stellen? Bislang stehen Politik und Gesellschaft diesen Fragen recht hilflos gegenüber. Im Folgenden schlagen wir aus sozialpsychologischer Sicht und basierend auf den berichteten Daten einige Ansätze vor, um die Herausforderung anzupacken, dass sich geflüchtete Menschen ausgegrenzt fühlen und die neue Kultur dann selbst ablehnen.

Erstens sollte der Kreislauf aus wahrgenommener Diskriminierung, der Reaktion des Rückbezugs auf die Herkunftsgruppe, dem aufkeimenden Hass und Feindseligkeiten gegenüber der Aufnahmegesellschaft als Phänomen wahrgenommen und diskutiert werden. Um ein Gespür dafür zu bekommen, was als Diskriminierung verstanden wird, scheint interkulturelles Wissen von Nöten. Die Menschen, die vor Krieg fliehen, stammen insbesondere aus Ländern, in denen 'Ehre' nicht ein, sondern das definierende Element der kulturellen Identität darstellt (Shafa, Harinck, Ellmers, & Beersma, 2014). In den Interviews wurde dieser Aspekt von den befragten Personen besonders stark hervorgehoben. Ausgrenzung ist schmerzlich für Menschen (Williams, 2007), kann jedoch zusätzlich als Demütigung und somit als Angriff auf die Ehre der Familie oder Gruppe verstanden werden (Gaith, 1987). Dazu kommt, dass Personen, die eher kollektivistisch geprägt sind, die Ähnlichkeit ihrer Bedürfnisse, Werte und Einstellungen innerhalb der Familie oder Gemeinschaft betonen. Dwairy (2009) rät daher davon ab, Therapien und Beratungen, deren Ursprung eher westlich bzw. individualistisch geprägt ist, einfach zu übertragen. Er warnt insbesondere vor Ansätzen, die auf einer Konfrontation mit der Familie oder der Herkunftskultur basieren. Diese können umso größere innere Konflikte hervorrufen, da die Sichtweise des Individuums weniger auf Eigenständigkeit denn auf gegenseitige Abhängigkeit gerichtet ist.

In Anlehnung an Ansätze der interkulturellen Forschung wird empfohlen, die unterschiedlichen Kulturen in gleichberechtigter Weise zu berücksichtigen, damit die eigene und die fremde Kultur angemessen verstanden werden können (Bolten, 2001). Dabei sollte „Gleichberechtigung“ nicht mit Wertigkeit verwechselt werden. Eine angestrebte Wertneutralität schließt keineswegs eine konstruktive Kritik an der anderen Seite aus. Auch wenn eine ‚deutsche‘ oder ‚syrische‘ Kultur als eigenständiges, abgrenzbares System nicht existiert und eine stereotype Vereinfachung fehleranfällig ist und viele Probleme mit sich bringt, existieren doch Unterschiede, die anerkannt werden müssen, um Missverständnisse und insbesondere sich selbst verstärkende Dynamiken zu vermeiden. Als konkretes Beispiel könnte man das Einhalten typischer Essgewohnheiten in Flüchtlingsunterkünften ermöglichen.

Wie die oben erwähnten Ergebnisse zeigen, besteht eine dynamische Beziehung zwischen wahrgenommener Diskriminierung und Feindseligkeit, die nur schwer durchbrochen werden kann. Menschen, die zu Opfern geworden sind und aus traditionellen Gesellschaften stammen, versuchen ihr Ansehen oder ihre verletzten Rechte durch "Stammesgesetze" wiederherzustellen (Ghaith, 1987). Dies ist in Gemeinschaften aus dem mittleren Osten bis zum heutigen Tage üblich. Stammesgesetze regulieren effektiv die Formen der Rechtsprechung in Gemeinschaften des mittleren Ostens, wobei sie typischerweise durch gewählte Vertreter gegenüber Regierungen vertreten werden. Diese Vertreter der Gemeinschaften sind respektierte Personen, die hinreichend Autorität haben, um Gesetze innerhalb der Gemeinschaft durchzusetzen. Sie kommunizieren die Landesgesetze an die Mitglieder der Gemeinschaften so, dass die Ehrvorstellungen nicht verletzt, sondern sogar durch sie geschützt werden (Ghaith, 1987). Angehörige der Gemeinschaften, die sich nicht an die RepräsentantInnen halten, werden als AbweichlerInnen gesehen, die zwar akzeptiert sind, aber immer wieder an ihr abweichendes Verhalten erinnert werden. Aus diesem Grund könnten RepräsentantInnen dieser Gemeinschaften eine wichtige Rolle in Aufnahmegesellschaften haben. Es wäre eine mögliche Strategie, Gesetze und Normen der Aufnahmegesellschaft durch RepräsentantInnen dieser Gemeinschaften kommunizieren zu lassen. Das würde die Kommunikation und Kooperation zwischen der Regierung und Vertretern traditioneller Gemeinschaften erleichtern und gleichzeitig auch die „neuen" Gesetze und Normen in einer kulturell akzeptablen Weise verbreiten. RepräsentantInnen traditioneller Gemeinschaften erleichtern die Kommunikation zwischen den Regierungen bzw. der Verwaltung der aufnehmenden Länder und den geflüchteten Menschen des mittleren Ostens, wenn sie einerseits mit der aufnehmenden Kultur (z. B. deren Rechtssystem, Wissen über Grundrechte) vertraut sind und wenn sie eine gemeinsame Sprache mit den geflüchteten Menschen sprechen und deren kulturellen Hintergrund teilen. Traditionelle Gemeinschaften könnten auch ihren Status als erhöht wahrnehmen, wenn sie ihre spezifischen RepräsentantInnen selbst wählen. Das könnte auch die Wahrnehmung in diesen Gemeinschaften fördern, dass sie fähig sind, selbst Kontrolle und ein gewisses Maß an Autonomie und Selbstbestimmung zu haben.

3. Autonomieorientierte Hilfe für Menschen auf der Flucht

Krieg, Erniedrigung, das Ausgeliefertsein sowie soziale Diskriminierung berauben die betroffenen Menschen ihres Gefühls von Autonomie und Einfluss. Sie sind oft schutzlos fremden Mächten ausgeliefert, die über ihr weiteres Schicksal entscheiden. Empowerment und Autonomie werden daher zu zentralen Variablen für das psychische Wohlbefinden und das Heilen der Wunden.

Empowerment beginnt dann, wenn es den betroffenen Personen ermöglicht wird, ihre Erlebnisse und Geschichten sowohl im Alltag als auch in therapeutischen Sitzungen zu rekonstruieren und aufzuarbeiten. Traumatisierung muss erkannt und professionell begleitet werden. Überlebende aus Kriegsgebieten haben darüber hinaus ein besonderes Bedürfnis nach der Wiederherstellung ihrer Identität (Schwartz, 1974). In der Regel haben diese Menschen sowohl ihr Hab und Gut als auch soziale Kontakte, wie beispielsweise FreundInnen und Familie, verloren. Hinzu kommt, dass ihre Ausbildung, ihre sozialen und kulturellen Fähigkeiten in der Aufnahmegesellschaft oft nicht anerkannt werden. Die Frage nach der Identität – „Wer bin ich?" – stellt sich somit neu. SozialarbeiterInnen, die mit diesen Menschen arbeiten, benötigen Geduld und sollten Unterstützung bei der Suche nach dieser Identität bieten. Geeignet scheinen Gruppentherapien oder Selbsthilfegruppen, innerhalb derer die betroffenen Menschen mit Mitgliedern ihres kulturellen Hintergrundes ihre Erlebnisse teilen können. SozialarbeiterInnen, PsychologInnen und TherapeutInnen sind gefragt, eine nicht stigmatisierende Haltung einzunehmen: Eine Haltung, die den Menschen ihre Autonomie zugesteht. Dabei sollten die betroffenen Personen als eigenständige Individuen angesprochen werden, die Krieg und andere traumatisierende Erlebnisse überlebt haben. Aus der Versöhnungsforschung ist bekannt, dass die Befriedigung des Bedürfnisses als selbstwirksame und gleichberechtigte Person wahrgenommen zu werden, dazu beiträgt, emotionale Barrieren abzubauen, die sonst die Bereitschaft zum friedvollen Miteinander behindern (Shnabel & Nadler, 2008; Nadler & Chernyak-Hai, 2013). Daher ermutigen wir die professionellen AkteurInnen in ihrem Kontakt mit geflüchteten Menschen, die Individualität jedes Einzelnen zu berücksichtigen und sich entsprechend zu verhalten. Wichtig ist es, die Potenziale und Ressourcen der Menschen zu erkennen und ihnen zu helfen, diese auf verschiedene Weise in der Aufnahmegesellschaft einbringen zu können. Entscheidend ist, dass Menschen unterstützt werden, selbstständig auf die neuen Herausforderungen der Aufnahmegesellschaft reagieren zu können. Dabei sind Zugang zu Bildung und dem Arbeitsmarkt zentrale Faktoren des Empowerment. Hier ist die Politik gefragt, den Zugang zu erleichtern. Aber auch soziale Faktoren, so wie das Aufgenommenwerden in sozialen Netzen und neuen Gemeinschaften, sind zentrale Faktoren für ein friedliches Miteinander. Dazu sollte die Bevölkerung möglichst in die Programme zur Integration einbezogen werden. Uns ist bewusst, dass existierende Vorurteile dies erschweren und diese den Kreislauf aus Diskriminierung und gegenseitiger Feindseligkeit immer wieder anstacheln können. Da dieser Kreislauf sehr komplex ist, gibt es kein einfaches Rezept.

Ein friedliches Zusammenleben kann daher nur Folge eines intensiven Aushandlungsprozesses zwischen geflüchteten Menschen und Aufnahmegesellschaft sein, der stets aufs Neue reflektiert und besprochen werden muss. Die Hilfe zur Selbsthilfe ist ein zentrales Werkzeug, um die sich selbst verstärkende Dynamik der Diskriminierung und Feindseligkeit gegenüber den Personen, die diskriminieren, zu durchbrechen. Forschung zur Intergruppenhilfe zeigt deutlich, dass eine abhängigkeitsorientierte Hilfe einer autonomieorientierten Hilfe deswegen unterlegen ist, weil autonomieorientierte Hilfe dazu tendiert existierende Strukturen und Machtverhältnisse zu verändern. Wird über einen längeren Zeitraum Hilfe angeboten, die eher zu Abhängigkeit und Kontrollverlust führt, so werden die Empfänger auch tatsächlich als weniger kompetent, als unterlegen und schwach wahrgenommen. Eine länger erlebte Hilflosigkeit birgt das Risiko, Frustration und Depression chronisch zu manifestieren. Menschen, die das Gefühl verloren haben, auf Situationen einwirken zu können, verlernen, eigenverantwortlich für sich selbst zu sorgen. Autonomieorientierte Hilfe bietet dagegen die Möglichkeit, Erwartungen zu ändern, indem ein Ausweg aus der Stigmatisierung eröffnet wird und Menschen sich selbst wieder als gestaltende AkteurInnen erleben.

4. Schlussfolgerungen

Zusammenfassend halten wir fest, dass das Zusammenleben zwischen geflüchteten Menschen und Einheimischen verbessert werden kann, wenn bestimmte Handlungsempfehlungen in der Praxis umgesetzt werden. Wir schlagen vor, dass die Hilfe für geflüchtete Menschen a) autonomieorientiert und, b) kultursensitiv sein sollte, und dass c) RepräsentantInnen aus den entsprechenden Kulturen zwischen der Regierung (z. B. Stadt oder Landkreis) und den unterschiedlichen Gemeinschaften der geflüchteten Menschen vermitteln sollten. Dies wären zumindest erste Schritte, um die selbstverstärkende Dynamik von sozialer Diskriminierung zu durchbrechen.

Es bedarf größeren Einsatzes und stärkerer Reflexion seitens der Politik, der Praxis und der Wissenschaft, systemerhaltende Mechanismen der Diskriminierung zu erkennen und diese *nicht* zu unterstützen. Damit könnten wir es ermöglichen, dass Menschen unterschiedlicher Herkunft eine gemeinsame Gesellschaft entwickeln und die Herkunft weniger unser Schicksal bestimmt, denn es scheint „[…] schrecklich unwürdig, wenn die Seele von der Geographie beherrscht wird." (George Santayana).

5. Literatur

Allport, F.H. (1955). *Theories of perception and the concept of structure.* New York: Wiley.

Blascovich, J., Spencer, S. J. Quinn, D. & Steele, C. (2001). African Americans and high blood pressure: The role of stereotype threat. *Psychological Science, 12* (3), 225–229.

Bolten, J. (2001). *Interkulturelle Kompetenz.* Erfurt: Thüringer Landeszentrale für politische Bildung.

Baumeister, R.F. & Leary, M.R. (1995). The need to belong: Desire for interpersonal attachments as a fundamental human motivation. *Psychological Bulletin, 117* (3), 497–529.

Branscombe, N. R., Schmitt, M.T. & Harvey, R.D. (1999). Perceiving pervasive discrimination among African Americans: Implications for group identification and well-being. *Journal of Personality and Social Psychology, 77* (1), 135–149.

Cozzarelli, C. & Karafa, J. A. (1998). Cultural estragement and terror management theory. *Personality and Social Psychology Bulletin, 24* (3), 253–267.

Crandall, C., Eshleman, A. & O'Brien, L. (2002). Social norms and the expression and suppression of prejudice: The struggle for internalization. *Journal of Personality and Social Psychology, 82*, 359–378.

Dimitrova, R., Aydinli, A., Chasiotis, A., Bender, M. & van de Vijver, F. J. R. (2015). Heritage identity and maintenance enhance well-being of Turkish-Bulgarian and Turkish-German adolescents. *Social Psychology, 46*, 93–103.

Dwairy, M. (2009). Culture analysis and metaphor psychotherapy with Arab-Muslim clients. *Journal of Clinical Psychology, 65*, 199–209.

Fekete, L. (2004). Anti-Muslim racism and the European security state. *Race & Class, 46* (1), 3–29.

Foster, M.D. (2009). Perceiving pervasive discrimination over time: implications for coping. *Psychology of Women Quarterly, 33* (2009), 172–182.

Ghaith, M. (1987). *Law of clans in the light of Islamic law.* Jerusalem, Palestine: Al-Amal Press.

Hansen, N. & Sassenberg, K. (2006). Does social identification harm or serve as a buffer? The impact of social identification on anger after experiencing social discrimination. *Personality and Social Psychology Bulletin, 32* (7), 983–996.

Harth, N.S., Hornsey, M.J. & Barlow, F.K. (2011). Emotional Responses to Rejection of Gestures of Intergroup Reconciliation. *Personality and Social Psychology Bulletin, 37*, 815–829.

Maaitah, W. M, Harth, N. & Kessler, T. (2017). Rejection-Identification Model: the case of Middle Eastern refugees in Germany. *Manuscript in preparation.*

Mayring, P. (2003). *Qualitative Inhaltsanalyse. Grundlagen und Techniken*. Weinheim: Beltz.

Nadler, A. & Chernyak-Hai, L. (2013). Helping them stay where they are: status effects on dependency/autonomy-oriented helping. *Journal of Personality and Social Psychology,106* (1), 58–72.

Ramos, R. R., Cassidy, C., Reicher, S., & Haslam, S.A. (2012). A Longitudinal Investigation of the Rejection-Identification Hypothesis. *British Journal of Social Psychology, 51*(4), 642–660.

Shafa, S., Harnick, F., Ellmers, N., & Beersma, B. (2014). Who are you calling rude? Honor-related differences in morality and competence evaluations after an insult. *Negotiation and Conflict Management Research, 7* (1), 38–56.

Schmitt, M.T., & Branscombe, N.R. (2002). The meaning and consequences of perceived discrimination in disadvantaged and privileged social groups. *European Review of Social Psychology, 12* (1), 167–199.

Schmitt, M.T., Branscombe, N.R., Postmes, T., & Garcia, A. (2004). The consequences of perceived discrimination for psychological well-being: a meta-analytical review. *Psychology Bulletin, 140* (4), 921–948.

Schütze, F. (1977). Die Technik des narrativen interviews in lnteraktionsfeldstudien – dargestellt an einem Projekt zur Erforschung von kommunalen Machtstrukturen. *Arbeitsberichte und Forschungsmaterialien (Nr. 1), Fakultät für Soziologie*. Bielefeld: Universität Bielefeld

Shabel, N., & Nadler, A. (2008). A Needs-Based Model of Reconciliation: Satisfying the Differential Emotional Needs of Victim and Perpetrator as a Key to Promoting Reconciliation. *Journal of Personality and Social Psychology, 94*, 116–132.

Stephan, W.G. (2012). Improving relations between residents and immigrants. *Analyses of Social Issues and Public Policy, 12* (1), 33–48.

Stephan, W.G., Ybarra, O., & Bachman, G. (1999). Prejudice towards immigrants. *Journal of Applied Social Psychology, 29* (11), 2221–2237.

Stephan, W.G., Diaz-Loving, R., & Duran, A. (2000). Integrated threat theory and intercultural attitudes Mexico and the United States. *Journal of Cross-cultural Psychology, 31*(2), 240–249.

Schwartz, W. (1974). The Social Worker in the Group. In R. W. Klenk & R. Ryan (Eds.), *The Practice of Social Work* (pp. 208–228). Belmont, CA: Wadsworth Pub. Co.

Tajfel, H., & Turner, J. C. (1986). The social identity theory of intergroup behavior. In W. G. Austin & S. Worchel (Eds.), *Psychology of intergroup relations,* 2nd ed. (pp. 7–24.). Monterey, CA: Brooks/Cole.

Tausch, N., Becker, J. C., Spears, R., Christ, O., Saab, R., Singh, P., & Siddiqui, R. N. (2011). Developing emotion and efficacy routes to normative and non-normative collective action. *Journal of Personality and Social Psychology, 101* (1), 129–148.

Weiner, B. (1985). An attributional theory of achievement motivation and emotion. *Psychological Review, 92* (4), 548–573.

Williams, K. D., Shore, W.J., & Grahe, J.E. (1998). The silent treatment: Perceptions of its behaviour and associated feelings. *Group Processes and Intergroup Relations, 1* (2), 117–141.

Williams K. D. (2007). Ostracism. *Annual Review of Psychology*, 58, 425–452.

Nilüfer Aydin, Janet Kleber, Veronika Oelkrug,
Marcel Leuschner und Daniel Wutti

Wie kann Inklusion von Flüchtlingen gelingen?

Der Universitätslehrgang „Inklusionsbegleiter*in“ an der Alpen-Adria Universität Klagenfurt als Beispiel eines gelungenen Theorie-Praxis-Transfers

Zusammenfassung: *Weltweit sind Millionen Menschen auf der Flucht vor Krieg, Terror und Verfolgung. Die Anforderung nachhaltiger Integration von geflüchteten Menschen an die europäischen Gesellschaften steigt. Eine Flucht, sowie das Ankommen in einem neuen Land und der Versuch der Eingliederung sind psychisch hoch belastend und oft sogar traumatisierend. Ist die Flucht in ein politisch sicheres Land gelungen, muss „nur“ noch Anschluss gefunden werden. Genau hier beginnen die eigentlichen Herausforderungen; nicht nur für die geflüchteten Menschen, sondern auch für die Aufnahmegesellschaft. Die Alpen-Adria Universität Klagenfurt möchte einen rein theoretischen Diskurs hinter sich lassen und eine in die Praxis umgesetzte Integration erreichen. Im Rahmen des 2015 eingeführten Universitätslehrganges „Inklusionsbegleiter*in“ wird Wissen über den professionellen Umgang mit geflüchteten Menschen auf interkultureller, psychosozialer und fremdenrechtlicher Ebene erworben und praktisch angewandt. Wesentlich für die Konzeption dieses Lehrgangs ist, dass dieser sowohl für Mitglieder der Aufnahmegesellschaft als auch für Flüchtlinge offensteht und qualifizierte Inklusionsbegleiter*innen ausbildet. Damit bietet dieser Lehrgang einen vielversprechenden ersten Schritt für ein positives Zusammenleben und eine erfolgreiche Integration.*

Die europäischen Staaten sehen sich mit einer der größten Herausforderungen der letzten Jahrzehnte konfrontiert: Bürgerkriege, islamistischer Terror und ökonomische Perspektivlosigkeit haben dazu geführt, dass bis Mitte 2015 Schätzungen zufolge bislang über 3,5 Millionen Menschen nach Europa flüchten mussten, um Schutz vor politisch und religiös motiviertem Terror zu suchen (United Nations High Commissioner for Refugees UNHCR, 2015). Wenn Flüchtlinge in Ländern wie Österreich oder Deutschland ankommen, haben die meisten dieser Menschen neben traumatisierenden Gewalterfahrungen in ihren Heimatländern eine lebensgefährliche Flucht hinter sich. Daher kann angenommen werden, dass viele der asylsuchenden Flüchtlinge, die es in sichere europäische Gesellschaften geschafft haben, auch dauerhaft in diesen Ländern leben möchten. Die gesellschaftlich-politische Debatte über die Frage, *ob* Europa diese Menschen integrieren möchte, erscheint somit irrelevant. Vielmehr muss sich die europäische Gemeinschaft intensiv mit der Frage auseinandersetzen, *wie* eine mittel- bzw. langfristige Perspektive aussehen muss, um diese Menschen erfolgreich in unsere Gesellschaft zu integrieren.

Eine erfolgreiche Integration setzt voraus, dass die europäischen Aufnahmegesellschaften Bereitschaft und Willen zeigen, sich in die psychologische Situation der geflüchteten Menschen hineinzuversetzen – sowohl auf emotionaler wie auf kognitiver Ebene. Viele Flüchtlinge waren vor und während ihrer Flucht Traumatisierungen ausgesetzt. Es wundert daher nicht, dass viele der Flüchtlinge und Asylsuchenden an psychischen Problemen leiden, wie beispielsweise Depressionen, Angststörungen oder einer Posttraumatischen Belastungsstörung (PTBS). Unabhängig von diesen schweren psychischen Belastungen kommt als weiterer Stressor die fremde Kultur in den Aufnahmegesellschaften hinzu. Die Flüchtlinge sind gezwungen, sich mit kulturellen Gepflogenheiten und für sie fremden gesetzlichen Bestimmungen der Aufnahmeländer auseinanderzusetzen und eine gänzlich neue Lebenssituation zu bewältigen. Dieser Prozess kann als psychisch belastend empfunden werden, insbesondere dann wenn Flüchtlinge sich nicht willkommen, sondern von der einheimischen Bevölkerung (feindselig) abgelehnt fühlen.

Dass wahrgenommene Ablehnung durch andere Personen aversive Folgen auf physischer wie auch auf psychischer Ebene hat, zeigen eindrucksvoll experimentelle wie auch nicht-experimentelle Studien aus der sozialpsychologischen Ausgrenzungsforschung (Gerber & Wheeler, 2009; Leary, Tambor, Terdal, & Downs, 1995; Wesselmann, Cardoso, Slater, & Williams, 2012; Williams, 2009): Menschen haben ein starkes Bedürfnis nach Zugehörigkeit und sind daher motiviert, von anderen Menschen akzeptiert zu werden und sich angenommen zu fühlen (Baumeister & Leary, 1995). Diese Motivation nach zwischenmenschlicher Akzeptanz ist universell, d. h. es wird davon ausgegangen, dass sie angeboren und kulturübergreifend ist. Daher wird das Gefühl des „Nicht-Dazugehörens" als äußerst stressreich und aversiv empfunden. So zeigen Studienergebnisse, dass Personen in Situationen interpersonaler Ablehnung insbesondere negative Emotionen empfinden, wie beispielsweise Angst, Scham, aber auch Wut (Leary, Twenge, & Quinlivan, 2006; Williams, 2007). Auch gibt es Hinweise darauf, dass Ablehnung regelrecht zu körperlichen Schmerzen führen kann (sog. „social pain"), da bei wahrgenommenem Ausschluss dieselben Hirnareale aktiviert werden wie bei physischem Schmerz (Eisenberger, Lieberman, & Williams, 2003). Des Weiteren zeigen experimentelle Studien, dass ein Zusammenhang zwischen Ausgrenzungserfahrungen und der Bedrohung menschlicher Grundbedürfnisse nach Zugehörigkeit, Selbstwert, Selbstwirksamkeit und einer sinnvollen Existenz besteht

(Williams, Cheung, & Choi, 2000). So berichten beispielsweise ausgegrenzte Personen von einer Bedrohung bzw. Verletzung ihres Selbstwertes. Ausgrenzungserfahrungen gehen somit mit einer starken persönlichen Kränkung einher, die als aversiv und schmerzhaft empfunden wird (Leary et al., 1995).

Darüber hinaus konnte in zahlreichen Studien gezeigt werden, dass Ausgrenzung zu wahrgenommenem Kontrollverlust führt, d. h. Personen fühlen sich den Umständen ihrer sozialen Umwelt ausgeliefert (emotionale Ebene) und nehmen aufgrund ihrer Situation keine Beeinflussungsmöglichkeiten mehr wahr (kognitive Ebene). Insbesondere zeigt die Forschung bei länger währender Ausgrenzungserfahrung das Auftreten der sog. erlernten Hilflosigkeit, die in Depressionen und Apathie münden kann (Seligman, 1975; Williams & Nida, 2011) (motivationale Ebene). Geflüchtete Menschen sind körperlich und mental vorbelastet, so dass die Erfahrung mit sozialer Ausgrenzung, z. B. mit Diskriminierung durch Mitglieder der Aufnahmegesellschaft, um ein Vielfaches bedrohlicher empfunden wird. Auf Basis der bestehenden Forschungsergebnisse lässt sich daher zusammenfassen, dass gefühlte Ausgrenzung mit negativen Konsequenzen sowohl auf emotionaler, kognitiver als auch motivationaler Ebene für Flüchtlinge einhergehen kann.

Um auf politischer und gesellschaftlicher Ebene effiziente Maßnahmen für die sog. „Flüchtlingsfrage“ zu identifizieren, ist es unumgänglich auch die (psychologische) Seite der Aufnahmegesellschaften zu betrachten. In weiten Teilen fühlen sich Mitglieder der einheimischen Bevölkerung (wie z. B. in Ländern wie Österreich und Deutschland) durch die Zuwanderung einer Vielzahl von Flüchtlingen verunsichert, verängstigt und schlicht überfordert. Auch hier können sich Gefühle von Kontrollverlust einstellen, da Menschen den Eindruck haben, von wichtigen politischen Entscheidungen ausgeschlossen zu werden und einer neuen sozialen Situation im Land ausgeliefert zu sein. Kollektiver Kontrollverlust und diffuse Ängste beeinflussen Menschen auch in ihrem Verhalten (Agroskin & Jonas, 2010; Fritsche et al., 2013) – so z. B. auch im Wahlverhalten (als Beispiel sei der fulminante Wahlerfolg der rechtsorientierten, populistischen Partei AfD [Alternative für Deutschland] bei den Landtagswahlen im März 2016 in einigen deutschen Bundesländern genannt). Aus sozialpsychologischer Perspektive lässt sich dieses Phänomen mit wahrgenommenem Kontrollverlust erklären: Unkontrollierbarkeit und Gefühle der Machtlosigkeit stehen in Zusammenhang mit dem (verstärkten) Aufkommen von Vorurteilen und Diskriminierung (z. B. Fritsche, Jonas, & Fankhänel, 2008). Eine extreme politische Position einzunehmen (und der Einstellung entsprechend zu handeln, wie z. B. bei Wahlen), trägt dazu bei, den individuell empfundenen Kontroll- und Machtverlust zu kompensieren.

Es ist daher für eine gelungene Integration der schutzsuchenden Menschen sinnvoll – wenn nicht gar unumgänglich – Unsicherheiten und Ängste auf beiden Seiten zu erkennen, zu benennen und diesen durch konkrete Maßnahmen entgegenzuwirken. Für die Implementierung derartiger Maßnahmen steht nicht nur die Politik im Allgemeinen in der Verantwortung, sondern auch Bildungsinstitutionen, insbesondere universitäre Einrichtungen. Einen ersten vielversprechenden Ansatz stellt der studien- und berufsbegleitende Universitätslehrgang (ULG) „Inklusionsbegleiter*in" an der Alpen-Adria Universität Klagenfurt dar. Die Inhalte des Lehrgangs sind darauf ausgerichtet, das Wissen über den professionellen Umgang mit geflüchteten Personen zu vermitteln – sowohl auf der interkulturellen, psychosozialen als auch auf der fremdenrechtlichen Ebene.

1. Ausgangspunkte des Universitätslehrgangs „Inklusionsbegleiter*in"

Aufbauend auf den langjährigen Erfahrungen des Klagenfurter Vereins ASPIS (ein Forschungs- und Beratungszentrum für Opfer von Gewalt) im Umgang mit Asylsuchenden, wurde 2015 an der Abteilung für Sozialpsychologie an der Alpen-Adria Universität Klagenfurt der Universitätslehrgang (ULG) „Inklusionsbegleiter*in" eingerichtet. Dieser Lehrgang bietet sowohl die Möglichkeit fundiertes Wissen im psychosozialen Umgang mit Flüchtlingen zu erwerben als auch dieses Wissen praktisch in der Arbeit mit Flüchtlingen anzuwenden. Dadurch soll eine zunehmende Professionalisierung aller beteiligten Gruppen und die Schaffung eines empirisch erarbeiteten Standards in der Versorgung schutzsuchender Personen ermöglicht werden. Somit bietet dieser Universitätslehrgang eine umfassende Qualifikation für den Inklusions- und Integrationsprozess geflüchteter Menschen und stellt damit eine wichtige Alternative zu bisher vereinzelt angebotenen, zeitlich kürzeren Fortbildungen in diesem Bereich dar.

Wesentlich in der Konzeption dieses Lehrgangs ist die Tatsache, dass dieser sowohl für Mitglieder der Aufnahmegesellschaft (z. B. Studierende, Ehrenamtliche, Berufstätige usw.) als auch für Flüchtlinge offen steht. Nur durch das Einbeziehen beider Seiten kann ein tolerantes und inkludierendes soziales Miteinander im Kontext der universitären Ausbildung gefördert und praktisch gelebt werden. Das übergeordnete Ziel ist daher, qualifizierte Inklusionsbegleiter*innen auszubilden und durch ihre Etablierung in der österreichischen Mehrheitsgesellschaft eine intermediäre Basis zum Abbau bestehender Ängste und Vorurteile auf niedrigster Ebene zu schaffen. Inklusionsbegleiter*innen fungieren daher als Multiplikatoren innerhalb ihrer jeweiligen ‚communities' und vermitteln zwischen Zugewanderten und der einheimischen Gesellschaft.

2. Die Inhalte der Ausbildung

Der Universitätslehrgang „Inklusionsbegleiter*in“ wurde an drei Themenbereichen orientiert: Interkulturalität, Psychologische Beratung (Psychotraumata) und Fremdenrecht.

2.1. Kompetenz zur interkulturellen Arbeit

Einer der wichtigsten Ansatzpunkte für eine erfolgreiche Inklusion von Flüchtlingen stellt die Überwindung (angenommener) kultureller Unterschiede und die Bereitschaft des Kennenlernens dar. Nach Hirsch (1993) ist die Begegnung mit dem Fremden immer eine Herausforderung, die zwangsläufig dazu führt, dass das eigene kulturelle Selbstverständnis und die eigene Identität hinterfragt wird. Insbesondere die psychologische und beratende Arbeit mit Menschen aus anderen Kulturen erfordert die Reflexion eigener Haltungen und Werte. Ein eigenes Seminar der Ausbildung widmet sich daher der Klärung dieser Fragestellung. Dabei geht es auch darum, wie in der transkulturellen Begegnung und Beratung eine tragfähige Beziehung, Authentizität und Vertrauen etabliert werden können. Im geschützten Rahmen der Lehrveranstaltung entsteht ein Begegnungsort, in dem transkulturelle Kommunikation geübt wird und Ideen zur gelebten Inklusion entwickelt werden. Das Methodenspektrum bedient sich u. a. dem Psychodrama, der Ethnopsychoanalyse und dem szenischen Verstehen. Bestehende Einstellungen und Haltungen werden aufgegriffen und auf einer gemeinsamen Bühne reflektiert. Ziel ist die gelungene Begegnung und transkulturelle Kommunikation auf psychosozialer und kultureller Ebene, um dadurch soziale Ausgrenzung zu verringern oder erst gar nicht entstehen zu lassen.

2.2. Kompetenz zur niederschwelligen, psychologischen Betreuung

Schutzsuchende Menschen haben oftmals auf der Flucht vor Terror und Krieg traumatische Erfahrungen gemacht, die sie in vielen Fällen stark belasten. Die Vermittlung von psychosozialen Fertigkeiten im Umgang mit und der psychologischen Betreuung von diesen Menschen ist elementar und stellt einen Grundpfeiler dieses Lehrgangs dar. Es werden daher sowohl grundlegende klinisch-psychologische Konzepte im Umgang mit traumatisierten Menschen als auch die Bedeutung der eigenen Psychohygiene und Selbsthilfe (z. B. Preitler, 2015) gelehrt. Vermittelt wird des Weiteren eine praktische Anleitung zum sogenannten Trauma Counselling, d. h. Techniken einer niederschwelligen Begleitung von Menschen mit Traumafolgeerkrankungen.

2.3. Kompetenz zur niederschwelligen, fremdenrechtlichen Beratung

Neben den sozialen Herausforderungen sich in den Aufnahmegesellschaften einzugliedern und der psychischen Verarbeitung der erlebten Ereignisse, ist es zugleich von existenzieller Bedeutung für Flüchtlinge, die Fremdenrechtsgesetzgebung des neuen Landes zu verstehen – nicht zuletzt, um Handlungsfähigkeit zu erlangen und den eigenen Handlungsraum einschätzen zu können, auch aber um sich mit gesetzlichen Bestimmungen der Aufnahmeländer vertraut zu machen. Im Universitätslehrgang wird die Fremdenrechtsgesetzgebung in ihren Grundzügen diskutiert, um rechtliche Möglichkeiten von Flüchtlingen rasch und kompetent einschätzen zu können. Ziel ist, dass die Inklusionsbegleiter*innen die Flüchtlinge niederschwellig beraten können, sodass diese sich schneller und leichter mit den fremdengesetzlichen Bestimmungen der Aufnahmeländer auseinandersetzen können.

3. Die Teilnehmenden

Ein wichtiger Bestandteil der Ausbildung ist die gleichzeitige Teilnahme von Flüchtlingen und Mitgliedern der Aufnahmegesellschaften am Universitätslehrgang. So kann die Expertise in Bezug auf Flucht, Asyl und Inklusion aus erster Hand direkt in den Diskurs innerhalb der Lehrveranstaltungen mit einfließen und den Lehrgang so um zusätzliche Perspektiven erweitern. Im ersten Durchgang der Ausbildung (begrenzt auf 36 Personen) nahmen neun Flüchtlinge aus den Herkunftsländern Afghanistan, Iran, Somalia, Niger und Tschetschenien teil. Davon befanden sich zu Beginn der Ausbildung sechs der Flüchtlinge selbst noch im laufenden Asylverfahren. Eigens hervorzuheben ist, dass weitere neun der insgesamt 36 Teilnehmer*innen junge Menschen mit Migrationshintergrund waren, die Mehrheit davon aus Ex-Jugoslawien. Mit ihrem interkulturellen Hintergrund und ihrer Migrationserfahrung bzw. ihrer Sozialisation als eine Minderheit sind sie als besondere Mittler*innen zu verstehen und ermöglichten damit ebenfalls eine Förderung des interkulturellen Austausches im ULG.

4. Evaluation des Lehrgangs

Um die tatsächliche Wirkung des Lehrgangs zu beurteilen, wurde der erste Durchgang der Ausbildung im Frühjahr 2016 einer Evaluation unterzogen. Positiv hervorgehoben wurde die Idee, Flüchtlinge und Mitglieder der Aufnahmegesellschaft gemeinsam an der Ausbildung teilhaben zu lassen. Während zu Beginn der Ausbildung scheinbar zwei Untergruppen aus sich fremden Teilnehmer*innen bestanden, löste sich diese Annahme rasch auf. Die Überwindung der Vorstellung von Innen und Außen bzw. Eigen- und Fremdgruppe ist zielführend und notwendig bei der Auseinandersetzung mit geflüchteten Menschen bzw. der Migration an sich (Gruber & Kopeinig, 2014; Klink, Hamberger, Hewstone, & Avci, 1998). Die Studierenden gaben an, vom persönlichen Austausch mit den teilnehmenden Flüchtlingen sehr profitiert zu haben. Insbesondere im Umgang mit Fragen, die von Flüchtlingen gestellt werden, seien sie sicherer geworden und könnten sich nach der Ausbildung besser in die Situation der Flüchtlinge einfühlen. Irritationen in der Begegnung mit Geflüchteten könnten adäquater gedeutet und eingeordnet werden.

Das erworbene Hintergrundwissen zur Rechtslage und Psychotraumatologie trug zur subjektiven Wahrnehmung von Qualifizierung bei. Insbesondere erweiterte sich auch das Wissen in Bezug auf Abwehrmechanismen, welche als häufige Reaktion in der Gesellschaft auf traumatisierte Menschen, wie beispielsweise Flüchtlinge, verbreitet ist. Stigmatisierung, Diskriminierung und Ausgrenzung der Betroffenen sind die Folge (z. B. Ottomeyer, 2002). Ausgebildete Inklusionsbegleiter*innen können derartige Prozesse erkennen, aktiv verändern und so effektiv zum gemeinsamen gegenseitigen Verständnis beitragen.

Die Arbeit mit Flüchtlingen impliziert auch die Konfrontation mit überfordernden Situationen. Um sich in diesem Bereich längerfristig engagieren zu können, ist die eigene Psychohygiene und somit auch regelmäßige Super- und Intervision unabdingbar (Preitler, 2002). Teilnehmer*innen der Ausbildung erwähnten auch, sich nun der eigenen Grenzen bewusster geworden zu sein und besser mit Stresssituationen umgehen zu können.

5. Ausblick

Der Universitätslehrgang „Inklusionsbegleiter*in" stellt einen vielversprechenden ersten Schritt dar, um die Integration von Flüchtlingen in die europäische Gesellschaft zu fördern und den interkulturellen Austausch für beide Seiten zu erleichtern. Die Arbeit mit geflüchteten Menschen ist oft gekennzeichnet durch einen strukturellen Mangel an Ressourcen. Eine zunehmende Professionalisierung in der Versorgung dieser Personengruppe im Sinne des Aufbaus einer Fachkompetenz, wie es der ULG intendiert, ist dabei essentiell. Zugleich sollte die Förderung der Empathie auf Seiten der Inklusionsbegleiter*innen helfen, zukünftige Ausgrenzung zu reduzieren und die damit verbundenen negativen Folgen zu verhindern. Empathie bildet grundsätzlich einen wichtigen Startpunkt für prosoziales Helfen (Batson, 1990) und kann damit ggf. genutzt werden, um weitere Mitglieder der Aufnahmegesellschaften zur Mithilfe zu motivieren. Die Förderung des Verständnisses für die Situation der Flüchtlinge ist zwar ein wichtiger Bestandteil der interkulturellen Kommunikation, allerdings ist es auch von Bedeutung, dass die Aufnahmegesellschaft mehr über die Verhaltensweisen, Sitten und Gebräuche der Flüchtlinge lernt. Kulturelles Unwissen auf Seiten der Aufnahmegesellschaft könnte dazu führen, dass Verhaltensweisen falsch gedeutet bzw. missinterpretiert werden und hierdurch Konflikte und Spannungen entstehen.

Zusätzlich zum interkulturellen Austausch auf beiden Seiten bleibt weiterhin die Problematik des wahrgenommenen Kontrollverlustes auf Seiten der Aufnahmegesellschaft bestehen. Der Kontrollverlust durch die Entscheidungen der Politik wird oftmals auf die Flüchtlinge übertragen und führt infolgedessen zu deren Ausgrenzung und Ablehnung. Um dem Eindruck entgegenzutreten, dass wegweisende politische Entscheidungen ohne Einfluss und Kontrollmöglichkeit der Bevölkerung getroffen werden, müssen Mitglieder der Aufnahmegesellschaft stärker und expliziter in die politischen Entscheidungen miteinbezogen werden. Nur so kann Kontrollverlust vorgebeugt werden und die Akzeptanz geflüchteter Menschen erhöht werden.

Die Integration von Menschen aus anderen Kulturen und Ländern in eine neue Heimat ist nicht nur aufgrund der aktuellen Flüchtlingskrise von Bedeutung, sondern ist im Angesicht zunehmender Vernetzung und Mobilität innerhalb der Weltgemeinschaften unabdingbar. So ist neben der krisenbedingten Auswanderung (Flucht) aus dem eigenen Land, auch die freiwillige Migration in andere Länder allgegenwärtig und sogar notwendig: Durch die Zunahme der Urbanisierung bzw. der Abwanderung jüngerer Bevölkerungsgruppen aus dem ländlichen Raum und dem demographischen Wandel, spielt Migration eine Schlüsselrolle in der ökonomischen Stabilität der Aufnahmestaaten (vgl. Bundesministerium für Inneres BMI, 2010). Eine erfolgreiche interkulturelle Kommunikation und die Bereitschaft, andere Personen zu integrieren und nicht aus den jeweiligen Gesellschaften auszuschließen, fördern und sichern langfristig ein positives Zusammenleben.

6. Literatur

Agroskin, D., & Jonas, E. (2010). Out of control: How and why does perceived lack of control lead to ethnocentrism? *Review of Psychology*, *17*, 79–90.

Batson, C. D. (1990). How social is an animal? The human capacity for caring. *American Psychologist*, *45*, 336–346.

Baumeister, R. F., & Leary, M. R. (1995). The need to belong: Desire for interpersonal attachments as a fundamental human motivation. *Psychological Bulletin*, *117*, 497–529.

Bundesministerium für Inneres – BMI. (2010). *Nationaler Aktionsplan für Integration (NAP.I)*. Abrufbar unter https://www.bmeia.gv.at/fileadmin/user_upload/Zentrale/Integration/NAP/Bericht_zum_Nationalen_Aktionsplan.pdf

Eisenberger, N. I., Lieberman, M. D., & Williams, K. D. (2003). Does rejection hurt? An fMRI study of social exclusion. *Science, 302*, 290–292.

Fritsche, I., Jonas, E., Ablasser, C., Beyer, M., Kuban, J., Manger, A.-M., & Schultz, M. (2013). The power of we: Evidence for group-based control. *Journal of Experimental Social Psychology, 49*, 19–32.

Fritsche, I., Jonas, E., & Fankhänel, T. (2008). The role of control motivation in mortality salience effects on ingroup support and defense. *Journal of Personality and Social Psychology, 95*, 524–541.

Gerber, J., & Wheeler, L. (2009). On being rejected: A meta-analysis of experimental research on rejection. *Perspectives on Psychological Science, 4*, 468–488.

Gruber, B., & Kopeinig, R. (Hrsg.) (2014). *Migration zusammen Leben*. Klagenfurt am Wörthersee: Wieser Verlag.

Hirsch, M. (1993). Der Fremde in uns selbst. In W. Köpp & R. Rohner (Hrsg.), *Das Fremde in uns, die Fremden bei uns: Ausländer in Psychotherapie und Beratung* (S. 10–23). Heidelberg: Roland Asanger.

Klink, A., Hamberger, J., Hewstone, M., & Avci, M. (1998). Kontakte zwischen Gruppen als Mittel zur Reduktion von Aggression und Gewalt: Sozialpsychologische Theorien und ihre Anwendung in der Schule. In H. W. Bierhoff & U. Wagner (Hrsg.), *Aggression und Gewalt* (S. 279–306). Stuttgart: Kohlhammer.

Leary, M. R., Tambor, E. S., Terdal, S. K., & Downs, D. L. (1995). Self-esteem as an interpersonal monitor: The sociometer hypothesis. *Journal of Personality and Social Psychology, 68*, 518–530.

Leary, M. R., Twenge, J. M., & Quinlivan, E. (2006). Interpersonal rejection as a determinant of anger and aggression. *Personality and Social Psychology Review, 10*, 111–132.

Ottomeyer, K. (2002). Psychotherapie mit traumatisierten Flüchtlingen. Fallstricke und Handlungsmöglichkeiten. In K. Ottomeyer (Hrsg.), *Überleben am Abgrund. Psychotrauma und Menschenrechte* (S. 139–170). Klagenfurt/ Celovec: Drava Verlag.

Preitler, B. (2002). Kriegs- und Folterverletzungen der Seele. Psychotherapeutische Betreuung von Folter- und Kriegsüberlebenden bei Hemayat. In K. Ottomeyer (Hrsg.), *Überleben am Abgrund. Psychotrauma und Menschenrechte* (S. 171–186). Klagenfurt/Celovec: Drava Verlag.

Preitler, B. (2015). *Grief and Disappearance: Psychosocial Interventions*. New Delhi: SAGE Publications.

Seligman, M. E. (1975). *Helplessness: On depression, development, and death.* New York City: W.H.Freeman & Co Ltd.

United Nations High Commissioner for Refugees (2015). *Mid-Year Trends 2015.* Abrufbar unter http://www.unhcr.org/56701b969.html

Wesselmann, E. D., Cardoso, F. D., Slater, S., & Williams, K. D. (2012). To be looked at as though air: Civil attention matters. *Psychological Science, 23,* 166–168.

Williams, K. D. (2007). Ostracism. *Annual Review of Psychology, 58,* 425–452.

Williams, K. D. (2009). Ostracism: a temporal need-threat model. In M. P. Zanna (Ed.), *Advances in Experimental Social Psychology,* Vol. 41, (pp. 279–314). New York: Academic Press.

Williams, K. D., Cheung, C. K. T., & Choi, W. (2000). Cyberostracism: Effects of being ignored over the Internet. *Journal of Personality and Social Psychology, 79,* 748–762.

Williams, K. D., & Nida, S. A. (2011). Ostracism: Consequences and Coping. *Current Directions in Psychological Science, 20,* 71–75.

Johannes Maaser

Gewaltprävention durch das Projekt Einsicht

Praxiskommentar

Johannes Maaser ist am Fachdienst Gefahrenabwehr der Universitätsstadt Marburg angestellt und dort für den Bereich Gewaltprävention zuständig. Über die Stadtverwaltung sowie das Projekt „Einsicht – Marburg gegen Gewalt" ist er in unterschiedliche Zusammenhänge der Flüchtlingsarbeit eingebunden.

Themen der Flüchtlingsunterbringung wurden im Juli 2015 mit der Einrichtung einer Erstaufnahmestelle für geflüchtete Menschen in Marburg Cappel zu einem besonderen Schwerpunkt meiner Tätigkeit. Den Rahmen meiner Arbeit bildet dabei das Projekt „Einsicht – Marburg gegen Gewalt". Das Projekt *Einsicht* ist eine Wissenschaft-Praxis-Kooperation des Ordnungsamts der Universitätsstadt Marburg und der Arbeitsgruppe Sozialpsychologie der Philipps-Universität und begann 2013 als universitäres Drittmittelprojekt. Seit Oktober 2015 ist die Koordinierungsstelle als Teil der Marburger Stadtverwaltung an den Fachdienst Gefahrenabwehr angegliedert.

Das Projekt *Einsicht* orientiert sich an den aktuellen Empfehlungen für kommunale Präventionsgremien des Deutschen Forums für Kriminalprävention und anderer. Die vertretenen Ansätze basieren alle auf einer intensiven Zusammenarbeit der Akteure, die vor Ort entweder qua Mandat (wie Polizei, Jugendamt) oder durch spezifische Problembelastungen (z. B. Ordnungsamt, Schulen) für Prävention zuständig sind. Probleme im Zusammenhang mit Gewalt sind nach diesem Verständnis immer gesellschaftliche Querschnittsphänomene, die über Institutionsgrenzen hinweg bearbeitet werden müssen (z. B. nutzen Gewaltpräventionstrainings mit Kindern in Kitas wenig, wenn dieselben Kinder in ihren Elternhäusern geschlagen werden). Deshalb werden die Ausrichtung der Themen und die praktischen Schwerpunkte von *Einsicht* in einem interdisziplinär zusammengesetzten Planungsgremium diskutiert, das regelmäßig tagt.

Neben Sozialpsychologie und Ordnungsamt sind im *Einsicht* Planungsgremium das Gleichberechtigungsreferat, der Fachbereich Kinder, Jugend und Familie (Jugendamt) und das Sozialamt der Stadtverwaltung, die Polizeidirektion Marburg-Biedenkopf (insbesondere die Jugendkoordinatorin), das staatliche Schulamt Marburg-Biedenkopf, das Jugendrechtshaus Marburg-Biedenkopf e. V. und die Geschäftsstelle Mittelhessen des Netzwerks gegen Gewalt vertreten.

Einsicht verfolgt mit dem Austausch über Zuständigkeitsbereiche hinweg drei Kernziele: die Sensibilisierung für Gewalt und deren Ursachen, die Abstimmung von Präventionsmaßnahmen in der Stadt sowie die Identifizierung von Best-Practice-Modellen und „Lücken" in der bestehenden Angebotsstruktur.

Zu einem inhaltlichen und zeitlichen Dauerthema der Projektarbeit wurden Flucht und Integration ab Anfang 2015. Seitdem können in allen Institutionen, die im *Einsicht* Planungsgremium vertreten sind, sich verändernde Anforderungen durch „neue Einwanderung" festgestellt werden. Diese notwendige Auseinandersetzung mit „Flüchtlingspolitik" ist für die kommunalen Verantwortlichen bereits deswegen eine Herausforderung, weil sie in der Regel als erste Ansprechstellen für Bürger/innen fungieren: Bei Anfragen, wegen Hilfsangeboten oder Beschwerden nehmen sie quasi „automatisch" die zentrale Position bei der Koordinierung und Kommunikation von Integrationsaufgaben ein. Das heißt allerdings nicht, dass kommunale Akteure immer besonders weitreichenden Einfluss auf Prozesse nehmen können. So sind z. B. die Stadt- oder Kreisverwaltungen weder in Entscheidungen über Asylverfahren eingebunden (regelt das Bundesamt für Migration und Flüchtlinge/BAMF), noch sind sie offiziell zuständig für die Betreibung von Erstaufnahmeeinrichtungen oder die Verteilung und Umverteilung geflüchteter Menschen in den Kommunen (dafür sind die Länder, operativ die Regierungspräsidien zuständig).

In Marburg, einer Universitätsstadt mit rund 72.000 Einwohner/innen, leben derzeit ca. 1.300 Personen als Flüchtlinge. Für 14 Monate waren zusätzlich zwischen ca. 200–800 Personen in einer Erstaufnahmeeinrichtung (EAE) untergebracht. Diese Unterscheidung nach dem Status der Personen als der Kommune „zugewiesene Flüchtlinge" oder als „Asylbegehrende in der Erstaufnahme" ist entscheidend für den behördlichen Umgang mit geflüchteten Menschen. Je nach Status unterscheiden sich die eingebundenen Akteure und deren konkrete Aufgaben stark. Während des Bestehens der Erstaufnahmeeinrichtung in Marburg Cappel von Juli 2015 bis September 2016 sind im Rahmen des Projekts Einsicht vor allem Aufgaben übernommen worden, die im Zusammenhang mit der logistischen und technischen Unterstützung der EAE sowie den Angebotsstrukturen im Umfeld der EAE („Portal Gisselberg") stehen. Andere Bereiche der Projektaktivitäten in Flucht- und Integrationszusammenhängen sind Analysen zur Situation der Unterbringung und zu Integration, Konzeption und Planung von Teilmaßnahmen, Befragung von Geflüchteten zu ihren Lebensumständen, Kommunikation mit und Befragung von Anwohner/innen von Unterkünften, Sportangebote als Kontakt- und Freizeitgestaltung, Information zum Abbau von Vorurteilen (u. a. Podiumsdiskussionen, Ausstellungen, Workshops) oder Gewaltpräventionstrainings mit sogenannten „Intensivklassen" (Sprachförderklassen für Geflüchtete).

Mit Blick auf die Frage, was psychologische Forschung zu einer Bearbeitung praktischer Probleme beitragen könnte, möchte ich den Fokus auf ein Arbeitsfeld im Zusammenhang mit der Erstaufnahmeeinrichtung richten: Die Kleidervergabestelle, an deren Aufbau und Betreibung ich beteiligt war und an der sich Kernpunkte illustrieren lassen, die auch in anderen Bereichen für Versorgungs- und Integrationsarbeit mit Geflüchteten charakteristisch sind. Vor dem Hintergrund meiner Arbeit im Projekt Einsicht stelle ich dabei die Zusammenarbeit in Netzwerken in den Mittelpunkt der Betrachtung.

Laut Asylverfahrensgesetz liegt die Zuständigkeit für die Erstaufnahme von Flüchtlingen in Deutschland bei den Bundesländern. Dennoch gibt es für Kommunen bzw. kommunale Akteure viele Gründe und teils praktische Notwendigkeiten, sich in Erstaufnahmeeinrichtungen zu engagieren. Bei der Einrichtung der EAE in Marburg Cappel war die Stadt Marburg von Anfang an erste Ansprechpartnerin des Regierungspräsidiums: Von der Erschließung des Grundstücks über die Baumaßnahmen bis zur Organisation von Sprachkursen und Freizeitaktivitäten waren Verwaltungsstellen vor Ort zentral in die Abläufe der Einrichtung eingebunden.

Die Ausstattung mit Kleidung hätte offiziell in der Zentralen Hessischen Erstaufnahmeeinrichtung in Gießen erfolgen sollen. Da viele Menschen in der Marburger Erstaufnahme aber nicht über ausreichend oder nicht über angemessene Kleidung verfügten, wurde der Aufbau einer städtischen Kleiderkammer zur Grundversorgung nötig: Geeignete Räume im Umfeld der EAE mussten ausfindig gemacht und eingerichtet werden (z. B. mit Regalen und Kleiderständern). Danach hatten wir eine Grundstruktur in der Kleiderkammer festzulegen und zu kommunizieren (Kleidersortierung, -verteilung, -ausgabe) sowie die Koordination der Kleiderausgabe zu gewährleisten (über einen Dienstleister, in unserem Falle das Deutsche Rote Kreuz). Gleichzeitig galt es, Ehrenamtliche für die Kleidersortierung und -ausgabe zu gewinnen und zu betreuen, den Kleider-Spendenbedarf an die Bevölkerung zu kommunizieren (z. B. in der Presse und via sozialer Medien) und nicht zuletzt die Zielgruppe, die neuangekommenen Flüchtlinge, zu erreichen. Von den Sozialbetreuer/innen innerhalb der EAE wurde organisiert, welche der Neuankommenden sich als nächstes in der Kleiderkammer einkleiden durften. Im Verlauf bekam die Kleiderkammer eine hauptamtliche Koordinatorin des Deutschen Roten Kreuzes, ein engagierter Pensionär konnte als Bundesfreiwilligendienstler beschäftigt werden und Geflüchtete selbst arbeiteten über Beschäftigungsmöglichkeiten des Job Centers und ehrenamtlich als

Schneider oder in der Vergabestelle. Getragen von ehrenamtlichem Engagement hat die Kleiderkammer zeitweise mehrmals wöchentlich eine Kleiderausgabe für alle Bedürftigen (nicht nur mit Flüchtlingsstatus) im ganzen Landkreis Marburg-Biedenkopf angeboten. Es fanden auch gruppenübergreifende Aktivitäten wie Nähkurse, Bazare oder ein Sommerfest statt und die Kleiderkammer war Treffpunkt für Hauptamtliche, Ehrenamtliche und Geflüchtete und ermöglichte viele private Kontakte. Seit ihrer Inbetriebnahme hat sich die Situation in der Kleiderkammer mehrmals verändert und nach der Schließung der EAE wurde das Angebot stark zurückgefahren, steht aber nach wie vor zur Verfügung.

Für die erfolgreiche Betreibung unserer Kleiderkammer waren vor allem die Kooperation von Menschen aus unterschiedlichen Bereichen und die Abstimmung von Zuständigkeiten eine Voraussetzung. Zwei Beispiele aus Alltagssituationen, die diese Notwendigkeit und die Chancen veranschaulichen, die Kooperationen mit Blick auf Integrationsanforderungen bieten, möchte ich abschließend kurz herausstellen.

Im Bereich der Zusammenarbeit innerhalb und zwischen Behörden war die Organisation der Kleiderkammer eine vergleichsweise dankbare Aufgabe, weil die Einrichtung für eine angemessene Versorgung mit Kleidung notwendig und damit von allen Seiten gleichermaßen unstrittig war. Dennoch zeigen sich auch hier entscheidende Schnittstellen in der Verwaltungsarbeit, die modellhaft auf andere Planungsbereiche als erfolgsentscheidende Herausforderungen bei Versorgungs- und Integrationsmaßnahmen übertragen werden können. In der Marburger Kleiderkammer lässt sich dies gut am Umgang mit dem Thema Gewalt bzw. Sicherheit zeigen: So gab es beispielsweise in der Anfangszeit das Problem, dass die Kleiderkammer in Räumen direkt gegenüber der EAE untergebracht und die Kleiderausgabe für die Bewohner/innen der Einrichtung ständig fußläufig erreichbar war. Dies führte bei manchen Personen zu der Erwartung einer „unbegrenzten" Verfügbarkeit von Kleidung und in Folge zu unkontrolliertem Zugang zur Kleiderkammer, was sowohl die Zahl der Personen als auch die Zeiten anging. Gleichzeitig kam es zu Streitigkeiten und aggressivem Auftreten bis hin zu kleineren Handgreiflichkeiten sowohl unter Nutzer/innen der Kleiderkammer als auch gegen Ehrenamtliche, die in der Kleiderkammer die Ausgabe regeln wollten.

Dank kurzer Kommunikationswege zwischen allen Beteiligen – dem Regierungspräsidium als Verantwortliche für die EAE, der Stadtverwaltung Marburg bzw. dem Ordnungsamt und den Ehrenamtlichen bzw. dem Deutschen Roten Kreuz – konnte der Konflikt um die Ausgabe der Kleider gut geregelt werden. Dies setzte aber voraus, dass alle Stellen zu einer gemeinsamen Bedarfsplanung, Kostenübernahme und der Übernahme konkreter Aufgaben zur Regelung bereit waren: Innerhalb der EAE wurde ein transparentes System kommuniziert, wer wann zur Kleiderausgabe gehen darf und die betreffenden Bewohner/innen wurden von den Sozialbetreuern zur Ausgabe begleitet. Die Stadt engagierte einen Sicherheitsdienst, der während der Ausgabezeiten anwesend war und Ehrenamtliche und Deutsches Rotes Kreuz kommunizierten eine Liste mit einer festgelegten Grundausstattung mit Kleidung pro Person, damit keiner der Neueingekleideten bevorzugt oder benachteiligt werden konnte und deutlich wurde, dass die Kleiderkammer kein unbegrenzt verfügbarer Selbstbedienungsladen ist.

Das zweite Schlaglicht möchte ich auf die Möglichkeiten zur Ansprache und Einbindung der Geflüchteten selbst legen, die in einer Einrichtung wie der Marburger Kleiderkammer gegeben sind. Jenseits der Versorgung mit Kleidung bot sich in der Marburger Kleiderkammer für Geflüchtete die Möglichkeit, Kontakte und Informationen zu erhalten und selbst aktiv zu werden – und das nicht nur im Bereich Kleidersortieren und -ausgeben: Es gab ein voll ausgestattetes Nähzimmer, das von mehreren ausgebildeten Schneidern genutzt wurde und sowohl über das Kreis Job Center als auch über das Sozialamt der Stadt für sechs Personen die Möglichkeit, an einer geförderten Qualifizierungsmaßnahme mit zusätzlichen Kursangeboten teilzunehmen.

Das Umfeld und die Tätigkeit in der Kleiderkammer ermöglichten den Aufbau zwischenmenschlicher Kontakte, das Erwerben von Sprachkenntnissen und einen niedrigschwelligen Eindruck der Anforderungen auf dem deutschen Arbeitsmarkt. Auch interkulturelle Unterschiede und Missverständnisse konnten im Rahmen einer gemeinsamen und gleichwertigen Tätigkeit erlebt und thematisiert werden. Durch die persönlichen Kontakte in der Kleiderkammer zwischen Marburger/innen und Ehrenamtlichen mit Fluchthintergrund sind darüber hinaus ganz unmittelbare gegenseitige Hilfen erwachsen: Z. B. war ein syrischer Schneidermeister sehr gefragt, der Ehrenamtlichen professionell ihre Kleidung ändern konnte und andersherum waren in der Kleiderkammer Muttersprachler/innen dabei behilflich, mit Geflüchteten Formulare auszufüllen, Deutsch zu lernen oder Fahrdienste zu übernehmen.

Am Beispiel der Grundversorgung mit Kleidern lässt sich gut zeigen, wie neu entstehende Netzwerke und Strukturen der Flüchtlingsarbeit die Lebenssituation von Betroffenen unmittelbar verbessern können und auch zum Kennenlernen, zum Austausch und zum gemeinsamen Tätigwerden von Einheimischen und Neukommenden dienen. Das „Projekt Kleiderkammer" fußte dabei auf fünf Säulen: Absprachen zwischen Behörden (Stadtverwaltung und Regierungspräsidium), Absprachen unterschiedlicher Fachbereiche innerhalb der (Marburger) Stadtverwaltung (vor allem Ordnungsamt und Sozialamt), Zuhilfenahme eines

Trägers (Deutsches Rotes Kreuz) sowie Einbindung Ehrenamtlicher (Ausgabe und Spenden) und die Ansprache und Einbindung der Geflüchteten selbst (als Ehrenamtliche und über Arbeitsgelegenheiten).

Die Verzahnung dieser Bereiche ist grundlegend für die meisten Aufgaben im Flüchtlingsmanagement und bildet oft eine entscheidende Gelingensbedingung für die Implementierung erfolgreicher Maßnahmen. Das Hauptaugenmerk einer anwendungsorientierten psychologischen Forschung sollte sich daher meines Erachtens auf die Kommunikation und das wechselseitige Rollenverständnis in verschiedenen sozialen Organisations- und Verwaltungszusammenhängen richten:

Was sind die entscheidenden Variablen, die Kooperationen zwischen unterschiedlichen (Status-)Gruppen und Personen in manchen Situationen gelingen lassen und welche Einflussfaktoren stören bei anderen Konstellationen der Zusammenarbeit die Prozesse? Wodurch lassen sich das Interesse, die Motivation und die Verbindlichkeit der unterschiedlichen Akteure für die Aufgaben in Zusammenhängen mit Flucht und Integration wecken bzw. erhalten? Wie lässt sich so effektiv kommunizieren, dass Prozesse transparent und die Zielgruppen – seien es Geflüchtete, Ehrenamtliche, Verwaltungsstellen oder die Polizei – erreicht und mit den notwendigen Informationen versorgt werden? Hier wäre auch zu untersuchen, ob und in welchen Fällen ggf. externe Begleitung (z. B. Moderation von Arbeitsgruppen oder Mediation bei Konflikten) zu besseren Ergebnissen bei netzwerkorientiertem Flüchtlingsmanagement führen kann. Eine verlässliche Aussage über die Wirkung externer Prozessbegleitung durch deren Evaluation wäre sicherlich generell ein Gewinn für die Praxis. Diese Aufgabe, die Begleitung, Beratung und Unterstützung bei der Implementierung von Projekten und Einzelmaßnahmen, ist darüber hinaus auch eine ganz konkrete Möglichkeit, wie sich Universitäten und Forschungseinrichtungen selbst praktisch im Feld Flucht und Integration engagieren können.

Stefanie Gaumert

Bericht aus einer Erstaufnahmeeinrichtung

Praxiskommentar

Stefanie Gaumert leitete zwei Jahre lang die Erstaufnahmeeinrichtung für Flüchtlinge in der Schnackenburgallee in Hamburg.

Eine sich verschlechternde weltpolitische Sicherheitslage und insbesondere die fortschreitende Destabilisierung im Nahen und Mittleren Osten führten in den vergangenen drei Jahren zu einem explosionsartigen Anstieg der Flüchtlingszahlen. In dem Zeitraum Januar 2014 – Oktober 2016 wurden in der Bundesrepublik Deutschland laut Angaben des Bundesamts für Migration und Flüchtlinge (2016) insgesamt 1.373.241 Asylanträge gestellt, davon 1.291.291 Erstanträge. Das ist mehr, als in dem Gesamtzeitraum 1997–2013 (insgesamt 1.349.845 Anträge). Überforderte Behörden, überlaufene Krankenhäuser und Integrationsklassen, mangelnde Verständigungsmöglichkeiten, ratlose Lehrer… Die hohen Antragszahlen stellen die Bundesrepublik vor bislang nicht da gewesene Herausforderungen. Stärker als in allen anderen Bereichen macht sich der dramatische Zuwachs der Zuwanderungszahlen in den überfüllten Erstaufnahmeeinrichtungen für Flüchtlinge bemerkbar, der ersten Anlaufstelle für die eintreffenden Asylsuchenden. Hier werden die Neuankömmlinge registriert, leistungsrechtlich erfasst und unterziehen sich der medizinischen Erstuntersuchung. Der folgende Text widmet sich den mit der Flüchtlingskrise verbundenen psychologischen Herausforderungen, die sich im Rahmen der Arbeitspraxis in den Erstaufnahmeeinrichtungen ergeben. In diesem Zusammenhang werden die folgenden Punkte näher beleuchtet:

1 Die öffentlich geführte Flüchtlingsdebatte und die Angst vor dem Fremden
2. Gruppendynamiken und gewalttätige Ausschreitungen innerhalb der Flüchtlingsunterbringungen
3. Klinisch-psychologische Herausforderungen in Hinblick auf die Unterbringungsmöglichkeiten und das Versorgungsangebot psychisch kranker Asylsuchender
4. Herausforderungen interkultureller Art, welche sich aus der Interaktion der Asylsuchenden mit interkulturell ungeschultem Personal ergeben

1. Die öffentlich geführte Flüchtlingsdebatte und die Angst vor dem Fremden

Auf der Pressekonferenz zur Flüchtlingskrise am 31. August 2015 verkündete die Bundeskanzlerin Angelika Merkel „Wir schaffen das!“. Am 06.09.2015 wurden Hunderte aus Ungarn über Österreich ankommende Flüchtlinge am Münchener Hauptbahnhof mit Applaus und Geschenken empfangen. Doch spätestens seit den sexuellen Übergriffen in der Silvesternacht 2015/2016 durch hauptsächlich nordafrikanische Männer ist ein Wandel im öffentlichen Stimmungsbild zu beobachten. Die anfänglich überschwängliche Willkommenskultur weicht einer angespannten Unsicherheit. „Wir schaffen das!“ weicht „Wir schaffen das nicht!“, Masseneuphorie weicht Massenunruhe. Rechtspopulistische Parteien wie die AfD gewinnen mit hetzpolitischen Kampagnen und einer scharfen Tonart gegen die Merkelsche Flüchtlingspolitik an Zulauf. Emotionsgeladene Diskussionen über Überfremdung, die Islamisierung des Okzidents, Kinderehen, Burkaverbote und wachsende Kriminalität durch zugewanderte Muslime dominieren die Medien. Berichte über Massenschlägereien in Flüchtlingsunterkünften steigern das Unbehagen in der deutschen Bevölkerung. Nach Angaben des Bundesamts für Verfassungsschutz (2016) erreichte die Zahl rechtsextremer Gewalttaten in den vergangenen zwei Jahren seinen traurigen Höhepunkt seit des im Jahr 2001 eingeführten Definitionssystems ‚Politisch motivierte Kriminalität‘. Bei den Betreibern der Flüchtlingsunterkünfte werden diese Dynamiken insbesondere in Form von Protestaktionen gegen den Bau neuer Flüchtlingsunterkünfte, fremdenfeindlichen Schmierereien an den Außenwänden der Einrichtungen bis hin zu Brandstiftung in den Wohnheimen sichtbar.

Erklärungsansätze aus der Sozialpsychologie könnten in diesem Zusammenhang Lösungsansätze zur Eindämmung fremdenfeindlicher Gruppendynamiken bieten. Mit den am stärksten vertretenen Herkunftsländern Syrien, Afghanistan, Irak, Iran und Eritrea stammt der Großteil der Asylantragssteller aus Kulturkreisen, die mit der deutsch-abendländischen Kultur – zumindest auf den ersten Blick – wenig Schnittstellen aufweisen. Ergebnisse der Vorurteilsforschung zeigen: Je fremder uns Menschen sind, desto leichter werden sie mit negativen Vorurteilen behaftet (Kast, 2000). Diese Annahme steht im Einklang mit den Resultaten einer Umfrage des Meinungsforschungsinstituts Infratest Dimap (2016), die zeigen konnten, dass Verunsicherung, Angst und Fremdenfeindlichkeit insbesondere in den Regionen stark ausgeprägt ist, in denen die Menschen selbst kaum Kontakt zu Flüchtlingen haben und somit nicht die Möglichkeit haben, ihre vorgefassten Stereotype durch persönliche Erfahrungen zu korrigieren. Die Kontakthypothese von Allport (1988) besagt, dass ein intensiver Kontakt zu dem Unbekannten zum Abbau negativ behafteter

Vorurteile führt. Theoretisch lassen sich hieraus Maßnahmen zur gesellschaftlichen Integration der Flüchtlinge ableiten, deren Wirksamkeit es empirisch zu überprüfen gilt. Zu diesen zählen z. B. die Organisation von gemeinsamen Aktivitäten von Flüchtlingen und der benachbarten Anwohnerschaft (z. B. gemeinsame Kochabende, Ausflüge, Einschreibung der Asylsuchenden in umliegende Sportvereine etc.). Auch der Bau von kleineren Unterkünften würde das Ausmaß wahrgenommener Anonymität reduzieren. Die Ansiedlung von Wohnheimen für Asylsuchende in kleineren Gemeinden würde die Möglichkeiten zum persönlichen Kontakt erhöhen, und somit das Fremde weniger fremd erscheinen lassen.

2. Gruppendynamiken und gewalttätige Ausschreitungen innerhalb der Flüchtlingsunterbringungen

Negative Stereotypisierung, Vorurteile und Gewaltanwendung gegenüber dem Unbekannten sind nicht nur zwischen den Deutschen auf der einen Seite und den Flüchtlingen auf der anderen Seite zu beobachten, sondern auch unter den verschiedenen Gruppierungen innerhalb der Flüchtlingsunterkünfte. Im Zuge des starken Flüchtlingszustroms mussten die Plätze in den Erstaufnahmeeinrichtungen in kürzester Zeit vervielfacht werden. Dies führte nicht nur zu einer weiteren Vergrößerung der Unterkünfte sondern zog auch zusätzliche Qualitätseinbußen in Hinblick auf die Unterbringungsstandards mit sich. Die Unterbringung der Geflüchteten erfolgte in Containern, zeitweise in Zelten, Hallen, Schulen und Baumärkten. Qualitativ minderwertige sowie unterschiedliche Unterbringungsstandards innerhalb einer Einrichtung bergen in diesem Zusammenhang erhebliches Konfliktpotential. Regelmäßig kommt es zu Auseinandersetzungen zwischen Individuen und Volksgruppen in Hinblick auf die Verteilung knapper Ressourcen oder eine als ungerecht wahrgenommene Zimmervergabe. Eine weitere Herausforderung, mit der sich die Mitarbeiter der Betreiber von Hamburger Flüchtlingsunterkünften konfrontiert sehen, ist die lange Verweildauer der Asylsuchenden in den Erstaufnahmeeinrichtungen. Die gesetzliche Residenzpflicht sieht vor, dass sich die Asylsuchenden für einen Maximalzeitraum von sechs Monaten (ursprünglich drei Monate) in den Erstaufnahmeeinrichtungen aufzuhalten haben, bevor sie den Folgeunterkünften zugewiesen werden. Auf Grund überfüllter Folgeunterkünfte und dem mangelhaften Angebot an sozialem Wohnraum in vielen deutschen Großstädten überschreitet die Verweildauer in den Erstaufnahmeeinrichtungen in der Regel die gesetzlich vorgeschriebene Residenzpflicht, so dass die Asylsuchenden mitunter bis zu ein Jahr warten müssen, bis ihnen ein Platz in einer Folgeunterkunft zugewiesen werden kann. Da die Erstaufnahmeeinrichtungen lediglich als zeitlich begrenzte Übergangsstätten gedacht sind, müssen sie im Vergleich zu den Folgeeinrichtungen deutlich geringere Qualitätsanforderungen erfüllen. In der Regel fallen die Erstaufnahmeeinrichtungen deutlich größer und die Zimmer (i. d. R. zwischen 10–12 qm für vier Personen) deutlich kleiner aus, als die Folgeunterkünfte, es gibt keine Kochmöglichkeiten und keine Privatsphäre. Die Unterbringungssituation entspricht einem katastrophenhaften Ausnahmezustand, der sich über einen ungewissen Zeitraum hinweg erstreckt. Fremdbestimmte Essenszeiten, Termindruck bei den Behörden, Perspektivlosigkeit, Ungewissheit in Hinblick auf das Schicksal verloren gegangener Familienangehöriger und Zukunftsängste kommen als zusätzliche Belastungsfaktoren hinzu und steigern den Frustrationsgrad der Bewohnerschaft. In der Praxis lässt sich beobachten, dass sich im Schnitt das Aggressionspotential der Bewohner mit zunehmender Verweildauer in den Erstaufnahmeeinrichtungen steigert. Unter diesen Umständen können vermeintliche Nichtigkeiten, wie eine verlorene Bewohnerkarte, eine dreckige Dusche oder eine belegte Waschmaschine auch bei sonst sehr friedlichen Bewohnern als Auslöser für Aggressionsausbrüche fungieren.

In wissenschaftlicher Hinsicht sollte in diesem Zusammenhang geklärt werden, inwiefern die Verringerung frustrationsauslösender Faktoren das Gewaltpotential innerhalb der Erstaufnahmen eindämmen kann. Dies könnte zum Beispiel beinhalten: Die schnellere Bearbeitung der Asylanträge, kleinere Unterkünfte und die zügigere Verlegung in die Folgeunterkünfte. Einfacher umzusetzen wären aggressionsentschärfende Maßnahmen innerhalb der Einrichtungen wie z. B. die Einrichtung von Ruhe-/ Rückzugsräumen, die Mitgliedschaft in Sportvereinen als alternative Möglichkeit zum Aggressionsabbau oder aber die Installation entspannungsfördernder Angebote wie z. B. autogenes Training oder Progressive Muskelentspannung (PMR). Zudem könnten sozialpsychologische Erkenntnisse dazu beitragen, die Zimmerbelegungsverfahren innerhalb der Einrichtungen zu optimieren. Um vermeintlichen Konflikten vorzubeugen, wird bei der Belegung in der Regel darauf geachtet, Bewohner gleicher Nationalität in einem Modul unterzubringen. Folgt man jedoch der Logik der Kontakthypothese von Allport, sollte gerade eine nach Nationalitäten gemischte Zimmerbelegung den Kontakt zur fremden Gruppe fördern und somit zum Abbau von Feindbildern beitragen. Abgesehen von der Zimmerbelegung werden in den meisten Einrichtungen bereits verschiedene Versuche unternommen, um die friedliche Interaktion zwischen den verschiedenen Volksgruppen zu erhöhen. Hierzu gehören z. B. das Austragen von Fußballturnieren mit gemischtnationalen Teams, die Etablierung von Tanzgruppen oder gemeinsames Musizieren. Inwiefern sich diese Maßnahmen tatsächlich auf eine Verbesserung der sozialen Stimmung in den Einrichtungen auswirken, gilt es wissenschaftlich zu überprüfen.

3. Klinisch-psychologische Herausforderungen in Hinblick auf die Unterbringungsmöglichkeiten und das Versorgungsangebot psychisch kranker Asylsuchender

Eine weitere Herausforderung in den Erstaufnahmeeinrichtungen stellt die hohe Prävalenz psychischer Erkrankungen unter der Bewohnerschaft dar. Gängige Krankheitsbilder umfassen Posttraumatische Belastungsstörungen, Depressionen oder dissoziative Persönlichkeitsstörungen. Stress, Lärm, Sorge, Perspektivlosigkeit und fehlende Rückzugsmöglichkeiten wirken sich negativ auf den Krankheitsverlauf aus; in der Regel verschlechtert sich das Krankheitsbild mit zunehmender Verweildauer in den Erstaufnahmen. In vielen Fällen ist eine Chronifizierung des Krankheitsbildes zu beobachten, die Flucht in den Alkoholismus und Suizidversuche sind keine Seltenheit. Der Mangel adäquater Behandlungsmöglichkeiten sowohl in qualitativer als auch quantitativer Hinsicht verschärft die Problematik. Die Wartezeiten für eine ambulante Therapie betragen mitunter bis zu 6 Monate, Bewohner mit „exotischen" Sprachkenntnissen, wie z. B. Somali finden i. d. R. überhaupt keinen Therapieplatz. Die Psychiatrien, die sich im Einzugsgebiet der Flüchtlingsunterkünfte befinden, sind überfüllt und haben oft nicht die Kapazitäten für eine längerfristige stationäre Aufnahme. In diesem Zusammenhang lässt sich in der Regel folgender Kreislauf beobachten: Psychiatrische Notfälle werden kurzfristig stationär aufgenommen, in diesem Zeitraum kommt es meist zur vorübergehenden Verbesserung der Symptomatik. Bei Entlassung des Patienten zurück in die Erstaufnahmeeinrichtung kommt es nicht zuletzt auf Grund der ungünstigen Rahmenbedingungen zu einer erneuten rapiden Verschlechterung des Krankheitsbildes, was eine erneute stationäre Einweisung notwendig macht.

Zur Eindämmung dieser Problematik wurden in verschiedenen Hamburger Erstaufnahmeeinrichtungen mittlerweile psychiatrische Sprechstunden sowie traumatherapeutische Angebote installiert. Es erweckt den Anschein, dass die Suizidraten in den Aufnahmeeinrichtungen seit Einführung dieser Maßnahmen rückläufig sind. Detaillierte Wirksamkeitsstudien stehen noch aus.

In qualitativer Hinsicht lässt sich sagen, dass mangelnde Verständigungsmöglichkeiten die Diagnostik und Behandlung erschweren. Kulturell/religiös bedingte Unterschiede in Hinblick auf Erwartungen an, Vorstellungen von und Wahrnehmungen einer therapeutischen Behandlung beeinträchtigen das Therapeuten-Klienten-Verhältnis sowie die Bereitschaft zur Annahme des Therapieangebots. Eine qualitative Verbesserung des Behandlungsangebots für psychisch kranke Flüchtlinge erfordert eine Anpassung der gängigen Therapiemethoden an verschiedene Kulturkreise sowie die Optimierung der therapeutischen Behandlungsmethodik bei mangelhafter sprachlicher Verständigung.

4. Herausforderungen interkultureller Art, welche sich aus der Interaktion der Asylsuchenden mit interkulturell ungeschultem Personal ergeben

Interkulturelle Herausforderungen machen sich nicht nur im klinischen Bereich bemerkbar. Es steht außer Frage, dass der Umgang mit Flüchtlingen im Arbeitsalltag (sei es in den Flüchtlingsheimen, Behörden, Schulen, Krankenhäusern, Arztpraxen usw.) ein hohes Ausmaß an interkultureller Kompetenz, i. d. R. unter verschärften Rahmenbedingungen, abverlangt. Mit interkultureller Kompetenz sei hier die Fähigkeit bezeichnet, mit Angehörigen unterschiedlicher Kulturkreise effektiv und angemessen interagieren zu können. Verhaltensweisen und Erwartungen des Interaktionspartners können adäquat vorhergesagt werden, wodurch Handlungssouveränität gewährleistet wird. Konflikte entstehen in der Regel dann, wenn man sich weder der eigenen noch der fremden kulturellen Prägung bewusst ist, und das Verhalten des Interaktionspartners durch die eigene „kulturelle Brille" interpretiert wird. Die Liste alltäglicher Konfliktsituationen im Umgang mit Flüchtlingen im Arbeitsalltag ist lang. Arztpraxen wollen keine neuen Termine an die Bewohner der Flüchtlingsunterkünfte vergeben, da diese auf Grund eines unterschiedlichen Zeitverständnisses regelmäßig zu spät erscheinen. Das Sicherheitspersonal in den Erstaufnahmeeinrichtungen zeigt mangelndes Verständnis für islamische Gebets- und Reinigungsrituale. Fehlende Kenntnisse des Unterkunftsmanagements über kulturelle Hintergründe und die Zugehörigkeit zu bestimmten Kriegsparteien der Bewohner im Herkunftsland können bei der Zimmerbelegung in den Flüchtlingsunterkünften verheerende Folgen haben. Die laute Sprechweise und stark ausgeprägte Gestik arabischstämmiger Asylsuchender wird von deutschen Mitarbeitern oft fälschlicherweise als Bedrohungsakt interpretiert. Das als unfreundlich und emotionslos wahrgenommene Behördenpersonal provoziert unbewusst insbesondere die Anteile der Bewohnerschaft, die aus beziehungsorientierten Kulturkreisen stammen. Dies führt auf beiden Seiten zu Frustration, die in der Regel an den Sozialarbeitern in den Aufnahmeeinrichtungen ausgelassen wird. Zur Verringerung des interkulturellen Konfliktpotentials bedarf es der Entwicklung, Durchführung und Wirkungsmessung umfangreicher interkultureller Trainingsmaßnahmen, die auf die verschiedenen Berufsgruppen, die im regelmäßigen Austausch mit den Asylsuchenden stehen, zugeschnitten sind.

5. Fazit

Der vorangegangene Text zeigt auf, wie die wissenschaftliche Psychologie dazu beitragen kann, das Konfliktpotential in und um die Erstaufnahmeeinrichtungen zu entschärfen. Hierzu gehören die Entwicklung, der Einsatz und die Wirkungsmessung von kontaktfördernden Maßnahmen zum Abbau von Vorurteilen und Stereotypen, Maßnahmen zur Reduktion des Frustrationspotentials in den Unterbringungen, eine quantitative und qualitative Verbesserung des psychologischen Versorgungsangebots für Flüchtlinge sowie die Konzeption und Implementierung interkultureller Schulungsmaßnahmen. Abschließend bleibt zu sagen: Mit den mittlerweile rückläufigen Flüchtlingszahlen wird sich die Situation in den Erstaufnahmeeinrichtungen auf kurz oder lang entspannen. Die eigentliche Herausforderung liegt allerdings noch vor uns: Die langfristige erfolgreiche Integration der eingetroffenen Asylsuchenden in die deutsche Gesellschaft. Die psychologische Forschung wird ihre entsprechenden Beiträge dazu zu leisten haben.

6. Literatur

Allport, G.W. (1988). *The nature of prejudice.* Cambridge, MA: Perseus Books Publishers.

Bundesamt für Migration und Flüchtlinge (2016). *Aktuelle Zahlen zu Asyl.* Abrufbar unter http://www.bamf.de/SharedDocs/Anlagen/DE/Downloads/Infothek/Statistik/Asyl/aktuelle-zahlen-zu-asyl-oktober-2016.html?nn=7952222

Bundesamt für Verfassungsschutz. (2016). *Rechtsextreme Straf- und Gewalttaten.* Abrufbar unter https://www.verfassungsschutz.de/de/arbeitsfelder/af-rechtsextremismus/zahlen-und-fakten-rechtsextremismus/zuf-re-2015-straf-und-gewalttaten

Infratest Dimap. (2016). *Mehrzahl weiterhin ohne Angst vor zu vielen Flüchtlingen, vier von zehn aber besorgt.* Abrufbar unter 04.12.2016 unter http://www.infratest-dimap.de/umfragen-analysen/bundesweit/umfragen/aktuell/mehrzahl-weiterhin-ohne-angst-vor-zu-vielen-fluechtlingen-vier-von-zehn-aber-besorgt/

Kast, V. (2000). *Sich wandeln und sich neu entdecken*, Freiburg: Herder.

Barbara Brunner

Koordination des Freiwilligenprojekts „Sozial- und Integrationspaten“

Praxiskommentar

Barbara Brunner ist hauptamtliche Koordinatorin im Freiwilligenprojekt „Sozial- und Integrationspaten“ der Caritas Vorarlberg.

1. Beschreibung der Tätigkeit / alltägliche Erfahrungen

Das Sozial- und Integrationspatenprojekt ist ein Freiwilligenprojekt der Caritas der Diözese Feldkirch im österreichischen Bundesland Vorarlberg. Das Motto nach dem wir handeln ist „Helfen, wo Hilfe gebraucht wird!“.

Das seit 8 Jahren bestehende Freiwilligenprojekt „Sozialpaten“ wurde 2014 durch „Integrationspaten“ erweitert. Da es hier vor allem um die Perspektive der freiwilligen Mitarbeiter/innen geht, welche geflüchtete Menschen begleiten, wird in der Folge nur der Projektteil der „Integrationspaten“ beschrieben.

Integrationspaten sind freiwillig engagierte Frauen und Männer, die bleibeberechtigte Flüchtlinge (Konventionsflüchtlinge und subsidiär Schutzberechtigte) unterstützen. Unser Ziel im Integrationspatenprojekt ist es, bleibeberechtigen Flüchtlingen durch gezielte Einzelbegleitungen individuelle und nachhaltige Hilfestellungen zu geben. Die Schwerpunkte liegen bei der Unterstützung beim Spracherwerb, in der Alltags- und Freizeitbegleitung, bei der Begleitung zu Behörden und Ärzten und bei der Unterstützung bei der Wohnungs- oder Arbeitssuche. Dabei achten Integrationspaten auf die Stärkung der Ressourcen und Eigenverantwortlichkeit der Betroffenen und auf die unterschiedlichen Vernetzungsmöglichkeiten vor Ort.

Als hauptamtliche Freiwilligen-Koordinatorinnen stehen wir vor allem den ehrenamtlich engagierten Menschen als Ansprechpersonen zur Verfügung. Die Ehrenamtlichen im Projekt erhalten zu Beginn ihrer Tätigkeit eine Einschulung und es steht für sie ein vielfältiges Weiterbildungsangebot zur Verfügung. Durch die Einschulung (20 Unterrichtseinheiten) verfügen Integrationspaten über Grundkenntnisse zu interkultureller Kompetenz, sie erhalten grundlegende Informationen über Flucht und Asyl sowie Anregungen, wie sie bleibeberechtigte geflüchtete Menschen in ihrem Alltag unterstützen können. Durch die hauptamtliche Koordination der Einsätze und professionelle Begleitung (telefonische Erreichbarkeit, Vernetzungstreffen und Austausch) können gute Ergebnisse für die Integration der geflüchteten Menschen erzielt werden.

Weitere wichtige Aufgaben bestehen in der Vernetzung zu sozialen Institutionen. Diese Institutionen fragen bei den jeweiligen regionalen Koordinatorinnen im Integrationspatenprojekt an, wenn sie ehrenamtliche Unterstützung für ihre Klienten benötigen. Bei der Vermittlung zwischen den Ehrenamtlichen und den geflüchteten Menschen sind die Koordinatorinnen begleitend dabei, besprechen die Rahmenbedingungen für die Unterstützung und stehen bei Fragen und Unklarheiten im weiteren Verlauf zur Verfügung.

2. Herausforderungen

Die größte Herausforderung zeigt sich derzeit in der Begleitung bei der Wohnungssuche. Die Nachfrage nach bezahlbaren Wohnungen übersteigt bei weitem das regionale Wohnungsangebot, wovon die gesamte Vorarlberger Bevölkerung betroffen ist. Die Ehrenamtlichen, die in diesem Bereich unterstützend tätig sind, brauchen viel Durchhaltevermögen und Frustrationstoleranz. Viele Vermieter akzeptieren nur Mieter, die einer bezahlten Arbeit nachgehen. Da die Asylverfahren in vielen Fällen relativ zügig abgewickelt werden, bleibt den geflüchteten Menschen kaum Zeit, das geforderte Deutschniveau von A2 für den Arbeitsmarkt zu erlernen. Eine Behördengarantie anstelle der Kaution und einer Übernahme der Mietkosten durch die Behörden ist oftmals ein Hinderungsgrund für eine Vermietung. Die Ehrenamtlichen sind in der Begleitung oftmals mit Ablehnung und Diskriminierung konfrontiert. Diskriminierung erleben sie in zweierlei Form: Zum einen indirekt, wenn sie erleben, wie die geflüchteten Menschen mitunter behandelt werden. Zum anderen direkt, wenn sie sich selber rechtfertigen müssen, warum sie gerade Flüchtlingen helfen. Umso schöner ist es, wenn eine Wohnungssuche gelingt. Die Zusammenarbeit zwischen den freiwillig engagierten Menschen und den Fachstellen mit deren professionellen Mitarbeiter/innen ist hier besonders wichtig.

Eine ebenso große Herausforderung ist die Begleitung bei der Arbeitssuche. Fehlende oder mangelnde Sprachkenntnisse, unterschiedliche Anforderungen an den Beruf im Heimat- und Aufnahmeland und falsche Vorstellungen vom regionalen Arbeitsmarkt fordern von allen Beteiligten viel Geduld. Eine weitere Herausforderung stellen interkulturelle Unterschiede dar, die zu Missverständnissen oder Spannungen führen können. Zum Beispiel: Unterschiedliche Vorstellungen von Kindererziehung, Familienplanung, Arbeitseinstellung, Haushaltsführung, … Sprachliche Barrieren erschweren jede Begleitung, wobei sich in der Praxis gezeigt hat, dass sich die Ehrenamtlichen mit vielen kreativen Methoden zu helfen wissen. Auch hier ist die Zusammenarbeit zwischen Integrationspaten und den professionellen Mitarbeiter/innen von besonderer Bedeutung.

Generell liegen die größten Herausforderungen der Ehrenamtskoordination darin, die passende Kombination zwischen Helfer und Hilfeempfänger zu finden und genügend Ehrenamtliche am richtigen Ort und zur richtigen Zeit zur Verfügung zu haben. Als ebenfalls sehr herausfordernd erlebt wird, wenn Ehrenamtliche überengagiert sind und in der Folge ausbrennen. Die Nachfrage nach einem ehrenamtlichen Engagement für Flüchtlinge hat nach einem Boom Mitte 2015 stark nachgelassen. Wie neue Freiwillige gewonnen werden können ist ebenfalls ein Dauerthema in allen Bereichen.

3. Erwartungen an „die Psychologie“ zur Entwicklung von Lösungen bestimmter Fragestellungen

Die Fragen an die Psychologie sind vielfältig und betreffen mehrere Ebenen. Zum einen ist natürlich für uns interessant, wie die Ehrenamtlichen die Unterstützung durch die hauptamtlichen Ehrenamtskoordinatorinnen erleben. Zum anderen gibt es noch relativ wenige Studien, die die Perspektive der Hilfeempfänger untersuchen. Im Weiteren wäre es wünschenswert ein Augenmerk auf die ehrenamtliche Unterstützung im interkulturellen Bereich zu legen.

3.1. Fragen aus Sicht der Koordination

Aus Sicht der Freiwilligenkoordination ist natürlich entscheidend, wie Ehrenamtliche langfristig motiviert bleiben, ihr Ehrenamt – gerade im Flüchtlingsbereich – beizubehalten. Inwieweit sind die begleitenden Maßnahmen, wie Schulungen, Austauschtreffen sowie eine gelebte Dankeskultur förderlich für die ehrenamtliche Tätigkeit und wo zeigen diese Maßnahmen einen gegenteiligen Effekt? Wie kann ein Ausgleich zwischen Helfer und Hilfeempfänger gelingen, um sich auf Augenhöhe zu begegnen, wenn ein finanzieller Ausgleich, der in der Ehrenamtstätigkeit wegfällt, nicht gegeben ist? Ist den geflüchteten Menschen wirklich bewusst, dass sie sich an die Koordinatorinnen wenden können, wenn es in der Begleitung Schwierigkeiten gibt? Bei der Vermittlung wird dieses Thema zwar angesprochen, Kritik und Änderungswünsche werden von dieser Seite jedoch kaum an die Koordinatorinnen herangetragen. Was würden die geflüchteten Menschen brauchen, um sich kritisch zu äußern oder um bedarfsgerechte Hilfe zu bitten?

Erleben freiwillige Mitarbeiter/innen einer (sozialen) Organisation eine Ehrenamtskoordination als hilfreich und notwendig oder erleben sie eher Spannungen oder Diskrepanzen zu den Hauptamtlichen? Wie kann auch hier immer wieder ein Ausgleich geschaffen werden?

Wie können – neben den üblichen Zahlen und Statistiken – die Wirkungen einer hilfreichen, freiwilligen Tätigkeit gemessen werden?

3.2. Fragen aus Sicht der Hilfeempfänger

Wünschenswert wären vermehrt Studien, die die ehrenamtliche Unterstützung aus der Sicht der Hilfeempfänger betrachten. Was wird von den geflüchteten Menschen als hilfreich erlebt, welche Unterstützung wird als hinderlich oder anmaßend empfunden? Welche interkulturellen Missverständnisse haben die Begleitung erschwert und welche Aktionen waren besonders erfreulich?

3.3. Fragen an die Ehrenamtlichen

Welche kulturellen Vorurteile oder Missverständnisse haben die Begleitung erschwert, was hat die Unterstützung gefördert? Wie gelingt Abgrenzung, wenn sich der ursprüngliche Auftrag plötzlich ausweitet oder die Anfrage die Kompetenzen übersteigt? Viele Ehrenamtliche, die sich in der Sprachbegleitung engagieren, berichten zum Beispiel, dass sie mit vielen Themen konfrontiert werden, mit denen sie am Beginn der Tätigkeit nicht gerechnet haben. Wenn sich ein gewisses Vertrauensverhältnis gebildet hat, kommen die geflüchteten Menschen z. B. mit Fragen zu ihrem Schriftverkehr, den sie nicht verstehen, auf sie zu. So wird aus der Deutschnachhilfe mitunter schnell ein Fulltimejob. Den freiwillig engagierten Personen wird im Bedarfsfall Supervision angeboten. Trotzdem stellt sich die Frage, wie der Umgang mit belastenden Geschichten (über die Flucht, über Angehörige, die sich noch im Kriegsgebiet befinden, …) gelingen kann.

Christian Issmer und Katharina Sonntag

Schulpsychologie

Praxiskommentar

Der Autor und die Autorin sind am Zentrum für Schulpsychologie in Düsseldorf beschäftigt, einer gemeinsamen Einrichtung der Landeshauptstadt Düsseldorf und des Landes NRW. Christian Issmer arbeitet dort als „regulärer" Schulpsychologe, d. h. er ist für eine Anzahl Düsseldorfer Schulen zuständig und unterstützt hier Schülerinnen und Schüler, Eltern, Lehr- und weitere pädagogische Fachkräfte bei psychologischen Fragestellungen rund um den Schulalltag. Er ist außerdem für die Koordination der Fortbildungen am Zentrum für Schulpsychologie zuständig und befasst sich inhaltlich mit dem Themengebiet Migration und Geflüchtete. Katharina Sonntag besetzt eine von insgesamt 34 neuen Stellen in der Schulpsychologie, die vom Ministerium für Schule und Weiterbildung NRW in 2016 geschaffen wurden. Diese Stellen sollen gezielt die „Integration durch Bildung" an den Schulen in NRW unterstützen, also bei der Beschulung von neu zugewanderten Kindern und Jugendlichen beratend zur Seite stehen.

Unsere Angebote für Schulen, Lehr- und pädagogische Fachkräfte im Themengebiet Migration und Geflüchtete lassen sich in drei Bereiche aufteilen: Fortbildungen, Einzelfallberatung, Fallberatungsgruppen. Fortbildungen werden sowohl schulübergreifend als auch auf Anfrage schulintern durchgeführt. Die Bandbreite erstreckt sich von Inputs zu speziellen Themen, wie Traumatisierung, im Rahmen von Lehrerkonferenzen über dreistündige Infoveranstaltungen zur Beschulung neu Zugewanderter bis hin zu einem mehrmoduligen Training zur interkulturellen Sensibilisierung von Lehrkräften. Die Einzelfallberatung können Lehrkräfte bei Fragen zu einzelnen Schülerinnen und Schülern in Anspruch nehmen. Mit einem systemisch-lösungsorientierten Fokus versuchen wir, die Stabilisierung, Integration und Förderung der neu zugewanderten Kinder und Jugendlichen zu unterstützen. Hierzu betrachten wir gemeinsam mit den Lehrkräften die spezielle psycho-soziale Situation des jungen Menschen, hospitieren im Unterricht und führen Gespräche mit Eltern oder den Kindern und Jugendlichen selber. Basierend darauf erarbeiten wir mit den Lehrkräften konkrete Handlungsempfehlungen für den Schulalltag. Einen ähnlichen Schwerpunkt haben auch unsere Gruppen zur „supervisorischen Fallberatung" für Lehrkräfte in internationalen Klassen. Diese sind gekennzeichnet durch einen Dreiklang aus interkulturellen Übungen, theoretischen Inputs sowie kollegialer Fallberatung. Unter Einbeziehung der Expertise aller Beteiligten werden in Gruppen von bis zu zehn Personen

Lösungen für Probleme im Umgang mit neu zugewanderten Schülerinnen und Schülern gesucht.

Insgesamt gewinnen wir in unserer täglichen Arbeit den Eindruck, dass die Lehrkräfte sich ihrer großen Bedeutung für die Stabilisierung und Integration der jungen Menschen bewusst sind. In aller Regel haben die Schulen fundierte Konzepte entwickelt, wie eine gelingende Beschulung und Förderung aussehen kann. Wir treffen auf motivierte Lehr- und Fachkräfte, die in dieser Situation eine herausragende Arbeit leisten. Aber natürlich bringt der Umgang mit neu zugewanderten Schülerinnen und Schülern auch immer wieder Unsicherheiten und Herausforderungen mit sich, bei denen die Schulpsychologie als Ansprechpartnerin gefragt ist.

1. Besondere Herausforderungen

Die Unterstützungsbedarfe der Schulen und Lehrkräfte sind vielfältig und im Einzelfall oft durch die individuelle Problemlage geprägt. Eine Zunahme von Anfragen an die Schulpsychologie nehmen wir insbesondere in den Bereichen Trauma, Leistungsschwierigkeiten, soziale Integration, Schullaufbahn, Intergruppenkonflikte sowie sprachliche und kulturelle Verständigung wahr. Im Folgenden wollen wir auf drei besondere Herausforderungen näher eingehen, die wir als vordringlich für unsere Arbeit im Themenfeld erleben.

1.1. Sprache und Kultur

Um die familiäre Migrationsgeschichte und die psycho-soziale Situation geflüchteter Schülerinnen und Schüler richtig einschätzen zu können, sind Gespräche mit den Eltern äußert hilfreich. Bevor solche Gespräche geführt werden können, gilt es einige Hürden aus dem Weg zu räumen. Vielfach gestaltet sich schon die Kontaktaufnahme schwierig, wenn Eltern bislang keine Anbindung an die Schule haben. Neu zugewanderten Eltern ist außerdem das Konzept der schulpsychologischen Beratung aus ihren Heimatländern vielfach gar nicht bekannt. Zudem wird „psychologischen Bedürfnissen" der Kinder häufig keine große Bedeutung beigemessen. Schließlich wurden gerade erst die Strapazen der Flucht und oftmals krisenhafte Situationen im Heimatland überstanden. Somit stehen Grundbedürfnisse, wie die nach Sicherheit oder Versorgung mit Nahrungsmitteln, viel mehr im Fokus als die psycho-soziale Situation der Kinder. Und auch wenn der Beratungskontakt zu Eltern (und Kindern bzw. Jugendlichen) etabliert werden konnte, müssen fast immer erst einmal Sprachbarrieren überwunden werden. Hierfür sind wir vielfach auf die Mitwirkung von Dolmetschern angewiesen, die natürlich in der momentanen Situation allerorten stark beansprucht sind. Da die „westliche" Psychologie insgesamt sehr stark auf Sprache basiert und bestimmte Begrifflichkeiten gar nicht ohne Weiteres in andere Sprachen übertragbar sind, stellen solche Sprachbarrieren eine große Schwierigkeit dar. Weiterhin ist zu bedenken, dass der Beratungsprozess unter Einbeziehung der Eltern bei verschiedenen kulturellen Hintergründen viel Zeit in Anspruch nimmt – unter anderem deshalb, weil immer wieder das unterschiedliche kulturelle Verständnis von Beratungsthemen reflektiert werden muss. So sind etwa Verhaltenserwartungen von Lehrkräften an ihre Schülerinnen und Schüler für neu zugewanderte Eltern und Kinder oftmals gar nicht transparent. Die Erfahrungen im Schulsystem der Herkunftsregion können ganz andere gewesen sein, z. B. dass die Einbeziehung der Eltern in schulische Fragen nicht üblich war oder dass Schülerinnen und Schüler größtenteils Frontalunterricht kennengelernt haben.

Die Beratung von neu zugewanderten Familien erfordert somit ein hohes Maß an interkultureller Sensibilität sowie Reflexionsbereitschaft bezüglich eigener kultureller Voreingenommenheit und Wertehaltungen. Aus unserer Sicht ist die interkulturelle Weiterbildung für Schulpsychologinnen und Schulpsychologen daher unerlässlich. Insbesondere vor dem Hintergrund, dass es entsprechende Haltungen auch an Lehrkräfte zu vermitteln gilt, da sie im Schulalltag gleichfalls mit den genannten Herausforderungen im Bereich Sprache und Kultur konfrontiert sind. Schließlich sei noch erwähnt, dass die schulpsychologische Beratung oftmals vom Einsatz testdiagnostischer Verfahren profitiert. Stehen neu zugewanderte Schülerinnen und Schüler im Fokus des Interesses, so sollten wir idealerweise auf – leider nur spärlich verfügbare – sprach- sowie kulturfreie Testverfahren zurückgreifen. Die Auswahl und Anwendung adäquater Verfahren stellt somit eine weitere Herausforderung unserer täglichen Arbeit dar.

1.2. Traumatisierung

Viele Lehrkräfte zeigen sich beunruhigt angesichts einer möglichen Traumatisierung der neu zugewanderten jungen Menschen. Oftmals geht diese Sorge mit der Überzeugung einher, bei Vorliegen einer Traumatisierung nicht ausreichend unterstützen zu können und besser an eine psychologische Fachkraft zu übergeben. Wir stellen immer wieder fest, dass – auch in der medialen Diskussion – eine deutliche Unschärfe bezüglich der Begrifflichkeiten Traumatisierung und Posttraumatische Belastungsstörung besteht. Vielfach wird beides gleichgesetzt. Dazu tragen unserer Meinung nach auch problematische Wortmeldungen von Psychotherapeutinnen und Psychotherapeuten bei, die einen Großteil der geflüchteten Kinder und Jugendlichen als „traumatisiert" und folglich therapiebedürftig beschreiben. So sehr wir die resultierende Unsicherheit der Lehrkräfte auch verstehen können, so wichtig finden wir die Etablierung eines entkrampften Umgangs mit dem Thema „Trauma“ an unseren Schulen. Denn mittlerweile zeigen verschiedene wissenschaftliche Studien gerade den positiven Einfluss des normalen Schulbesuchs auf, um junge Menschen in ihrer Resilienz zu stärken (für einen Überblick siehe Fazel, Reed, Panter-Brick, & Stein, 2012). So trägt Schule dazu bei, dass ein traumatisches Erlebnis eben nicht zu einer Traumafolgestörung führt. Dies gilt es den Lehrkräften zu vermitteln und sie in ihrer Handlungssicherheit zu stärken.

1.3. Unerfüllte Lehrerwünsche

Im Beratungskontakt mit Schulen und Lehrkräften sind wir immer wieder mit Unzufriedenheiten über die Bedingungen „des Schulsystems“ konfrontiert. Häufig geht es dabei um Personalressourcen, die schulische Ausstattung sowie einen Mangel an Differenzierungs- und Rückzugsräumlichkeiten. Zudem wünschen sich Lehrkräfte regelmäßig eine psychologische Betreuung bzw. Behandlung ihrer möglicherweise traumatisierten Schülerinnen und Schüler, mitunter auch verbunden mit dem Wunsch einer Freistellung entsprechender Kinder und Jugendlichen vom regulären Unterricht. Hinsichtlich dieser Erwartungen und Wünsche erschöpfen sich die Möglichkeiten der Schulpsychologie, da wir keinen direkten Einfluss auf die Ausgestaltung des Schulsystems haben und auch keine psychotherapeutische Institution sind, die eine klinische Diagnostik bzw. therapeutische Versorgung von psychischen Störungsbildern leisten könnte. Die Frustration bezüglich dieser Klarstellung und des Verweises auf andere Institutionen gehört zu unseren regelmäßigen Erfahrungen in der Zusammenarbeit mit Schulen und Lehrkräften.

2. Erwartungen an die Wissenschaft

Nachdem wir die größten Herausforderungen aus unserer Sicht beschrieben haben, möchten wir abschließend auf unsere Wünsche und Erwartungen an die Wissenschaft zu sprechen kommen. Wie können wissenschaftliche Methoden und Erkenntnisse bei der Bewältigung der Herausforderungen helfen? Welche entsprechenden Bedarfe der Schulpsychologie sehen wir?

2.1. Sprache und Kultur

Weiter oben haben wir die interkulturelle Weiterbildung von Schulpsychologinnen und Schulpsychologen als wichtige Aufgabe benannt. Die flächendeckende Umsetzung einer solchen Maßnahme würde eine enge Zusammenarbeit von

Politik und Wissenschaft erfordern. Zudem ist die Schulpsychologie wichtige Ansprechpartnerin von Schulen im Themenfeld „Migration und Geflüchtete". Somit würden wir von wissenschaftlich fundierten Konzepten profitieren, die wir als Handwerkszeug an Lehrkräfte weitergeben können. Dies könnten etwa didaktische Methoden oder auch Inhalte interkultureller Trainings für Lehrkräfte sein, die speziell auf deren Berufsalltag im heterogenen Klassenzimmer abgestimmt sind. Darüber hinaus würde die schulpsychologische Beratung – wie oben beschrieben – sehr von einer größeren Auswahl an sprach- und kulturfreien testdiagnostischen Verfahren profitieren.

2.2. Traumatisierung

Grundvoraussetzung für eine konstruktive Diskussion über den Umgang mit möglichen Traumata an Schulen wäre eine einheitliche Sprachebene mit klar definierten Begrifflichkeiten. Die wissenschaftliche Psychologie könnte dazu beitragen, indem sie für Laien gut verständliche Beschreibungen und Expertisen bereitstellt. Auch wäre es hilfreich, den Lehrkräften die Ergebnisse von empirischen Studien in einer allgemeinverständlichen Form nahebringen zu können. Nehmen wir etwa Studien, die einen positiven Einfluss des normalen Schulbesuchs auf die Traumabewältigung bei Kindern zeigen oder in denen wirksame schulbasierte Interventionen vorgestellt werden (z. B. Tyrer & Fazel, 2014). Entsprechende Befunde werden von Lehrkräften im Normalfall nicht wahrgenommen, wenn sie nur in wissenschaftlichen Journals präsentiert werden. Sehr wohl könnten Lehrkräfte aber davon profitieren, wenn die Ergebnisse in schulbezogenen Zeitschriften besprochen würden (für unser Bundesland etwa „Schule NRW" oder „SchulVerwaltung NRW").

2.3. Unerfüllte Lehrerwünsche

Um dem Wunsch nach spezifischen Behandlungsmaßnahmen zumindest teilweise begegnen zu können, regen wir die Entwicklung von niedrigschwelligen Gruppenangeboten zur Stabilisierung von belasteten Kindern und Jugendlichen an. Denn auch wenn wir den positiven Einfluss des normalen Schulbesuchs auf die Traumabewältigung hervorheben, so ist doch klar, dass bei Vorliegen einer manifesten Traumafolgestörung eine therapeutische Behandlung angezeigt wäre. Aber die Kapazitäten der kinder- und jugendpsychotherapeutischen Versorgung sind eingeschränkt und eine Therapie oftmals aufgrund zu geringer Sprachkenntnisse kaum möglich. Dieser Mangel könnte durch – möglichst wenig sprachlastige – Psychoedukations- und Stabilisierungsgruppen zumindest etwas abgefedert werden. Entsprechende Konzepte sollten theoretisch und empirisch fundiert aus der wissenschaftlichen Psychologie kommen. Die Umsetzung solcher Gruppen könnte wiederum durch das psychologische Personal an diversen Beratungsstellen vorgenommen werden, unterstützt durch standardisierte Manuale und im besten Falle durch gezielte Qualifizierungsmaßnahmen.

3. Literatur

Fazel, M., Reed, R.V., Panter-Brick, C., & Stein, A. (2012). Mental health of displaced and refugee children resettled in high-income countries: risk and protective factors. *The Lancet, 379*, 266–282.

Tyrer R.A., & Fazel M. (2014). School and Community-Based Interventions for Refugee and Asylum Seeking Children: A Systematic Review. *PLOS ONE, 9*(5).

Thomas Bryant

Integration im Berliner Bezirk Marzahn-Hellersdorf

Praxiskommentar

Thomas Bryant ist Integrationsbeauftragter des Bezirks Mahrzahn-Hellersdorf von Berlin.

Als bezirklicher Integrationsbeauftragter ist man für alle Belange verantwortlich, die mit den Themenfeldern Migration, Integration, Antidiskriminierung, Vielfalt, Toleranz, interkulturelle Öffnung des Verwaltungshandelns u. ä. zusammenhängen. In Marzahn-Hellersdorf, dem östlichsten Berliner Bezirk, der immer wieder mit dem Negativimage der „Nazi-Platte" zu kämpfen hat, ist das fürwahr kein ganz leichtes, dafür aber ein umso notwendigeres Unterfangen. Dies gilt namentlich für die sog. „Flüchtlingsdebatte", die am 9. Juli 2013 just in Marzahn-Hellersdorf in Gestalt der – von einigen rechtsextremen Kadern angeführten und von vielen „Otto-Normalbürgern" mehr oder weniger offen unterstützten – „Nein-zum-Heim!"-Bewegung ihren Anfang nahm und sich von dort auf ganz Berlin ausweitete, um schließlich in allen möglichen Variationen auch den Rest der Republik mit „asylkritischer" Hetze zu überziehen. Man denke nur etwa an die mobilisierungsstarken „Pegida"-Demonstrationen in Dresden mit ihren ebenso zahlreichen Ablegern in vielen anderen deutschen Städten.

Auf jeden Fall hat jener „braune Dienstag" im Hochsommer des Jahres 2013, als es um die von Amts wegen geplante Eröffnung bzw. von jenen „Asylkritikern" erhoffte Nicht-Eröffnung einer Unterkunft für Geflüchtete und Asylsuchende ging, bei allen demokratisch gesinnten Menschen in Marzahn-Hellersdorf ein bleibendes Trauma hinterlassen. Ungeachtet dessen wurde der Bezirk 2009 von der Bundesregierung als „Ort der Vielfalt" ausgezeichnet. Es war dies nicht nur eine Anerkennung für die bereits geleistete integrationspolitische Arbeit in den Jahren davor, sondern es ist zugleich auch ein Ansporn für die Zukunft, bei diesen Anstrengungen nicht nachzulassen. Letzteres ist gerade in Zeiten, die durch die politisch und medial stark polarisierte „Flüchtlingsdebatte" geprägt sind, besonders wichtig. Doch eines ist klar: Den „Ort der Vielfalt" zu bewahren und weiterzuentwickeln, sich für die gleichberechtigte Teilhabe von Menschen mit Migrationshintergrund in allen Bereichen des gesellschaftlichen Lebens einzusetzen sowie für wechselseitigen Respekt und weltoffene Toleranz zu kämpfen, um ein interkulturelles und friedliches Miteinander aller Menschen im Bezirk zu gewährleisten, erweist sich immer wieder als unermüdliches Bohren vieler dicker Bretter.

Was „Integration" letzten Endes besonders schwierig, wenn nicht gar unmöglich macht, sind – zumindest in der ganz überwiegenden alltäglichen Praxis vor Ort – nicht die vermeintlich „integrationsunwilligen Migranten", von denen in denunziatorischer Absicht immer wieder die Rede ist: Es sind – um lediglich einige O-Töne wiederzugeben – nicht die vielen „Wirtschaftsflüchtlinge", die sich raffgierig aus ihren Heimatländern aufmachen, um sich faul in der „sozialen Hängematte" zu räkeln, die ihnen Deutschland als „Weltsozialamt" großzügigerweise aufgespannt hat. Auch sind es nicht die alleinreisenden dunkelhäutigen Männer, die ihren bio-ethnisch bedingten Testosteronüberschuss an weißen „deutschstämmigen" Frauen und Mädchen abreagieren und aufgrund ihres muslimischen Glaubens wahrscheinlich nichts anderes im Schilde führen, als den nächsten islamistischen Terroranschlag vorzubereiten.

Erfahrungsgemäß sind es vielmehr all diejenigen „Alteingesessenen", die durch derartige Ressentiments, Stereotype und Stigmatisierungen jedwedes Bemühen um Integration bereits im Keim ersticken und die sich in ihrer festgefahrenen Position bestätigt sehen, falls sich tatsächlich mal jemand so verhalten sollte, wie von ihnen prophezeit. Von dem einen einzigen Fall, den man kennt oder zu kennen glaubt, wird dann ungeprüft aufs große Ganze geschlossen. Gegenteilige Erfahrungen und Erkenntnisse werden dabei freilich ignoriert bzw. in ihrer Bedeutung beharrlich relativiert, da sie nicht so recht in das zurechtgelegte Weltbild passen und ebenso unbequeme wie unermüdliche Selbstreflexionsprozesse erfordern würden. Solche induktiven Kurzschlussreaktionen lassen das, was gemeinhin „Willkommenskultur" genannt wird, offenkundig nur schwerlich gedeihen.

Seinerzeit – d. h. weder in den bereits erwähnten Jahren 2009 noch 2013 – war noch nicht in vollem Maße abzusehen, dass sich die große, weit entfernte Weltpolitik, von der man bis dato nur über die Medien Kenntnis nehmen konnte, nun auf einmal gleichsam im Kleinformat direkt vor der eigenen Haustür abspielen würde. Und plötzlich ist man mittendrin – ob nun als professioneller Scharfmacher, der als selbsternanntes Sprachrohr des „deutschen Volkszorns" all dem „Asylantenpack" am liebsten vollständig den Garaus machen würde, als biedermeierlicher „Wutbürger", der die Wohnqualität und den Wiederverkaufswert seines mühsam zusammengesparten Eigenheims akut gefährdet sieht und dafür nicht zuletzt „das Establishment" verantwortlich macht oder als fast schon mustergültiger Vertreter der viel beschworenen „Zivilgesellschaft", der durch sein unermüdliches ehrenamtliches Engagement die Neuankömmlinge mit „Refugeeswelcome!"-Transparenten begrüßt und sich der Bundeskanzlerin anschließt, wenn sie die Losung „Wir schaffen das!" proklamiert.

Zwischen all denen schwirren die Allzuvielen umher, die keine Gelegenheit auslassen zu betonen, dass sie „ja „nichts gegen Ausländer haben" und sich deshalb nicht in eine „rechte Ecke" gestellt sehen möchten – nur um diesem gebetsmühlenartig vorgetragenen wehrhaften Selbstbekenntnis geradezu reflexartig sofort das übliche „Aber" folgen zu lassen. Nicht zu vergessen auch diejenigen, welche „die wirklich Bedürftigen" zwar theoretisch unterstützen und ihnen das Grundrecht auf Asyl freimütig zubilligen würden, dies aber letztlich dann praktisch doch nicht tun, weil ausgerechnet denjenigen, die nun tatsächlich „zu uns" kommen, jedwede Bedürftigkeit dann doch plötzlich generell abgesprochen wird. Diese abstrakte Humanität legen auch diejenigen an den Tag, welche nichts zu beanstanden haben, wenn den Schutzbedürftigen aus Kriegs- und Krisengebieten hierzulande eine sichere Obhut zur Verfügung gestellt wird – solange dies selbstredend auf keinen Fall in der eigenen Nachbarschaft geschieht, da hier noch immer Sankt Florian das Sagen hat.

Gewiss müsste dieser wohl etwas grobschlächtige Versuch einer soziologischen Typologie, der an dieser Stelle über die subjektive Wahrnehmung aus der bürokratisch geprägten Sicht eines Berliner Verwaltungsmitarbeiters kaum hinauszugehen vermag, noch weiter ausdifferenziert werden. Nichtsdestotrotz bzw. gerade deswegen stellen sich bei diesem exemplarischen Stimmungsbild anhand des heterogenen Makrokosmos eines mehr als eine Viertelmillion Menschen umfassenden Stadtbezirkes viele Fragen, wie z. B. diese: Wer hat aus welchen Gründen wovor Angst? Wie wird Angst in Hass transformiert, und wie sublimiert sich dieser wiederum in sprachlicher Verrohung oder gar nackter Gewalt? Welche Voraussetzungen müssen gegeben sein, damit zwischenmenschliche Empathie entstehen, wachsen und gedeihen kann? Wie kann – sofern in ausreichendem Maße vorhanden – diese prinzipielle Empathie letztlich auch in tatkräftiges (möglichst dauerhaftes und themenübergreifendes) Engagement umgemünzt werden? Und mehr noch: Wie könnte bzw. sollte unter sozialpsychologischen Gesichtspunkten ein möglichst optimales Krisenmanagement – nicht nur in der öffentlichen Verwaltung, sondern auch im sonstigen politischen und gesellschaftlichen Leben – aussehen, um den mannigfaltigen Ursachen, Folgen und Erscheinungsformen „gruppenbezogener Menschenfeindlichkeit" (Wilhelm Heitmeyer) und der „Angst vor den anderen" (Zygmunt Bauman) angemessen zu begegnen, damit sowohl auf der individuellen als auch auf der kollektiven Ebene ein nachhaltiger mentaler Paradigmenwechsel eingeleitet wird, der allmählich „Hostilität" durch „Hospitalität" (Immanuel Kant) bzw. Empathielosigkeit durch Solidarität ersetzt?

Bei der Beantwortung all dieser Fragen stößt man als Integrationsbeauftragter notgedrungen früher oder später an seine Grenzen – so wie die öffentliche Verwaltung insgesamt. Trotz struktureller Überforderung, personeller Unterausstattung und finanzieller Engpässe muss sie jedoch ihre dauerhafte Handlungsfähigkeit und Problemlösungskompetenz im Sinne des Gemeinwohls auch und gerade in krisenhaften Situationen unter Beweis stellen. „Krise" kann übrigens im Zusammenhang mit dem Thema „Flüchtlingsdebatte" alle möglichen Unwägbarkeiten meinen: die Sicherstellung der öffentlichen Daseinsvorsorge für überdurchschnittlich mehr Menschen als gewöhnlich; die Abwehr rechtsgesinnter Volksverhetzer und Brandstifter zur Wahrung des gesellschaftlichen Friedens (genau dann, wenn es ganz besonders darauf ankommt); die Koordination aller ehrenamtlichen Helfer einschließlich der Logistik in Bezug auf Sachspenden.

In der Hektik des krisengeschüttelten Alltags muss indes schnell reagiert werden, ohne dass genug Zeit für tiefgründige Analysen und sorgsam abgewogene Interpretationen bliebe. Gleichwohl wäre beides dringend notwendig, um sich nicht nur den augenfälligen Symptomen, sondern auch den unterschwelligen Kausalitäten von z. B. xenophoben Einstellungen, Äußerungen und Handlungsweisen zu widmen. Gut durchdachte, d. h. verwaltungsadäquate Weiterbildungsangebote von externen Experten in Form von Schulungen, Handreichungen, Inter- und Supervisionen etc. könnten hier sicherlich durchaus nützlich sein, um das Verwaltungspersonal im Umgang mit solchen als „Krise" wahrgenommenen Herausforderungen sattelfest zu machen.

Zumindest auf der deskriptiven Ebene bleibt einstweilen der ernüchternde Befund festzuhalten, dass Marzahn-Hellersdorf mitnichten ein Einzelfall ist, sondern vielmehr gewissermaßen pars pro toto steht, wenn es um die „Flüchtlingsdebatte" geht. Denn schließlich wird man sich auch andernorts immer wieder mit ganz ähnlichen Phänomenen konfrontiert sehen, die sich aus sozialpsychologischer Perspektive im Wesentlichen aus Verlustängsten (sowohl materieller als immaterieller Natur) und Ohnmachtserfahrungen (gegenüber „dem Staat", „dem System" bzw. „denen da oben") speisen: Ambiguitätsintoleranz gepaart mit Diversitätsinkompetenz, Demokratiedistanz einschließlich Wahlabstinenz, Faktenresistenz statt Medienkompetenz, Selbstaufwertung durch Fremdabwertung sowie Radikalisierung zwecks Krisenbewältigung. – Am Ende geht es also den Menschen wie den Leuten, auch wenn erfreulicherweise nicht alle zu Sarrazin-Jüngern, „Pegida"-Aktivisten, „Lügenpresse"-Kritikern und „Nein-zum-Heim!"-Schreiern werden.

Beiträge zur Angewandten Psychologie
Herausgegeben von Stefan Stürmer und Anette Rohmann

Diese Schriftenreihe veröffentlicht Originalien (Monographien und Aufsatzsammlungen) zu aktuellen Themen der Angewandten Psychologie. Im Einklang mit Lewins (1951) Diktum „Nichts ist so praktisch, wie eine gute Theorie" fördert die Reihe den Wissenschafts-Praxis-Transfer im deutschsprachigen Raum durch die Publikation von Grundlagenforschung mit Kommentierungen aus der Berufspraxis. Priorität haben Arbeiten, die innovative Beiträge zur Lösung sozialer und gesellschaftlicher Probleme aufzeigen. Die Qualität der in dieser Reihe erscheinenden Arbeiten wird vor der Publikation durch die Herausgebenden und Mitglieder des wissenschaftlichen Beirats geprüft.

Band 1 Anette Rohmann (Hrsg.): Qualität familienrechtspsychologischer Gutachten: Eine empirische Analyse mit Praxiskommentaren. Christel Salewski, Stefan Stürmer, Jörn Meyer und Anne-Kathrin Meyer. 2016.

Band 2 Anette Rohmann / Stefan Stürmer (Hrsg.): Die Flüchtlingsdebatte in Deutschland – Sozialpsychologische Perspektiven. Unter Mitarbeit von Helen Landmann. 2018.

www.peterlang.com

www.ingramcontent.com/pod-product-compliance
Ingram Content Group UK Ltd.
Pitfield, Milton Keynes, MK11 3LW, UK
UKHW020712041026
15590UKWH00002B/612

9 783631 744499